迫降

商业巨头应对经济危机的内幕故事

[美] 利兹 · 霍夫曼（Liz Hoffman）◎著　吴文◎译

CRASH LANDING

THE INSIDE STORY OF HOW THE WORLD'S BIGGEST COMPANIES SURVIVED AN ECONOMY ON THE BRINK

中信出版集团

图书在版编目（CIP）数据

追降：商业巨头应对经济危机的内幕故事 /（美）利兹·霍夫曼著；吴文译. -- 北京：中信出版社，2024.7

书名原文：Crash Landing：The Inside Story of How the World's Biggest Companies Survived an Economy on the Brink

ISBN 978-7-5217-6501-4

Ⅰ. ①追… Ⅱ. ①利… ②吴… Ⅲ. ①经济危机－研究－美国 Ⅳ. ① F171.244

中国国家版本馆 CIP 数据核字（2024）第 112202 号

追降——商业巨头应对经济危机的内幕故事
著者：［美］利兹·霍夫曼
译者：吴文
出版发行：中信出版集团股份有限公司
（北京市朝阳区东三环北路 27 号嘉铭中心　邮编　100020）
承印者：北京通州皇家印刷厂

开本：880mm×1230mm　1/32　　印张：9.75　　字数：198 千字
版次：2024 年 7 月第 1 版　　印次：2024 年 7 月第 1 次印刷
京权图字：01–2024–2295　　书号：ISBN 978–7–5217–6501–4
定价：69.00 元

献给我的父亲

愿上帝保佑我们的帝国免受战争、饥荒、
瘟疫或灾害的侵袭，以及一切来自地狱的力量。
愿它永远为我们能征善战、开疆拓土的勇士所守护。
——温斯顿·丘吉尔，1890 年

我想我们再也不会亏钱了。
——美国航空首席执行官，道格·帕克，2017 年

CONTENTS

目录

作者手记

在2020年3月下旬，一个寒冷、阳光明媚的星期五早晨，我坐在布鲁克林的门廊上，沐浴在一片阴森的寂静中，查看我的电子邮件。那是新型冠状病毒感染疫情暴发的第三周，纽约市停摆了。两周前，我当时的雇主《华尔街日报》和这座城市的其他部分一起被封闭了。我已经习惯了在室外喝早茶，这似乎是一种令人兴奋的节奏变化，也像是公司的一种无声反抗。在我的收件箱顶部有一封邮件，是《华尔街日报》的一位编辑发来的，标题为“三月十五弑父日”。

我在《华尔街日报》的工作是写作与华尔街相关的文章，包括大银行、巨型企业和它们背后的投资者之间的资金流动。此前几周，我一直在撰写新型冠状病毒对金融市场造成的影响，经过10年的平稳发展，现在金融市场已经完全失控。但是，其影响范围已远超那些即时交易者。这种病毒当时已造成数百人死亡，数千人患病。没有人买东西。每天都有大规模裁员。对全球经济来说，这是一场地震，影响波及方方面面。那天早上，我的编辑交给我的任务是努力捕捉这一时刻及其复杂性。最终，我在4月的第一个星期六发表了一篇8 000字的报道，记录了2020年3月，也就是世界停摆的那个月的情况。这篇报道讲述了20多位企业高管和投资者在面对职业生涯中最大挑战时的故事。

在一次又一次的采访中，我们清楚地看到，经济精英和我们一样错愕。对我以及他们中的大多数人来说，过去的10年是比较顺利的。在2011年，也就是这10年的开端，我成为一名财经记者。这10年，经济发展非常顺利，股票上涨，债务便宜，企业利润创下新纪录。在华尔街的交易大厅里，没有人会损失一大笔钱，至少没有人在报纸上发表令人捧腹的故事。我写过并购热潮，也记述过银行业在2008年经济崩溃后恢复盈利的过程。这很有趣，我也学到了很多东西。但有时，我发现自己有点儿嫉妒那些在过去的危机报道中站稳脚跟的前辈。

而现在，一场危机突然降临。

当然，一开始人们并不觉得是这样。疫情始于2020年最初的几个月，这在最近的历史上是绝无仅有的。但突然间，它成了唯一重要的事情。我写这本书的目的就是要捕捉这种“慢慢地—突然—全部”的感觉，通过每时每刻都在发生变化的视角，探讨一些全球最大公司的首席执行官在当时做出的决定。

我们中的大多数人并不经营巨型公司，但几乎每个人都能回忆起2020年3月的不安。在那之前，一切都很好，从那以后，情况变得糟糕起来，支撑我们日常生活的弹簧突然松动。

我清楚地记得，3 月 8 日，我们一家坐在从坦帕飞往纽约的航班上，没戴口罩，用从福来鸡顺来的擦手巾擦拭座椅扶手。我们当时刚在一个海湾小岛度完假，而就在一周前，我们还开玩笑说要取消行程。3 天后，我离开了位于曼哈顿中城的《华尔街日报》办公室。在近两年的时间里我将不再回来。

在接下来的日子里，我们都将迅速做出重大决定，关于如何在这个新世界里生活，而我们所掌握的信息很不完善。现在回想起来，有些决定是愚蠢的——我买了一个脉搏血氧仪，虽然不是乐腾牌的；也有一些决定将深刻影响我们的人生轨迹。我们搬家了，我们辞职了，我们决定写一本书……3 年过去了，我们现在正带着这些决定和意想不到的后果生活。

本书源于我对新冠病毒感染疫情造成的直接破坏的早期报道。一开始，我试图记录疫情在冻结美国经济时发生的非同寻常的经济事件。我想了解在这时领导世界上最大、最有影响力的公司是什么感觉，这些公司的领导人习惯于以季度甚至以年为单位来讨论战略，此时，他们被迫临时做出决定——这些决定可能关系到公司的生死存亡。谁是输家？是否会出现出人意料的赢家？

为了回答这些问题，我开始寻找最引人入胜的企业故事，这些故事捕捉了不同类型的企业及其领导者——华尔街金融家、中西部制造商、硅谷旅游新贵及其试图颠覆的传统公司，以及濒临倒闭、乞求政府拯救的航空业。

在开始这个项目时，我并不知道这些公司和它们所维系的经济能否存在下去，也不知道它们的业务会被如何重塑。就像疫情期间的许多事情一样，我的项目随着时间的推移开始有了新的内容。几个月过去了，我意识到，我希望这本书不仅仅讲述当代经济史上最大的“黑天鹅”事件。我想以这一时刻为背景，探讨当代首席执行官的工作，以及这场危机及其引发的悲痛、社会动荡和普遍焦虑将如何改变首席执行官的工作。从纸面上看，2023 年的企业等级制度可能与 2019 年相似，但工作内容有了新的变化。特朗普政府在应对这场危机时犹豫不决，只顾眼前利益，导致成千上万人丧生。这一点，加上公共卫生机构的政治化和反复无常，让数以百万计的美国人失去了对机构的信心。许多人希望他们的雇主能有稳定的领导。关于口罩和疫苗的轩然大波让首席执行官们陷入政治困境，他们不得不在采纳联邦指导方针与疏远部分员工和客户之间做出选择。

后工业经济的每个篇章都催生了各自典型的企业领袖。19 世纪的强盗大亨让位于精通企业和财务管理科学的第一批老板。战后时代则涌现出呆板乏味、家长作风的管理者。在漫长的任期内，面对一两次关键性的决策，他们建立起了懒惰、无序扩张的企业集团，20 世纪 80 年代摧毁帝国的企业掠夺者由此诞生。掠夺者没能坚持到最后，但他们带给公司董事会的财务纪律和对利润的追求却延续下来。之后的首席执行官们以前所未有的规模进行了企业的合并、外包和资产负债表管理。这一时期，创新蓬勃发展，但这 10 年也出现了两次崩溃。这些首席执行官中最大、最有魅力的几位——亚马逊的杰夫·贝佐斯、摩根大通的杰米·戴蒙、迪士尼的罗伯特·艾格——似乎完全摆脱了企业界的束缚，成了真正的名人，他们与政府关系密切，只要开口就能制造新闻。

这种情况在 2020 年发生了变化。他们的世界变得虚拟、狭小，需要他们制定相应的对策。环球旅行停止了，取而代之的是无休止的 Zoom（多人手机云视频会议软件）通话和令人痛苦又尴尬的 Zoom 快乐时光。员工们惊慌失措。数以百计的决定必须在瞬间做出。随着疫情的持续，围绕疫情的有毒政治因素似乎渗透到了董事会的每个决策中。

有迹象表明，我们正处于企业意义和管理的新篇章，这一新篇章在疫情之前就已开始，因疫情以及与之相伴的社会、政治和种族动荡而愈演愈烈。疫情总有一天会结束。但我认为，正如 20 世纪 80 年代企业掠夺者的遗产在后来的首席执行官身上孕育了新的特质一样，在危机中塑造企业和其领导者的力量也会在某种程度上被保留下来。这些遗产包括：驾驭支离破碎的政治，建立财务缓冲，抛弃程序，临时决策，真正地——不是在光鲜的年度报告中，而是在日常生活中——平衡利润与人的关系。

本书是我采访了 100 多个人的成果，我试图以一种能够捕捉当时的叙事张力的方式来写这本书。当疫情演变成全球性的创伤时，这种张力不断被削弱，甚至变得愚蠢。书中的对话都是根据当时在场人员或了解讨论情况的人员的最佳回忆整理而成的，并在可能的情况下辅以当时的笔记、电子邮件和短信。

读者不应假定某一特定场景中的任何人是本书报道的来源。

关于准确性的说明：在可能的情况下，我用日历记录、个人通信、公开文件和媒体报道来证实人们向我讲述的内容。当个人回忆与原始资料发生冲突时，我以原始资料为准。但是，正如我们大多数人都能证明的那样，新冠病毒感染疫情对我们的记忆造成了一些奇怪的影响，扭曲了我们的记忆，拉长又压缩了时间，这在无形中给本书带来了一些错误，我相信这些错误是无意的，也是无关紧要的。

前　言

2020 年 2 月 11 日

看着自拍者排成的长队，比尔·阿克曼不禁皱起了眉头。当时是晚上 9 点过几分钟，阿克曼穿着清爽的白衬衫，打着淡蓝色领带，刚刚结束在伦敦经济学院的演讲。当他伸手去拿披在椅背上的西装外套时，一群年轻的金融专业学生匆匆走过礼堂的过道，他们手里拿着智能手机。

这种事情在这位 54 岁的对冲基金经理身上发生的频率高得令人惊讶。1992 年从哈佛商学院毕业后，阿克曼成立了一家投资公司——潘兴广场资本管理公司，在华尔街摸爬滚打近 30 年，阿克曼已成为那些想成为亿万富翁的人心目中名副其实的名人。他的名字已成为大胆的市场赌注的代名词，而他那像是为纽约小报和有线电视量身定做的俊朗外表也为他的名声增色不少，他在小报上的出现频率很高，而在有线电视上，他经常吹捧自己的投资，偶尔也会抨击对手。深色的眉毛下是一双深陷的淡褐色眼睛，一头白发从 20 多岁起就留着，阿克曼完全可以媲美好莱坞某个年代的男主角，或者至少是高尔夫频道的英俊评论员。

2010 年，他将一家名为 General Growth Properties 的购物中心从破产中拯救出来，从中赚了 30 多亿美元，然后在证明蛋白质奶昔和维生素补充剂制造商康宝莱是骗子的运动中损失了 10 亿美元。在 2008 年金融危机爆发前，他做空房地产市场赚了大钱，但在投资肉毒杆菌素制药公司时损失惨重，这场灾难促使他公开道歉。在新世纪来临之际，他开除了那些集肥胖、快乐和懒惰于一身的高管。所有蓝筹股的董事会都在他的目标范围内：杰西潘尼和鲍德斯连锁书店（未命中），温蒂汉堡和加拿大太平洋铁路公司（命中）。

在 21 世纪第二个 10 年中期的巅峰时期，潘兴广场为从亿万富翁到阿肯色州教师退休基金等众多投资者管理着 200 多亿美元的资金。尽管在经历了一系列投资失利后，潘兴广场的资产有所缩水，但阿克曼在 2020 年仍是华尔街的高管典范：魅力十足，侃侃而谈，他犯的错和做的正确决定几乎一样多，但从未受到质疑，而且他的想法背后有数十亿美元的资金支持。他的名声让对手公司的首席执行官们感到恐惧，因为他买了他们的股票，还经常公开抨击他们的战略。这也为他赢得了一大批粉丝，他在纽约的年轻金融家中尤其受欢迎，他们在曼哈顿中城的街道上很容易就能看到他的身影。他通常会让他们沉醉其中。

但今晚不行。

2020 年 1 月初，中国武汉的卫生部门公布了几十例新的呼吸道疾病病例，这种疾病可引起肺炎，部分患者病情严重。这些病例似乎都与该市郊区的一个海鲜批发市场有关，该市场主要出售活海鲜和供屠宰的动物。第一例确诊死亡病例发生在1月9日，死者是一名61岁的老人，据说他是市场的常客。①

2020年2月，阿克曼在伦敦经济学院发表演讲时，大约350名美国人[1]正乘坐美国政府包机从中国返回美国，在加利福尼亚州的美军基地接受为期两周的隔离观察。就在阿克曼发表演讲的当天，世界卫生组织给这种病毒起了个名字。“我来拼一下它，”世界卫生组织总干事告诉记者，“C–O–V–I–D。”

这个名字是当时人们所知甚少的病毒的混合体。COVI：属于冠状病毒家族。D：能致病。这使它有别于无数病毒，那些病毒完成了自己的基因使命，却不会使宿主生病。它在2019年的最后几天被发现。科学家很快就对这种病毒的遗传密码进行了测序，并确定它是冠状病毒的一种。冠状病毒是一种病原体，被病毒学家称为“隔壁的讨厌鬼”，它们大多是温和的，但容易出现令人讨厌的变种。冠状病毒的得名源于其表面覆盖着棘突状蛋白，这些蛋白看起来就像小孩画的王冠，能刺穿人类宿主的细胞，使病毒得以复制。

阿克曼一直在阅读相关的新闻报道，这些报道证实，病毒可以在人与人之间传播，即使是那些没有症状也不知道自己被感染的人也不例外——这是衡量病毒传播速度的关键指标。1月31日，中国累计追踪到密切接触者136 987人。阿克曼曾

① 有关中国新冠病毒感染疫情的病例数、死亡人数和其他大流行病医学事实的统计数据均来自我国国家卫生健康委员会。

对妻子说：“这将不再是区域性问题。”

他担心身患肺癌的父亲，将父母接到了汉普顿庄园的客房。他出售了潘兴广场在星巴克的股份。星巴克在中国有3 000多家门店。

他差点儿取消了这次伦敦之行。他好不容易才遵守了承诺，因为这次出行要参加的主要活动是在根西岛举行的潘兴广场年度股东大会。根西岛是英吉利海峡上的一个小岛，以辽阔的海岸线和宽松的税法而闻名，是投资基金的热门注册地。该岛对很多事情都很宽松，但年度会议是必需的，取消年会会引起监管问题。

在伦敦经济学院的讲座接近尾声时，阿克曼请大家提问。一位听众提出了新型冠状病毒的问题，正当阿克曼开始回答时，前排的一名学生咳嗽起来。阿克曼半开玩笑半认真地突然向后一仰，引得全场哄堂大笑。随后，他又严肃地说：“这是目前的黑天鹅之一。”

“黑天鹅”是经济学中一个无处不在的术语。它源于一种过去的固有观念——所有的天鹅都是白色的。这种观念一直延续了几个世纪，直到欧洲殖民者偶然来到澳大利亚，在这片大陆的奇异动物中发现了黑天鹅。近年来，这个词被经济学家采用，成为一种警示：当从未发生且大家都认为不可能发生的事情发生时，最危险、代价最高的危机就会出现。

提出“黑天鹅”一词的经济学家纳西姆·塔勒布赋予“黑天鹅”事件三个特征：罕见的、极端的，以及事后看来往往是合理的。当然，1914年，一个考虑不周的欧洲同盟网络可能会将世界拖入战争。当然，意志坚定的恐怖分子可以用飞机撞倒纽约的摩天大楼。当然，房价的下跌和上涨一样是必然的，2008 年的教训让我们付出了巨大的代价。

2020 年 2 月，当阿克曼在伦敦向新一代金融家和企业高管发表演讲时，“新型冠状病毒会肆意传播，导致全球经济瘫痪并重塑全球经济”的说法听起来有些牵强。包括禽流感和猪流感在内的超级病毒恐慌一直以来都是有线电视新闻节目的素材，但最终销声匿迹。新型冠状病毒具有独特的破坏性或致命性的想法似乎是一种荒谬的理论。

但从纸面上看，它符合塔勒布提出的前两个特征。首先，真正的大流行是罕见的。上一次大流行，即 1918 年大规模流感[2]暴发已经是一个多世纪以前的事了。要想了解始于 1817 年的全球霍乱疫情，还得追溯到之前的 100 年。14 世纪四五十年代欧洲黑死病的暴发，要追溯到之前的 400 多年。近些年来，2002 年在中国暴发的 SARS（严重急性呼吸系统综合征）和在非洲东部暴发的埃博拉疫情称不上大流行，二者都在很大程度上得到了遏制。

但是，当大流行出现时，它们是极端的，符合塔勒布提出的第二个特征。据估计，1918 年的流感导致全球每 30 人中就有一人死亡，每 3 人中就有一人患病。阿克曼告诉聚集在伦敦演讲厅的学生们，当今世界的相互联系要紧密得多。这一次，无论是生命损失还是经济损失，几乎可以肯定，代价会更大。

阿克曼在纽约的家中有妻子和 9 个月大的孩子，他不想成为早期患者。通常在这样的讲座中阿克曼在演讲结束后不会逗留太久。然而这一次，阿克曼多留了一段时间，回答了观众几个额外的问题，超过了晚上 8：30 的预定结束时间。阿克曼说，他们中的许多人都是刚从亚洲度假归来的留学生。在伦敦的寒风中，他迅速钻到一辆等候的汽车里。

几个月后，他在谈及这场演讲时使用了一个词，而这个词在那时已经成为公众常用的词语之一。当时他还不知道这个词的含义，他只是担心，他与大学生们的那场对谈会成为一个“超级传播事件”。

第 1 章

借来的时间

史蒂芬·姆努钦已厌倦了谈论全球变暖。

在瑞士达沃斯举行的世界经济论坛私人晚宴开始半小时后，大家的话题已所剩无几。来自全球最大公司的高管们聚集在这个奢华的滑雪小镇著名的贝尔韦代雷大酒店。酒店坐落在达沃斯陡峭的山坡上，是 19 世纪欧洲版的养生地，近年来成为年度峰会的权力中心。每年 1 月下旬的一周时间里，狙击手都会在酒店屋顶上巡逻，全球企业精英会齐聚一堂。即使是乘坐私人飞机，这也是一次漫长而令人讨厌的旅行，但有机会与同行和政府高官们会面交往，并被视为宇宙的主宰、未来世纪的思想领袖，这是无法抗拒的。出席当晚晚宴的有优步公司首席执行官达拉·科斯罗萨西、脸书的谢丽尔·桑德伯格、雪佛龙公司的迈克·沃斯、IBM（国际商业机器公司）的罗睿兰、大众汽车公司董事长赫伯特·迪斯、华尔街交易员肯·莫里斯，以及姆努钦和他在特朗普内阁中的同事、八旬高龄的商务部长威尔伯·罗斯。

参加这样的晚宴正是这些企业高管来到阿尔卑斯山的目的。他们挤在铺着白色亚麻布的长桌旁，桌上点缀着鲜切花和优雅的蜡烛。在闭幕式上，小组成员严肃地讨论了采取更激进行动应对气候变化的必要性。

达沃斯论坛上的这种无意义的谈话就像穿用羊驼毛做内衬的派克大衣或在阿玛尼乐福鞋外再穿一双橡胶套鞋。这一切背后的组织——世界经济论坛——是由一位瑞士大学教授于1971年创立的，本意是将其作为解决国际冲突和促进共同繁荣的一个简朴的学术场所。

但近年来，它已成为资本主义的欢宴场所，最高级别的门票价格超过50万美元，就连一间简陋的酒店房间一晚也要600多美元。企业高管、对冲基金巨头和政府官员从直升机和黑色轿车上下来，花5天时间向发展中国家提供管理建议，并为此而自鸣得意。2020年，有100多位亿万富翁出席了会议。姆努钦也是富豪，曾在世界顶级投资银行高盛任高管，后转做好莱坞制片人，也曾是特朗普的首批内阁人选之一。然而，连姆努钦也觉得这虚伪得有点儿过分，他认为他们的注意力并没有放在该关注的东西上。

当身着燕尾服的服务员满场给大家添酒时，姆努钦告诉满屋子的人："全球变暖是一个问题，但不是唯一的问题。"伊朗的核计划日益复杂，在每个人的担忧名单上它都应该排在更靠前的位置。

当时是2020年1月25日，距离中国政府报告一种新出现的病毒已有两个多星期。据中国官方统计，该病毒已在中国造成 1 975 人染病，56 人死亡。

SARS 曾在中国造成数百人死亡。专家们推断，SARS 是由穴居蝙蝠传染给果子狸的，果子狸是一种小型灵猫科哺乳动物，通常在乡村市场上作为美食被出售。

而 2020 年 1 月，一种新的病毒出现了。它还没有名字，更没有相关的科学研究或治疗方案。但对那些知道该注意什么的全球观察家来说，它具备了杀手的所有特征。虽然在姆努钦告诫会议上的精英们要关注该关注的东西时，很多事情仍然是未知的，但很明显，这种病毒可以在人与人之间传播。早期研究表明，这种病毒可以在物体表面存活，甚至可能存活数天。中国在农历新年前封锁了武汉，因为农历新年是一个重要的旅游假期，数百万人将从作为高传染性疾病滋生地的城市返回郊区或农村的家中。政府取消了出城的飞机和火车，暂停了城内的地铁和轮渡服务。

但为时已晚。病例已经出现在中国台湾和日本。而在达沃斯会议召开的前几天，美国也证实出现了这种病毒，感染者是一名刚从中国返回的 35 岁华盛顿州男子。美国卫生与人类服务部的一位官员警告说[1]："病毒可能已经在这里，只是我们还无法通过测试得知。"

但这些都没有刺破达沃斯乐观主义的泡沫。即使有人提出了病毒问题，也大多被嗤之以鼻，尤其是美国当时的总统唐纳德·特朗普。与他的前任巴拉克·奥巴马和乔治·布什不同，他选择参加这一精英会议。最近几个月，他一直在吹嘘"有史以来最伟大的经济"，他相信这将使他在秋季连任。特朗普在达沃斯对一位观众说："局势完全在掌控之中。"这是他对致命病毒发表的一连串过于乐观且经常故意误导听众的言论中的第一句。

尽管特朗普在政治上睁一只眼闭一只眼，但他并不是唯一一个对来自地球另一端的报道置若罔闻的人。在达沃斯论坛上，似乎没有人特别担心病毒，出席会议的数百名企业高管如此，在冰冷的人行道上追逐他们进入独家派对、希望从中窥探一二的记者也是如此。制药巨头诺华公司的首席执行官对CNBC（美国消费者新闻与商业频道）的主播说："所有正确的事情都在发生。"与会者挤在挂衣帽的队伍中，从公共托盘上拿扎着牙签的橄榄和切成小块的格鲁耶尔奶酪。小木屋钢琴吧里挤满了人，他们在这儿观看了流行歌星杰森·德鲁罗的表演，并留下来欣赏余兴节目——高盛集团首席执行官大卫·所罗门的打碟表演。除了经营全美第六大银行，所罗门也是浩室音乐的爱好者。

即使在晚宴上表达了自己的疑虑，姆努钦也没有公开敲响警钟。在当天上午接受CNBC采访时，他没有被问及新型冠状病毒的问题，也没有提及此事。在采访的大部分时间里，他都在谈论特朗普政府进一步的减税计划。美国最大银行的首席执行官杰米·戴蒙也避开了这个话题。摩根大通刚刚公布过去一年是其有史以来最赚钱的一年，戴蒙在总结自己在瑞士的心情时，对让达沃斯与会者富起来的经济制度给予了振奋人心的认可："资本主义是人类有史以来最伟大的事情。"

在达沃斯，没人能靠令人心烦、郁闷交到朋友。

高管们聚集在瑞士的晚宴上，他们的乐观是无可厚非的。从很多方面来看，2020年初的全球经济是二战结束以来最强劲的。全球股市几乎每天都在刷新纪录。在美国，2019年7月标志着连续10年的经济增长——这是历史上最长的经济扩张期，超过了克林顿时代20世纪90年代的经济繁荣。失业率创下了50年来的新低，许多企业高管面临的最大问题是招不到足够的员工。

但仔细一看，2008年后的经济故事是分屏上演的。在一块屏幕上，构成经济支柱的企业正在蓬勃发展。在特朗普政府两年前通过的减税政策的推动下，企业利润在2019年创下近2万亿美元的历史新高。[2]硅谷园区和城市办公楼里挤满了白领，他们的收入在不断增加。他们手头宽裕，在新房、汽车和流媒体服务上挥金如土，并将积蓄投入股市，股市屡创新高。

另一块屏幕显示的则是一个极易受到危机影响的经济体。稳定、高薪的工会工作为以往的经济扩张提供了动力，也造就了中产阶级，但这些工作正在以惊人的速度消失。经轻微通胀调整，工资水平持平，这导致许多劳动者难以负担生活必需品。养老金和医疗保险等福利越来越少，甚至完全消失。在10年多一点儿的时间里，支付给私营部门员工的企业收入份额减少了5.4个百分点。

2020年2月，病毒开始在全球范围内传播。美国政府的数据显示，绝大多数参加医疗补助计划或食品券计划的成年劳动者并不是没有工作正在领取救济金，而是实际上在从事全职工作，他们微薄的工资由纳税人补贴。全职工作不再能保证稳定的生活。

20世纪中期，美国公司不断增长的财富与员工共享。现在，越来越多的财富归股东所有，这是对社会契约的单向改写，而这种改写曾在半个世纪里为资本主义的发展提供了保障。此外，数以百万计的人不再是公司雇员，而是“临时工”。他们为网约车软件开车，为律师事务所扫描文件，在爱彼迎上出租房屋，往往没有前几代员工赖以积累财富的养老金[3]和401（k）计划等基于工作的福利。诺贝尔经济学奖得主约瑟夫·斯蒂格利茨后来说：“我们建立了一个不具备减震器的经济体系。家庭、企业、政府等各个层面的债务都在增长。”波士顿联邦储备银行曾在2019年9月用央行行长的官方话术警告说：“这种情况一旦发生，就可能放大经济下滑的影响。”

公司债务在2008年金融危机后有所缓解，但随着公司大量进行杠杆收购和股票回购，公司债务又汹涌而至。从2010年底到2019年底[4]，这些债务已从6.1万亿美元增至10.1万亿美元。银行和债券投资者发现自己陷入了竞相追逐的境地，他们愿意忽视现有的高额债务和未经证实的商业模式，以继续提供贷款。英国央行行长马克·卡尼于2019年初在下议院的一个委员会上发言时警告说，这种情况看起来很像2008年之前的次贷房地产繁荣，当时急于为华尔街抵押贷款证券机器提供资金的银行简直是在闭着眼睛发放贷款。

即使是飙升的股市，仔细观察也有令人担忧的迹象。企业利润增长虽然依然强劲，但在2019年已经放缓。然而，股市丝毫不为所动，接连创下历史新高。2013年至2020年，标准普尔500指数的涨幅是其成分股公司利润涨幅的两倍。到2020年1月，标准普尔500指数的市盈率[5]达到25∶1，创下历史新高。这是自2009年以来，股票价格与企业实际盈利之间的最大差距。数十年的投资基本面被疯狂地抛在一边。

上涨的不仅仅是股票。长达10年的上涨几乎惠及所有投资品种。基准美国债券指数在2019年上涨了6%。黄金也上涨了。这很不寻常。股市上涨通常伴随着债券和黄金等更安全资产的下跌，反之亦然。在危机时期，投资者会转向安全资产，当恐惧消退时，投资者又会回到安全资产。但在2019年，一切都上涨了。

传统观点认为，任何经济趋势都不是由单一原因造成的，但从2008年经济崩溃的残局中发展起来的长达10年的牛市也许最能证明这一观点是错误的。在全球金融危机爆发后的几年里，美联储一直将利率维持在历史低位。可用信贷对企业的建立、扩张和招聘至关重要。通过保持低利率，政府试图迫使银行放贷，从而支持经济。

2007年，10年期美国国债的年收益率约为5%；到2019年，投资者的收益率仅为这个数字的一半。美国政府从未拖欠过债务，而国债又是最容易转换成现金的投资品种之一。但是，当地球上最安全的金融投资收益率微乎其微时，投资者就会寻找替代品。他们纷纷涌入股票、公司债券、房地产以及其他任何有望获得收益的投资领域。于是，一切都上涨了。

10 年的经济扩张使投资者对风险视而不见，忘记了市场下跌和上涨一样容易。随着股价持续上涨，企业高管们开始觉得自己所向披靡。他们接受了华尔街渴求的金融工程——廉价债务、花费数十亿美元拉拢股东，以及 20 年来从未见过的企业整合浪潮。在 2008 年后的经济增长浪潮中，企业的发展速度越来越快。高管们确信，好日子永远不会结束。他们斥资数十亿美元回购自己的股票，此举推高了股价，让投资者和他们自己都赚得盆满钵满。他们大量借贷，却很少存钱。例如，美国最大的航空公司[6]在 2009 年至 2019 年间将其自由现金流的 96% 用于股票回购。这一切都源于长达 10 年的牛市带来的虚假安全感。

全球经济岌岌可危，但每个人都只是在欣赏美景。

几周内，在这个因疫情一夜之间改头换面的世界里，达沃斯会议的一切都显得荒唐可笑：聚集的人群、参会人员乘坐的私人飞机、品酒会和私人晚宴。2008 年金融危机之后，在民粹主义的愤怒之下，这种密室里的嬉闹已经销声匿迹，但随着美国的繁荣，这种嬉闹悄然卷土重来。无论是不是亿万富翁，这种近距离的人际交往很快都会成为“过去时代”的遗物，因为当时在商业世界中，近距离接触是一种资产，它意味着一笔交易的达成、一项销售的推进，而不是一种潜在的感染。

随着新型冠状病毒在2020年初的几个月里蔓延到全球，美国公司的高管们很快迎来了清算时刻，他们面临的经济停摆比现代史上任何一次都来得更快、更彻底。到3月底，世界上最大公司的领导者们都做出了停摆决定。梅西百货公司和福特汽车的工厂停工。迪士尼世界和职业体育也是如此。好莱坞制片厂宣布“停工”。航班停飞，机场空无一人。在华尔街，交易变得如此慌乱，以至有人说要关闭市场，这是自“9·11”恐怖袭击事件以来从未发生过的事情。

随着疫情的蔓延，首席执行官们开始推进全球运营和供应链布局，以应对病毒的扩散。他们可以接触世界各地的政府官员，而他们遍及全球的员工本该敲响健康的警钟。但很少有人预见危机的到来。当危机来临时，他们也像其他人一样在黑暗中蹒跚前行，从未觉得自己掌握了足够的信息来管理公司。而在某些情况下，他们曾在一个仁慈、轻松赚钱的世界里掌舵了近10年。许多人向政府官员或健康专家求助，利用受托人委员会、乡村俱乐部会员身份以及其他普通美国人无法利用的非正式网络寻找出路。

他们希望所做的决定能够拯救他们的公司，并在病毒最终消退时使美国经济的引擎保存下来。正如他们没有预见全球经济的急刹车一样，他们也不可能预见联邦政府通过私人市场提供的前所未有的大量资金将使他们的公司继续生存下去。

此外，他们还将反思企业管理的正统观念。这种正统观念在2008年后的市场中已经干涸。作为美国资本主义基础的不惜一切代价追求增长的做法将受到质疑。

火种已经存在。在过去的40年里，他们主导的经济发生了变化，使其更容易受到类似冠状病毒等冲击的影响。公司债务激增。工资停滞不前。数百万员工被挤出公司的固定工作岗位，进入“零工经济”，他们在爱彼迎上租房，在优步上租车，在任务兔（TaskRabbit）上打发时间。因为企业会重新补充链轮和零部件的订单，制造业可能会在停摆后更快地反弹，但它已不再是经济的推动力。美国已成为一个服务型经济体，由理发、鸡尾酒和酒店住宿等软性商品消费推动，而这些商品的需求恢复较慢。

对效率的不懈追求催生了准时制管理策略，这种策略推崇小库存，依赖于嗡嗡作响的供应链，在需要的时候将螺丝钉送到工厂，以免股东的宝贵资金在螺丝钉进厂之前就被浪费掉了。它本应固定在从装配线上拆下来的底盘上。医院减少了口罩、呼吸机和药品的储备，并将多余的床位改建成门诊部，以增加收益。公司的办公室里挤得满满当当。航空公司的飞机也是如此。华尔街为他们欢呼雀跃。分析师对那些注重削减成本的公司给予“买入”评级。对冲基金和收购公司则对那些不削减成本的公司进行调整，大举买入其股票，并将其首席执行官赶下台。

对美国企业家来说，新型冠状病毒感染疫情将是一场考验。他们放弃了自己的商业计划，适应了隔离生活。疫情初期，他们努力安抚员工，因为员工对失业的恐惧不亚于对病毒本身的恐惧。随着时间的推移，他们努力应对员工身上新出现的随时随地工作的自主意识，他们要求员工回到办公室，但收效甚微。他们以为自己是企业界的主宰，是 30 年管理微调的产物，却被扔进了中央银行政策的大潮中，成为华盛顿为防止经济崩溃而史无前例地打开货币水龙头的受益者。

第 2 章

香槟 10 年

克里斯·纳塞塔闭上眼睛，把头靠在座椅靠背上，坐 5 小时的飞机前往墨西哥海滨城市卡波圣卢卡斯。在那里，纳塞塔的老友，几对儿夫妇，正在等待他和他的妻子参加一年一度的传统节日。那是圣诞节前的几天，这位希尔顿的首席执行官准备为 2019 年画上句号。

在这一年里，他的差旅天数超过 250 天，他在全球各地来回奔波，开设新酒店，与投资者会面，并参加各种各样的庆祝活动，以纪念公司成立 100 周年。康拉德·希尔顿出生在当时的新墨西哥州，父亲是挪威移民，母亲是德裔美国人。他在得克萨斯州的锡斯科市买下了自己的第一处房产，一个矮小的砖砌小旅馆，向附近的油田工人提供 8 小时时段的房屋出租服务。历经百年，康拉德所创建的公司[1]现在已是世界上第二大酒店经营者，在 119 个国家拥有 97 万间客房，年收入达 94.5 亿美元，市场估值为 310 亿美元。希尔顿酒店紧追行业龙头万豪酒店的脚步，它们之间的差距正在缩小。2019 年是纳塞塔在希尔顿任职的第12个年头，一切都欣欣向荣。

他在纽约证券交易所敲了钟，在《早安美国》的拍摄现场啜饮着椰林飘香，为长达10年的经济繁荣干杯。经济繁荣对美国企业和总部设在英国的希尔顿酒店都非常有利。希尔顿在2019年开设了多家新酒店，这得益于持续增长的全球旅游和日益膨胀的华尔街投资者的胃口。华尔街投资者急于将他们的资金投入新的物业，华盛顿政府所推行的量化宽松货币刺激政策促使他们疯狂投资。大约两周后，希尔顿准备在1月中旬推出其第18个品牌。该品牌被命名为"节奏"（Tempo），以更加年轻的旅行者为目标客户，因为酒店乏味的客房服务和令人咋舌的迷你吧价格，这些年轻人在出行时渐渐不再把酒店作为首选。年轻旅行者更喜欢爱彼迎和Vrbo这样的线上短租平台，它们既能保证真实性，又能提供新奇感。纳塞塔参观了带蓝牙连接的房间和公共工作空间的样板间，非常有信心它们会吸引他的股东们所渴望的千禧一代旅行者，即公司所称的"现代成就者"。希尔顿的股票价格在2019年初时为每股71美元，年终时为每股112美元，创历史新高。投资者很高兴。公司的董事会成员也很高兴，他们很快就会批准一项2 140万美元的薪酬计划，这将使纳塞塔成为世界上收入最高的首席执行官之一。

随着飞机在跑道上滑行，一年中的第一个假期来临了。但现在，这位55岁的首席执行官没有心情庆祝胜利。纳塞塔很累，且十分忧虑。2008年金融危机后的11年来，经济繁荣太过美好，且历时太久，以至不可能再持续下去。希尔顿可能正在以其历史上最快的速度开设新的酒店，但老的地产项目情况并不乐观。已有酒店的收入通常每年轻松增长5%或6%，现在却陷入原地踏步的状态。希尔顿商务旅客的需求正在减弱，这一迹象表明，大公司在世界各地开拓新业务的前景并不乐观。这不仅仅对希尔顿在华盛顿、拉斯维加斯和亚特兰大等会议中心的酒店来说是坏消息，也预示着更大的问题即将出现。纳塞塔知道，当全球公司停止业务扩张时，经济往往会停滞。这仿佛是纳塞塔以前看过的一盘录像带的重演，那盘录像带曾使他成为一个现实主义者，他深知经济衰退不可避免，而衰退前往往是短暂的狂欢。

纳塞塔满头银发，笑容可掬，勤劳而热情，是个天生的江湖人士。他在华盛顿特区的郊区长大，冬天铲车道，夏天在一家当地的假日酒店的工程部门工作，该酒店送他的临别礼物是一个喷上金漆的马桶搋子。早在20世纪90年代初，他便开始了自己的职业生涯，清理储贷危机的残骸。当银行草率的标准使得商业地产贷款项目陷入困境时，纳塞塔对其进行了重组。2001年网络泡沫破灭，引发了一轮经济衰退，当时年轻的他首次担任首席执行官。他到希尔顿任职是在2007年10月，就在经济崩溃开始前的几个月，该公司勉强从这次危机中挺了过来。

现在，纳塞塔的职业生涯已深陷危机之中，他决定更敏锐地观察下一个拐点。几个月来，即使股市屡创新高，且经济继续快速增长，他也一直在悄悄地为希尔顿做好迎接衰退的准备，他确信衰退会到来，即使他不知道衰退会从哪里开始。他大幅削减营销开支，叫停了非必要的技术项目，并要求他的首席财务官凯文·雅各布斯为希尔顿的债务进行再融资，以便在短期内没有任何紧迫的大额债券偿还项目。这可以让希尔顿在情况恶化时有一些财务喘息的空间。“周期就是周期，”他在收拾行李去过圣诞假期之前告诉雅各布斯，“这一次的繁荣不会永远持续下去。”

在墨西哥，他参观了希尔顿刚刚开业的华尔道夫酒店及度假村，并与他的妻子和6个女儿在希尔顿的洛斯卡沃斯度假村的一个套房里度过了圣诞夜。按照家族传统，妻子和女儿穿着配套的连体衣，头戴精灵帽。他与财政部长史蒂文·姆努钦和私人股权投资巨头黑石集团主席苏世民寒暄，他们碰巧也都在墨西哥的海滨小镇过节。关于心中的悲观情结，他想从他们那里找到一些证据，但没有探查到什么。

最终，他向华尔街巨头高盛公司的负责人大卫·所罗门吐露心声。这两个人是亲密的朋友。他们相识于20世纪90年代初，当时纳塞塔作为房地产投资者正声名鹊起，而所罗门是投资银行贝尔斯登的初级高管，他曾帮助纳塞塔的交易项目筹集资金。在此后的20年里，他们都在各自行业里登上顶峰，现在都是《财富》500强公司的首席执行官。他们把对方视为知己，是处于各自行业金字塔顶端的领导人小俱乐部的成员。在埃尔多拉多打完一轮高尔夫后，这对儿穿着马球服的朋友品尝着所罗门挑选的玫瑰红葡萄酒。所罗门是一位葡萄酒爱好者。

“我有一种不好的预感，”纳塞塔告诉他的前银行家朋友，“美国经济就像一辆快没油的汽车。而我在任何地方都没有看到一座加油站。”

几天后，他在卡波斯华尔道夫酒店的一家私人餐厅为他的家人和朋友举办了一场新年晚宴，该酒店曾以希尔顿命名。一群人为新年干杯，纳塞塔试图把他的焦虑抛在脑后。每个人看上去都喜气洋洋。为什么不呢？美国的商业阶层正在经历一个几乎好得令人难以置信的10年。

在7 000英里①之外[2]，中国香港的卫生官员发布了一份外国媒体很少关注的报告。他们正在监测几例肺炎病例，而“病原体”尚未被探明。

几周后，数百名客人进入曼哈顿下城一幢8层楼高的希腊复兴式建筑，在为抵御寒冷的冬夜而临时搭建的帐篷里，他们站在红地毯上拍照留念。当时是2月下旬，没有一个人戴口罩。

纽约的金融家自然是来为自己祝酒的。这是美国金融博物馆的年度盛会，举办地点本身就是美国资本全球扩张的纪念碑。头顶的枝形吊灯在6层楼高的宴会厅上方闪闪发光，这个宴会厅曾是美国国民城市银行的所在地。随着华尔街在20世纪末期不断进行整合并称霸全球，它逐渐发展成现代的花旗集团。

① 1英里≈1.609千米。——编者注

当主宾在偌大的空间里穿梭时，人们很容易就能发现他的身影。詹姆斯·戈尔曼身高约一米八五，头发梳得整整齐齐，身材瘦削，今晚身着海军蓝西装，打着紫色领带，手里拿着一杯苏格兰威士忌，这主要是个道具。戈尔曼有点儿控制狂，在公共场合很少喝酒，今晚他要做个演讲。

停下脚步与他握手的祝福者不仅仅是在祝贺他获得当晚的领导奖，也是在向华尔街最新的并购大亨致敬。几天前，戈尔曼斥资130亿美元收购了零售交易经纪公司亿创理财，这让人瞠目结舌。这是华尔街十多年来最大的一笔交易[3]，也是对即将进入第二个10年的牛市的巨大赌注。摩根士丹利内部将亿创理财的收购称为“雄鹰计划”，该计划已秘密酝酿数月，最终于2月20日上午被宣布。前一天晚上，美国股市收盘创下历史新高。

这笔交易在很大程度上反映了华尔街的过去和未来。2008年危机后，华尔街理所当然地步履蹒跚，同样理所当然地受到了新规则的约束和公众的蔑视。在接下来的几年里，当初使其陷入困境的证券交易业务逐渐失宠，取而代之的是帮助普通人理财和规划退休生活的业务。三家最大的零售经纪商——史考特证券公司、德美利证券公司和嘉信理财相继合并。亿创理财是最后一家屹立不倒的公司，它的规模可能小到无法独立生存，但它拥有500多万客户，那些对这一领域虎视眈眈的大银行都想拥有这些客户。

与交易或投资银行业务（帮助公司合并、上市和发行新证券以筹集资金的业务资金）不同，财富管理相对稳定。当市场发生变化时，兼并就会萎缩，公司老板就会撤退。但是，人们仍然需要有人来管理他们的钱，而在他工作的10年中，戈尔曼将摩根士丹利的未来寄托在帮助人们管理钱财上。到2019年底，该公司为300多万美国人管理着2.7万亿美元的资金。但这还不够。资金管理在华尔街被称为“规模生意”。由于间接成本固定，每增加一个账户，利润就会增加。收购亿创理财将为公司带来另外3 600亿美元的客户资金，从而让公司从每一美元中榨取更多利润。这也将为戈尔曼的任期画上一个惊叹号——自2008年前的光辉岁月以来，这是华尔街迄今为止最大的一次抢占头条的收购。

摩根士丹利似乎不太可能成为追求者。2008年，摩根士丹利差点儿倒闭，此后多年，它一直是华尔街的弱者，在一次次危机中蹒跚前行。对亿创理财的收购是一次成功的改变，让它登上了《华尔街日报》的头版。这是自2008年危机以来大型银行最大的一次收购。在一周后的这个雪夜，这位性格多变的首席执行官心情异常好。

华尔街的老板往往有两种类型：粗鲁的交易员和口若悬河的银行家。61岁的戈尔曼却两者都不是。他出生在墨尔本郊区的一个十口之家，父亲希望他成为一名工程师，母亲希望他成为一名牧师，他却选择成为一名律师。在咨询公司麦肯锡和投资银行美林任职后，他于2006年加入摩根士丹利，他的目标是将向美国中产阶级兜售股票以赚取佣金的股票经纪人群体变成一支为富裕客户提供理财建议的盈利力量。

戈尔曼严谨而冷漠，是个很难对付的家伙，甚至对摩根士丹利的资深内部人士来说也是如此。即使他解雇了 2 000 名表现最差的顾问，同事们也会捕捉到他更人性化的一面，他喜欢站在纽约郊区办公室的窗前，拿着望远镜观看澳大利亚牧羊人在那里驱赶鹿。

21 世纪初，新奇的高风险交易席卷华尔街，摩根士丹利却基本上置身事外。在戈尔曼的前任约翰·麦克担任首席执行官期间，摩根士丹利在信贷和房地产价格见顶的最糟糕时刻冲了进去。2007 年，该公司在单笔抵押贷款交易中损失了 90 亿美元，并在一年后陷入濒临破产的旋涡。日本三菱银行的大笔现金注入为其赢得了时间。如果没有监管机构的干预，它几乎肯定会破产。

这场危机让麦克下台，戈尔曼上台。这是一个相当大的反差。麦克是个爱拍马屁的南方债券交易员，曾是大学橄榄球运动员，喜欢在摩根士丹利的自助餐厅和人们打成一片。戈尔曼更喜欢安静的办公室，每天晚上他都在办公室里手写计算公司各主要部门的每日收入数据，然后把活页纸塞进桌上的文件夹里。他砍掉了摩根士丹利的自营交易柜台，缩减了债券交易业务，因为债券交易是屡屡失误的根源。他卖掉了油轮船队和大西洋城一座尚未完工的碍眼的赌场，这些都是曾经统治华尔街的自由文化的残余。取而代之的是，他加倍关注更稳健的资金管理和家庭财务咨询业务，并增加了零售业务，早年他曾担任美邦的经纪人。

现在，他又在亿创理财钓到了一条大鱼。这家公司是网络公司的宠儿，曾因其超级碗广告中的一个会说话的婴儿而闻名，长期以来一直主宰着零售投资界，为在市场上追逐财富的小交易商提供服务。无论从哪个标准来看，这都是一次成功的行动，在华尔街看来，这也是一次令人鼓舞的行动。

曼哈顿下城的街道上飘起了小雪，戈尔曼拿起麦克风。他表达了必要的谢意，然后就资本家的责任发表了自己的看法——“帮助发行人和投资者见面，并帮助储蓄者和借款者见面”，而且在这样做的时候不能越位。他提醒听众，如果忽视风险，当热情压倒理智时，什么事情会发生。他说：“正如我们 12 年前看到的那样，这可能是灾难性的。”

当两个人坐在大房间里时，一阵微风吹过外面的沙漠棕榈树，圣哈辛托山的阴影在房间里不断拉长。福特汽车公司首席执行官韩恺特和公司执行董事长、创始人家族后裔比尔·福特正处于圣诞假期的尾声，他们穿着随意，喝着冰镇矿泉水。

韩恺特从纽波特比奇驱车赶来，他在那里租了一间平房度假，离他的孩子和小孙女住的地方很近。他要和比尔在加利福尼亚州棕榈泉郊外历史悠久的烟树牧场见面。那是一个富有乡村特色的有钱人社区，韩恺特在使用谷歌地图时迷路了，需要比尔在电话中为他指路。比尔小时候曾在那里的家庭别墅过冬[4]，在那里他曾向在街边开店的华特·迪士尼挥手致意，并等待他的父亲老威廉·克莱·福特（亨利·福特最后一个健在的孙子）与弗兰克·西纳特拉打完高尔夫球回来，年轻的比尔称他为“弗兰克叔叔”。后来他自己在牧场上买了一栋房子，今天他邀请韩恺特前来聊天。

韩恺特上任才两年。他曾长期经营世界上最大的办公家具制造公司 Steelcase，然后在密歇根大学担任了一年半的体育主管，在 20 世纪 70 年代曾是密歇根大学橄榄球队的替补中锋。（他可能是福特公司少有的局外人，但他在密歇根州的深厚根基和对密歇根大学狼獾队的持久热爱让他赢得了密歇根州员工和工会成员的青睐。）

在下山的路上，韩恺特的思绪不断回到他在平房里用破旧的 iPad（苹果平板电脑）读到的一篇文章上，这篇文章是关于中国新冠病毒病例不断增加的。与大多数美国工业巨头一样，福特在很大程度上依赖中国供应商为其提供皮卡和轿车的原材料。10 年前，福特汽车就开始采用其日本竞争对手丰田汽车首创的“及时生产”模式，这种模式摒弃了囤积大量库存的做法，在需要安装铆钉或座椅靠背时才让供应方送货上门。这是美国企业更广泛地追求效率的一种方法，有助于提高利润。但这样做几乎没有回旋余地。福特公司的仓库已经不再像以前那样有大量的零部件供应，从中国发货过程中的任何延误都会造成巨大损失。中国政府宣布追踪病毒已经两周了，中国港口已经开始报告船只延期。

但这并不是今天沙漠之行的主题。两人在那里讨论的是福特的未来，特别是韩恺特还能在福特担任多久的首席执行官。64 岁的韩恺特一直是个临时老板，他的前任马克·菲尔茨在失去股东和福特家族的支持后被赶下台，而福特家族拥有公司

5% 的股票，却控制着公司 40% 的投票权。

他们曾经非常默契。比尔出生于工业贵族家庭，是福特公司后裔和凡士通轮胎公司继承人的儿子。他曾就读于康涅狄格州精英寄宿学校霍奇基斯，然后带着一辆罕见的绿色野马跑车的钥匙去了普林斯顿。韩恺特是家里 4 个儿子中最小的一个，他的父母都是爱尔兰天主教徒，因为负担不起养更多孩子的成本，所以就不再要孩子了。他头脑灵活，面容俊朗，在 39 岁时通过自己的努力找到了第一份首席执行官的工作。

但两人却变得格外亲密。比尔决定在韩恺特身上赌一把。他在 2016 年加入福特管理其臭鼬工厂部门之前从未在汽车行业工作过，当时该部门正在探索自动驾驶和汽车共享技术，试图追赶硅谷的脚步。菲尔茨离开后，比尔把工作交给了韩恺特。他冷静地接受了这份工作，并警告他的赞助人“华尔街不会喜欢我的”。他是对的。华尔街不喜欢他，或者更宽容地说，他们不理解他——他的一大批员工也不理解他。

韩恺特曾试图推动保守到呆板的福特汽车加快步伐、拓宽思路。但他的愿景有时很难实现，也无法与“左突右冲”的工程师们产生共鸣，他们很难跟上他的路线图。他因深夜发邮件而闻名，这些邮件往往在他那些以家庭为中心的中西部员工入睡后很久才发出。这些邮件有时会附上来自科学杂志的文章，或者 TED 演讲的链接。TED 演讲是思想家和有影响力的人的圣地，但也被其他人嘲笑为自我放纵的知识分子表现的平台。有一次，他在回答福特为什么要开展智能汽车业务的问题时说[5]：“使企业长期获胜的本质与让我们的身体在战斗中获胜、带领足球队获胜或市场运作等并无不同。我就是研究复杂性理论的。”这种匪夷所思的回答未能赢得员工的忠诚。当他规定[6]公司所有新车型在2019年之前都要实现无线网络连接时，工程师们抱怨说，技术可能会出现故障，福特在质量方面的声誉可能会受到影响，而且谁会需要自己的汽车是一台计算机呢？

他经常引用行为经济学家的话来迷惑华尔街的分析师。在韩恺特上任之初，福特汽车的利润多次低于自己的利润预期。2018年夏天，在福特推迟了原定于9月举行的一次股东大会后，摩根士丹利的一位分析师问他届时是否还会继续留任[7]，他说“当然会”。然而，在他的任期内，福特的股价已经下跌了20%。美国历史最悠久的汽车制造商是否迷失了方向？

2020年伊始，两人在棕榈泉会面时，福特公司传来了好消息。福特电马汽车刚刚在洛杉矶发布，这是对新时代汽车的一种全新尝试。它的3种驾驶模式分别是“细语”、“入胜”和“不羁”。（后来，它击败了特斯拉、奥迪、沃尔沃和保时捷等车型，获得了《人车志》杂志年度汽车大奖。）公司第一辆电动F-150卡车的研发工作正在秘密进行。韩恺特刚刚结束了与迪士尼公司首席执行官罗伯特·艾格的讨论，将在迪士尼的电视和流媒体上播放一系列关于即将推出的新款福特烈马的宣传视频。无论过去几年公司的发展有多惨淡，无论公司与亨利·福特的创业精神相差有多远，现在它似乎都找到了回归的方向。

“难道你不想看到这些事情顺利进行吗？”比尔问韩恺特。

但韩恺特已经64岁了，他认为现在是离开的时候了。他告诉比尔，他认为公司战略和技术主管吉姆·法利是合适的继任者。法利对公司的财务工作几乎没有直接经验，这不是一个小盲点，因为福特负债累累，依靠错综复杂的融资子公司网络将汽车从工厂车间运到全美各地的经销商车库。但他是个汽车狂人[8]，他拥有六七辆集体运动跑车，并驾驶一辆红色的1966年福特GT40在欧洲参加业余比赛，这对福特公司来说非常重要。

当太阳的光线从外面的丝兰树上反射下来时，比尔委婉地说："这是你的决定。"

"好吧，这是你的公司，比尔。"韩恺特回应道。他们同意开始打基础，包括提升法利为首席运营官，看看2020年会发生什么。也许对新人来说，这将是一个容易上手的机会。

布莱恩·切斯基在假期中为所有初创企业生命中最重要的时刻——首次公开募股（IPO）做准备。他经营的爱彼迎公司，从他与旧金山室友在一封电子邮件中分享的一个匆忙构想，发展到了今天的规模。公司从靠出租客厅地板上的气垫床赚点儿外快，到如今成为硅谷的庞然大物。在最近一轮融资中，风险投资人对该公司的估值为310亿美元，38岁的切斯基认为上市的时机已经成熟。

爱彼迎具备硅谷宠儿的所有必要条件：快速增长，估值高，品牌凭借自身实力已成了一个动词（也没有像优步等雄心勃勃的初创公司那样，遭遇戏剧性的投资事件或工作环境不佳的投诉）。它的业务范围已超出连接房主和度假者的传统业务。它聘请了维珍航空公司的前首席执行官，以进军交通业。切斯基认为，爱彼迎涉及的不仅仅是度假，还有人们如何到达目的地，以及到达目的地后如何四处走动。切斯基认为，爱彼迎不仅可以有与度假相关的业务，还可以就人们到达目的地的方式以及到达目的地后的移动方式开展业务。有人谈到要与旅游巴士运营商、出租车车队，甚至内河游船的导游合作。与 2019 年任何一家有价值的科技公司一样，爱彼迎也在媒体领域站稳了脚跟。它与媒体巨头赫斯特合作推出了一本精美的杂志，并立志成为好莱坞的一员，为苹果的流媒体服务制作电视节目，介绍世界各地的奇特住宅。正如一个标题所说："爱彼迎想进军流媒体……为什么不呢？"

剩下的就是轰轰烈烈的首次公开募股了，这是一家私营公司将其股票上市交易、加入企业精英行列的标志。爱彼迎的目标是最快在那年夏天上市，切斯基的华尔街顾问告诉他，公司的估值可能达到 500 亿美元或更高。这将巩固爱彼迎的硅谷精英地位，让切斯基在 40 岁生日前成为亿万富翁。圣诞假期期间，他的员工为他送去了一沓厚厚的招股文件，这些文件被称为"招股说明书"，其他硅谷初创公司都曾用它们来启动首次公开募股。

从纽约到奥兰多，再到加勒比海，切斯基在空白处潦草地记下了他喜欢什么，不喜欢什么。这份文件将向全世界宣布爱彼迎的诞生，曾就读于艺术学院、痴迷于设计和品牌的切斯基希望爱彼迎的发布与众不同。他脑海中浮现的是他在伦敦《泰晤士报》上读到的一篇文章[9]，这篇文章发表于2019年的最后几天，称21世纪第二个10年为“断裂的10年”。移动技术和社交媒体本应拉近人与人之间的距离，却播下了分裂和隔离的种子。公共广场被搬到网上，昔日的实体集会场所空空如也。他致力于用爱彼迎来弥合这一鸿沟，将人们聚集在一起。这是切斯基这一代技术布道者中许多人的共同目标——脸书长期以来的使命就是让世界更加“开放和互联”，切斯基认为爱彼迎有机会实现这一目标，而不会像其他公司那样造成破坏。

2020年，他在iPhone（苹果手机）的“笔记”应用程序上给自己写了一封信，内容与连接有关。

达美航空首席执行官埃德·巴斯蒂安匆匆走进哈兹菲尔德–杰克逊亚特兰大国际机场的巨大飞机库，试图摆脱恼怒。

他刚刚结束了一次电视访谈，在访谈中，他被卷入了一场关于在飞机上躺倒座椅礼仪的现场讨论。几周前，一段视频在网上疯传，视频中一名乘客在美国航空的航班上反复捶打他前面完全躺倒的座椅靠背。巴斯蒂安认为，达美航空的航班上并没有发生这种情况——感谢上帝给了我们这么小的座位，但对一位航空公司首席执行官来说，这是一个无法给出满意答案的问题，因为在过去的10年里，乘客被挤在越来越小的座位上，还要为额外的腿部空间支付费用。巴斯蒂安是一位彬彬有礼的受访者，他把这个问题变成了一个机会。身高超过一米九的巴斯蒂安告诉电视采访者，他经常乘坐经济舱，当乘坐经济舱时，他并不感到拥挤。他说，如果你必须躺下，比较好的做法是提前询问，礼貌待人。现在，当匆匆走进12号停机坪时，他急切地想把注意力转移到更快乐的事情上。毕竟，今天是情人节。

巴斯蒂安在达美航空最大的枢纽站为员工送上了一封情书。该公司最近公布了2019年的财务业绩，以41亿美元的利润、449亿美元的收入成为全球最赚钱的航空公司。他身穿黑底细条纹西装，打着森林绿领带，宣布达美航空将向员工支付他们应得的利润分成——总计16亿美元，每个普通员工分得的相当于其两个月的工资。人们欢呼雀跃，振臂高呼。“现在的情人节对我们来说不是红色的，而是绿色的，”他对人群说，“今天是利润分享日。”在占地115英亩[①]的机库场地，欢声雷动。

这在现代企业中是一种不同寻常的安排，是达美航空十多年前申请破产时留下的“后遗症”。2005年，达美航空曾恳求员工接受减薪和养老金计划，并向他们承诺，当公司业绩回升时，他们将得到丰厚的回报。这种安排是达美航空多年来多次阻止工会组织运动的关键。只有达美航空的飞行员和调度员加入了工会，而其2.5万名空乘人员、机械师和客户服务人员都没有加入工会。（美国空乘服务人员协会主席萨拉·纳尔逊也

---

① 1英亩≈4 046.86平方米。——编者注

出现在亚特兰大机场的人群中，警惕地注视着整个过程。她所在的工会曾三次试图让达美航空的空乘人员加入工会，目前正在做第四次努力。）

达美航空言出必行，从那时起，每年都会将年利润的15%分给员工。起初，在公司蹒跚走出破产保护时，这只是一个微不足道的数字。巴斯蒂安告诉在场的人，现在，达美航空已经连续6年向员工支付超过10亿美元的补偿金，这是历史上所有公司支付的最多的补偿金。

他向一名维修工人做了个手势，后者按下了一个按钮。巨大的白色帷幕落下，一架199座的空中客车A321呈现在人们眼前。两个月前，公司所有员工的名字被刻在一架价值1.16亿美元的在德国汉堡装配完成的喷气式飞机上，机身上用达美航空红色大写字母写着“谢谢”。9万个名字，其中许多人在巴斯蒂安所说的“最黑暗的时刻”与达美航空并肩作战，现在他们因此得到了回报。

员工当时不知道，巴斯蒂安也不知道，另一个更加黑暗的时刻即将到来。到当年年底，他们中的十几万人将不再从公司领取工资。

就在几周前，巴斯蒂安还在拉斯维加斯会议中心与数以千计的记者、分析师和时尚先锋齐聚一堂，参加一年一度最大的国际消费类电子产品展览会。巴斯蒂安发表了主题演讲，他是

第一位在这个通常由网飞、梅赛德斯和NFL（职业橄榄球大联盟）等公司高管参加的盛会上发表主题演讲的航空公司高管。多年来，巴斯蒂安一直将达美航空定位为一个创新者，而不是一家航空公司（航空业是一个商品化、资本密集型、竞争激烈的行业，客户和华尔街投资者对它的评价都很低）。他认为，达美航空卖的不是产品，而是一种体验。

可以肯定的是，达美航空有很多值得夸耀的地方：在美国主要航空公司中准点率最高、财务状况最健康，它被认为是优质航空公司，这使其每可用座位英里收入比行业平均水平高出10%。而在亚特兰大总部，巴斯蒂安的团队几乎已经完成了公司2019年财务业绩的分析，这将使达美航空成为全球收入最高的航空公司。2019年夏天是达美航空有史以来业绩最好的一年，飞机平均上座率达到90%，每天向全球300多个机场运送60万名乘客。该公司预计，2020年的销售额将增长6%。

但拉斯维加斯不是谈论这些的地方。[10] 相反，巴斯蒂安描绘了未来流畅的令人愉悦的空中旅行的愿景，这个新喷气时代将再现航空旅行的魔力。生物识别亭将引导旅客进入机场休息室。实时行李追踪系统将确保旅客的行李也能顺利到达目的地。他演示了一种机器人外骨骼，它可以让行李搬运工轻松提起沉重的手提箱。巴斯蒂安花了7分钟时间采访《别告诉她》的导演，这是一部可以通过飞机座椅靠背娱乐系统播放的电影，达美航空一直在向好莱坞推销，认为这是一种接触电影观众的新方式，是对网飞和Hulu等流媒体平台的补充。（他引用的数据显示，人们在飞机上更容易哭泣，他说这可以成为催泪电影的卖点。）

达美航空首席执行官告诉拉斯维加斯的人们，不要把达美航空当成一家航空公司，它将成为一个数字旅行管家，组织旅客拼车前往机场，并从美国运输安全管理局获得实时数据，引导他们缩短安检队伍。由达美航空内部风险投资部门共同开发的“平行现实屏幕”可以识别在机场航班信息屏幕前停留的旅客，并用他们的母语向他们显示个人行程。这是达美航空多年来所谓“旅行缎带”的又一次迭代，将旅客从订票到领取行李的整个过程包装成一个整洁的蝴蝶结。

达美航空在费城买下了自己的炼油厂，不再依赖变化无常的石油供应链来供应喷气燃料。它自己制造座椅靠背娱乐屏幕。它的机械师不仅修理达美航空的飞机，还为其他 150 多家航空公司和机场客户提供同样的服务。几周后，达美航空将宣布投资 10 亿美元，帮助其在未来 10 年内实现碳中和。

在巴斯蒂安的领导下，它攀上了行业的顶峰——以至似乎可以逃脱行业的束缚。它成了自己命运的主人。

这不仅关乎达美航空。航空业经历的 21 世纪第一个 10 年中期席卷美国大型航空公司的破产潮已成为遥远的记忆。在共和党和民主党几届政府的支持下，监管机构放手进行的兼并浪潮将数十家美国航空公司整合成了三大航空公司——达美航空、美国航空和美国联合航空。这三大航空公司的主导地位让它们可以无情地削减成本，与工会进行更强硬的谈判，并向乘客收取托运行李和机上食品等相关费用，这些在过去都是免费的。乘客对此已经不再怨声载道，即使还有抱怨，也不会因此而放弃出行。2006 年至 2019 年，航空旅行支出大幅增加[11]，超过 8 000 亿美元。航空业日益成为美国经济的引擎，拉动了美国 5% 的国内生产总值，美国每 14 个就业岗位中的一个就是由航空业直接或间接提供的。

高管们偿还了债务，并用更先进的新飞机取代了老旧的飞机。他们斥资数百亿美元回购自己的股票，在 2010 年至 2019 年间将 96% 的自由现金流用于回购，他们坚信 21 世纪第一个 10 年、20 世纪 90 年代和 80 年代的繁荣与萧条已经过去。2011 年至 2017 年，行业利润增长了近 5 倍，达到 380 亿美元。他们最担心的是迫在眉睫的飞行员短缺问题。在 2020 年 3 月的头几天，该行业游说团体美国航空公司的负责人在该团体定于 3 月 5 日召开的年度战略会议之前，向美国 9 家航空公司的首席执行官发出了邀请，环境和可持续发展方面的努力将是会议的首要议题。6 位首席执行官告诉他，要确保他们不会因新冠病毒而偏离主题。

颇具讽刺意味的是，航空业即将被一种病毒摧毁。2020 年的世界前所未有地紧密联系在一起，越来越多的公民可以享受全球商业的便利和优惠的机票价格，这使得病毒不是通过陆路口岸缓慢传播，而是瞬间传播开来。在不到 20 年的时间里，通过直飞航班连接的全球城市数量翻了一番，到 2010 年达到 2.2 万个。从 2019 年 12 月底中国首次报告病例开始，该病毒席卷多个国家，先是到达泰国、韩国和日本，然后到达伊朗和意大利，2020 年 2 月底，伊朗和意大利成为全球疫情中心。

美国报告的第一例病例[12]是一名居住在华盛顿州的35岁男子，他于1月15日乘坐从中国返回的航班，并在西雅图－塔科马国际机场漫步。他在飞机上感觉良好。

第 3 章

大事件

詹姆斯·戈尔曼紧张地盯着镀金的纸巾盒。他在沙特阿拉伯利雅得的王宫里，坐在该国王储穆罕默德·本·萨勒曼的右侧。当时是 2020 年 3 月初，在西普里亚尼餐厅举办的颁奖晚会结束一周后，这是摩根士丹利首席执行官正在为期三天的中东之行的第二站，他将拜访客户和政要。几天前，美国刚刚报告了第一例死于新冠病毒感染的病例——华盛顿州一名 50 多岁的男子。西雅图附近的一家长期护理机构似乎暴发了疫情，加利福尼亚州、伊利诺伊州和马萨诸塞州也出现了一些病例。不过，在美国，人们的生活基本上照常进行。他没有想到要取消这次旅行。

周游世界是现代首席执行官的核心职责，尤其是在华尔街，银行家排着队向各国政府提供经济现代化和投资方面的建议。这些旅行还提供了一个了解全球趋势的窗口，即使在纽约这个全球资本的十字路口，也很难获得这样的机会，而在 3 月初，这样的窗口可遇不可求。

戈尔曼的第一站是科威特，在那里，一名安保人员用体温扫描仪扫了他的额头，然后才允许他进入大楼，与来自科威特主权财富基金的高级管理人员会面。这种检查让戈尔曼十分震惊。该国经历了 MERS（中东呼吸综合征），这是一种冠状病毒，2012 年曾袭击过阿拉伯半岛。（MERS 的致死率极高，每 10 个感染者中就有 4 人死亡，比天花更致命，但事实证明，其传染性并不强，这种病毒最终自行消退了。）鉴于科威特人在致命病毒方面的经验，戈尔曼认为，科威特人的谨慎态度表明，西方国家低估了这种病毒的危险性。两天后，当抵达沙特阿拉伯时，戈尔曼已经吓得让王宫里的礼宾官知道他不会和他们握手了。他们问他是否生病了。"没有，" 他说，"只是担心。"

虽然沙特能源部长在一次简短的会面中坚持用胳膊搂住这位瘦高的首席执行官，并将其留在那里，但他基本上还是坚持了减少身体接触的计划。而现在，当戈尔曼与这位 34 岁、颇具争议的王储聊起沙特阿拉伯如何实现经济多元化、减少对石油的依赖时，这位年轻的王储却不停地打喷嚏。每次打喷嚏时，他都会从大理石桌上摆放的一个金色华丽盒子里拿起一张纸巾，盒子旁边摆放着一个插着新剪的白色郁金香的花瓶，然后他把揉成一团的纸巾丢进一个垃圾桶里，垃圾桶就放在两人膝盖之间的地板上。戈尔曼本来就对接受这次会面犹豫不决。沙特阿拉伯是一个快速增长的经济体，正利用其丰富的石油资源成为全球金融和投资的重要参与者，但 2018 年《华盛顿邮报》记者遇害事件——美国情报部门将责任完全归咎于年轻的王储——损害了它在西方的声誉。现在，随着纸巾的堆积，戈尔曼的焦虑也在增加。当离开王宫时，他向随行的摩根士丹利国际业务主管弗兰克·佩蒂加斯倾诉了自己的担忧。戈尔曼心想："这可能是个大问题。"

这的确是个大问题。多年来，制药公司高管和公共卫生专家一直在警告一种致命的病原体，这种超级病菌通过大大小小、纵容和意外的方式完美地进化，以便造成最大的破坏。好莱坞在20世纪90年代的经典影片《极度恐慌》等热门影片中都采用了这种大流行病的故事情节，该片的灵感来自畅销书《血疫》，书中一种致命的热带热病席卷全球，携带者是一只在非洲丛林中被捕获并卖给异国情调宠物店的猴子。埃博拉病毒是现实生活中最接近这种虚构病毒的病毒，21世纪10年代中期在非洲暴发，到2014年12月22日，已造成7 000多人死亡，血迹斑斑的医院地板和葬礼火堆的照片在全球新闻媒体上传播，引发了人们的恐慌。

但是，像埃博拉这样的热带疾病杀死受害者的速度太快，根本无法传播到全球。那些没有死亡的人也会因病重而无法去餐馆、电影院或其他可能将病毒传染给其他人的公共聚集场所。而且这些疾病大多是血液传播的，这意味着只有与患者的体液有密切接触的人，才有可能感染这些疾病。

公共卫生专家警告说，真正的威胁不易察觉，它是一种通过空气或偶然接触传播的病毒，类似于季节性流感。它看起来更像21世纪第一个10年中期在中国出现的SARS病毒，而不是好莱坞电影制片厂制作出来的病毒。它不会大费周章地液化器官或撕碎血管。相反，它会在人体的肺部扎根，并在那里造成缓慢、安静的破坏。它的早期症状就像成千上万种病毒中的任何一种，通常会被当作重感冒。而且，带来“大问题”的病毒不会具有像虚构的“恶人病原体”那样的高致死率，而是会活在令病毒学家恐惧的死亡率最佳点上。它将杀死足够多的受害者，引起公共卫生部门的警觉，但会让大多数人活着，甚至可以活动，感染者体内的病毒量足够高，具有传染性，但感染者可以维持日常生活。

这种中庸之道很可能是一种生物学上的怪癖，是遗传密码链中的一个突变。但这将是进化的胜利。病毒的目的只有一个：传播。过快地杀死宿主会适得其反。

随着 2020 年 3 月的到来，新型冠状病毒似乎满足了所有这些条件。虽然有迹象表明病毒起源于武汉一个海鲜市场，但早期病例包括几个家庭成员，每个人都不太可能被同一个笼子售出的旱獭、马来豪猪或其他在那里出售的野生动物感染。这表明病毒是通过密切接触传播的，也可能是通过空气中的飞沫传播的，所有人在说话时都会交换飞沫。2 月的一项早期科学研究[1]将该病毒的死亡率定为 5.25%，约为 SARS 的一半，是典型的冬季流感的 50 倍。这恰好是病毒学的最佳点。早期的报告表明，新冠病毒感染者在出现症状之前就已经具有传染性，这将大大增加控制的难度，后来的报告也很快证实了这一点。任何工作场所或学校都可以证明，让知道自己生病的人待在家里已经够难的了，而让健康人被隔离几乎是不可能的。

这种病毒跨越了国界。虽然它与现代医学所熟知的病毒家族有着共同的基因根源，但病毒出了名地难以预测。有些人对治疗反应良好，有些人则不然。有些病毒可以用疫苗对付，有些则不行。（普通感冒至今仍无药可治，几十年的研究也未能研制出人类免疫缺陷病毒疫苗。）病毒是狡猾的、复杂的和专一的。而这种病毒已经先发制人。

几天后，戈尔曼回到纽约，那里的生活似乎一如既往。他与另外三对夫妇一起在埃利奥餐厅用餐，这是位于纽约上东区的一家白色亚麻风格意大利餐厅，其中包括澳大利亚驻纽约总领事和他的妻子，他们是来参加第二天在领事馆举行的活动的，戈尔曼将在那接受澳大利亚平民的最高荣誉——澳大利亚勋章。几个月后，当被问及在大流行“之前的时代”他做过的最后一件正常的事时，他会用一种严肃的、半开玩笑的口吻说，这次晚餐是他最后一次毫无顾虑地外出。

夕阳西下，埃德·巴斯蒂安在沙漠中啜饮着饮料。此时正值 1 月底，达美航空首席执行官正与 6 名副手在智利北部的阿塔卡马沙漠庆祝他们向南美最大的航空公司拉塔姆航空公司投资 20 亿美元。几周前完成的这笔交易是一次政变：达美航空将拉塔姆航空公司从其长期的美国合作伙伴美国航空手中抢了过来，他们在纽约和迈阿密的秘密会议上进行了长达数月的谈判。为期 4 天的阿塔卡马之行是两个更大的管理团队的首次会面。拉塔姆航空团队急于展示自己的国家，达美航空团队则急于看看他们的 20 亿美元买到了什么。团队徒步旅行，在

当地温泉泡泥浴，参观世界上最大的地下矿山，然后在酒店露台上喝鸡尾酒，品尝智利烤肉，俯瞰火星的景色，红色而嶙峋。

巴斯蒂安有更重要的事情要做。他悄悄地从人群中溜走，示意达美航空总裁格伦·豪恩施泰因和国际业务主管史蒂夫·西尔跟上。他们挤在露台的一角。巴斯蒂安对他们说："我们必须想办法解决问题。"

据报道，截至 2020 年 1 月 29 日，新冠病毒已在中国造成 170 人死亡，累计报告确诊病例 7 711 例，超过了 2003 年 SARS 暴发时创下的传染病死亡人数的里程碑。[①]

他们现在开始退缩了。一周前，迪士尼关闭了在上海的乐园。麦当劳关闭了在武汉的餐厅。星巴克关闭了整个湖北省的咖啡馆，并向中国其他地方的咖啡师分发口罩，中国是星巴克的第二大全球市场。达美航空本身对新订单的需求开始下降，它将中美之间的每日航班计划减少了一半，而美国联合航空则取消了从洛杉矶飞往上海和北京的主要航线。

巴斯蒂安认为，美国政府迫使他们完全停止飞往中国的航班只是时间问题。来自阿肯色州的保守派参议员汤姆·科顿曾公开向特朗普政府施压，而政府高级官员也曾告诉几家航空公司的高管，他们正在考虑采取这一行动。

巴斯蒂安希望先下手为强，尤其是考虑到唐纳德·特朗普

① 除了另有说明，除了中国的其他国家、地区有关病例数、死亡人数和其他大流行病医学事实的统计数据均来自约翰斯·霍普金斯大学冠状病毒资源中心，该中心已成为大流行病相关公共卫生数据的主要交换中心。

喜欢在推特上直接发布政策决定。该公司已经允许1月最后一周出行的数千名持票乘客在不支付费用的情况下改签航班，但巴斯蒂安告诉他的副手，这只是一个折中的办法。他们计划取消整个来往中国的航班，这意味着取消每天几十个航班，而它们是公司按里程计算利润最丰厚的航班。

“这是相当戏剧性的一步，”豪恩施泰因说，“你确定吗？”豪恩施泰因知道这样的表态会让整个行业陷入混乱，也会让已经在国外的乘客感到恐慌。另外，亚洲业务约占达美航空业务的7%，虽然低于一些竞争对手，但也足以造成损害。抛开眼前的经济损失不谈，达美航空一直努力在中国建立立足点，因为中国对西方商务旅客越来越重要。这并不容易。2015年，达美航空斥资4.5亿美元收购了中国三大航空公司之一——中国东方航空公司的一小部分股份，以深化其业务。豪恩施泰因现在警告说，膝跳式反应可能会阻碍达美航空在中国的发展，特别是如果病毒比人们担心的要轻。他说，如果白宫下达命令，那是一回事，但如果主动取消所有飞往中国的航线，达美航空在中国的进一步扩张就需要得到官员们的支持，这对达美航空的发展不利。他温和地敦促他的老板考虑所有的论点。

巴斯蒂安的眼睛眯了起来。“了解了我们所知道的情况，你还想在这些航班上担任机组人员吗？”毕竟，乘客可以选择是否值得冒险乘坐国际航班。而达美航空的飞行员和空乘人员必须服从命令。此外，他还补充说，如果白宫无论如何都要让他们这么做，那么先行一步是有价值的。

西尔的副手佩里·坎塔鲁蒂手拿饮料走了过来。“我想我们刚刚决定撤掉中国区的日程安排。”西尔对他的同事说。

几天后，美国联合航空和美国航空也宣布了类似的计划。美国最大的三家航空公司是激烈的竞争对手，它们都做出了同样的决定，这表明了人们的强烈担忧。现在不是试图抢夺市场份额的时候，也不是在竞争对手退缩时一鼓作气的时候。

尽管他们一致表示关切，并同时采取了最强硬的手段，但是对暂停中国航班的时间却没有达成共识。美国航空的计划是在 3 月 27 日停止飞往中国的航班。达美航空和美国联合航空在取消航班计划之前，还将按原计划飞行一周——美国联合航空至 3 月 28 日停飞，达美航空至 4 月 30 日停飞。没有人知道病毒的威胁会持续多久。航空公司提前数月制订航班计划，并将大量数据输入其软件以便做出决策，例如，决定是否增加一条从芝加哥到奥兰多的额外航线，或抓住《权力的游戏》引发的冰岛旅游热潮。

在试图评估此次事件对航空业的潜在影响时，高管和分析师们唯一可以借鉴的先例是 SARS。2003 年暴发的那场疫情[2]导致跨太平洋航班停飞，恐惧的旅客待在家中，全球航空公司因此损失了约 100 亿美元的收入。但在这几年里，中国对国际航空业的重要性急剧上升。到 2020 年，进出中国的国际客流量将是 2003 年的 10 倍，每年将增加 4.5 亿人次。对大型航空公司来说，商务旅客是最赚钱的乘客，他们涌向中国，开设工厂，达成交易，并深入了解中国蓬勃发展的技术领域和繁荣的消费者阶层。这次情况会更糟糕，至于糟糕到什么程度，谁也说不准。

于是，企业首席执行官们开始踌躇满志地重新制订现有计划，却不知道接下来会发生什么。随着病例一天天增加，模糊的生物科学开始被填补，指令每天都在变化。习惯了三年计划的高管们不得不临时做出决定，几天后不得不一次又一次地修改计划。

当听到自己的名字时，玛丽·弗勒里正坐在底特律机场附近一家不起眼的酒店一个不起眼的走廊里。弗勒里曾长期担任福特公司的安全主管，她的任务是监管世界各地的几十家工厂和高管，保护前来工厂合影的政客和其他政要。她目前的任务相对来说比较低级。她正在酒店套房外站岗，她的老板韩恺特和公司董事长比尔·福特正在那里进行一个绝密项目。自两人在棕榈泉会面，为韩恺特的退休制作时间表以来，已经过去了几个星期。现在，他们正在计划第一步：对管理层进行调整，让任职已久的公司汽车部门主管离职，让福特战略主管吉姆·法利成为韩恺特的接班人。

这是韩恺特耗资 110 亿美元对福特公司进行重组的又一举措。[3] 多年来，福特公司一直在蹒跚前行，被中国和硅谷的竞争对手超越，并受到华尔街的抨击。由于讨论过于敏感，不能在位于底特律市中心外的福特总部进行，而韩恺特在福特总部实行开放政策，他担心被人窥探。因此，韩恺特在机场酒店订了一间套房，墙上贴满了模拟管理层变动的组织结构图。他让弗勒里在外面站岗。

在讨论间歇，韩恺特的思绪又回到了病毒上。一周前，他在拉斯维加斯参加福特汽车经销商会议，与从全美各地飞来的3 000名与会者中的许多人握手。他对幕僚长说："如果病毒已经来了怎么办？"在随后的几天里，这种担忧愈演愈烈，因为病毒先是传播到伊朗，然后传播到意大利。现在，意大利成了世界末日新闻报道的焦点，医院里的呼吸机用完了，病人窒息而死，护士们拿着塑料外壳的iPad对着他们的耳朵说再见。韩恺特不是周末流行病学家，但他的父亲曾是一名大型动物兽医，韩恺特还记得父亲在餐桌上谈起他治疗的牛群疫情时，脸色会发生怎样的变化。疾病传播得很快，几乎不顾及其他任何事情。

他把头探出走廊，与安全主管对视。"玛丽，我们有危机处理小组吗？比如，某种应急特别工作组？"韩恺特问他的安全主管。她说福特确实有一个危机处理小组，由公司各部门的高管组成。韩恺特说："我需要你打电话给他们。"

这种快速传播的病毒及其肆虐的可能性使韩恺特精心策划的继任计划有可能被打乱。下周一，2月初的一个清晨，即使以密歇根州的标准来看也是寒冷的，韩恺特早上6点就来到办公室，与由全球主要地区的高管组成的特别工作组进行了第一次电话会议，随后是每周一次、每周两次，然后是每天一次的电话会议。会议的重点是中国。与其他工业制造商一样，福特也依赖于精细调整的供应链，主要从亚洲进口原材料和零部件，然后在北美和中美洲的工厂组装成成品。中国国内的防疫管理，以及飞往国外的商业航班和货运航班的减少，使得数百万指定用于福特汽车组装的零部件被滞留。任何延误都将付出高昂的代价，由于工人短缺以及政府对商业和运输的限制，运输集装箱开始堆积在中国港口。因此，公司包租了几架商用客机，这些波音 747 客机因跨太平洋航线停航而闲置在中国机场的停机坪上。2 月中旬，这些飞机降落在底特律，座椅被拆了下来，机舱里塞满了一箱箱电线夹、油箱盖、车窗按钮和其他零部件。

现在，韩恺特告诉他的团队，他们的工作重点需要改变。这不再仅仅是福特在中国的供应链问题，公司需要考虑病毒在美国肆虐并席卷其工厂车间的可能性。他警告说，如果发生这种情况，装配线上可能不会有足够的工人。即使福特能维持生产，消费者也可能会对进入展厅持谨慎态度。他说，在最坏的情况下，他提出了一个听起来很牵强的末日设想——美国全面停产数周，随后生态环境持续恶化，这对汽车公司来说是个坏消息。谁会花几万美元买一辆新车，尤其是在无处可去的情况下？

布莱恩·切斯基在 iPad 上查看爱彼迎的数据、浏览着五颜六色的图表，这些图表反映了一个令人担忧的趋势。中国是爱彼迎规模较小但增长迅速的市场，从 2 月初到现在（本月最

后一天）的3周内，中国的预订量下降了80%。随着冠状病毒病例在中国持续上升——当时累计报告确诊病例近8万例，死亡人数达到2 870人，新的预订几乎消失了，已预订行程的退款要求也纷至沓来。恐慌开始蔓延到韩国，然后是日本，甚至数千英里之外的意大利，到3月初，那里已有1 700例确诊病例，30多人死亡。切斯基每天收到的爱彼迎业务仪表盘看起来就像全球卫生机构重新发布的数据的镜像，这些数据遍布新闻机构的主页：一组图表急剧上升，另一组则跌落悬崖。

切斯基给他的董事会发了一封信，他指出："爱彼迎的规模第一次比前一年小了。我们现在正在萎缩。"

在硅谷，萎缩是一个肮脏的词。在那里，如饥似渴的增长不仅受到称赞，而且被寄予厚望。虽然股东们期望成熟的上市公司实现盈利，但在过去的10年里，一种奇怪的风气在初创企业的土地上生根发芽：一心一意专注于增加收入、增加客户、挤走竞争对手，利润见鬼去吧。炙手可热的科技初创公司每年都要烧掉数亿美元，但是，只要它们的收入不断增长，新用户不断涌入其应用程序和网站，这些损失就会被原谅，甚至得到风险投资人的鼓励，他们会给这些公司越来越多的钱。他们的想法是，只要有足够的资金，公司就能通过购买获得成功，为新用户提供补贴，直至占领市场。

爱彼迎对此乐见其成，其收入从2015年的9.19亿美元增至2019年的48亿美元。而其成本上升得同样快，亏损额在此期间膨胀了5倍，达到5亿美元。2019年，该公司每3美元的收入中就有1美元用于营销支出。还有1美元用于支付服务器、工程师和处理在线支付的公司的费用。2019年，也就是切斯基提出IPO计划前的最后一个完整年份，公司亏损了6.74亿美元。然而，它的估值却不断攀升。该公司上一次从私人投资者那里融资是在2017年，当时的估值为310亿美元，成为全美第二大最有价值的初创企业，仅次于尚未上市的优步。

现在，这一切都岌岌可危。2020年2月，爱彼迎的总预订额为35亿美元，虽未达到历史最高点，但也接近了。不到一个月，预订总额就会出现负增长，也就是说，公司退还给那些取消旅行的恐慌客户的钱比从新预订中获得的收入还要多。切斯基是硅谷最耀眼的明星之一，他即将发现，当一家本已无利可图的公司在获得大量收入却又很快花光的情况下，业务突然降为零会发生什么。

爱彼迎试图颠覆的行业也受到了类似的冲击。

到1月中旬，希尔顿酒店首席执行官克里斯·纳塞塔每天都要与其亚洲区负责人艾伦·沃茨通电话。该公司在武汉有4家酒店，在中国各地有数百家酒店，这是纳塞塔任期内的一项重要的国际行动的一部分。

希尔顿曾是20世纪中叶坐喷气式飞机一族的魅力典范，在波哥大和伊斯坦布尔等异国他乡开设了富丽堂皇的酒店。到了21世纪初，它从国际扩张中撤退，成为一家昏昏欲睡的公司，加利福尼亚总部每个星期五中午就关门了。2007年，当纳塞塔接手时，他的任务是恢复希尔顿酒店品牌昔日的光辉，并大力进军国际市场。当时，希尔顿在建的酒店客房中约有15% 在国外。到 2014 年，这一数字达到了 70%，其中包括大举进军中国市场，公司很快将在深圳建立新的公司总部，以密切关注中国这个新兴市场。2019 年，中国新建的酒店每 3 家就有一家使用希尔顿品牌。同年，希尔顿宣布，计划在新加坡建造一家拥有 1 000 间客房的酒店，这将是希尔顿在全球最大的酒店之一。在 2020 年初，希尔顿正在与中国开发商碧桂园洽谈签署一项新建 1 000 家新酒店的协议，如果成功，希尔顿将成为中国最大的外国连锁酒店。

现在看来，这种急速扩张成了一种负担。2020 年 1 月底，希尔顿在武汉的两家酒店已被当地政府预订，用于安置隔离患者。另外两家酒店已经停业。自 2011 年日本福岛地震以来，沃茨首次组织了一个由希尔顿管理人员组成的全亚洲危机工作组。他们研究了国际航班取消率等更可靠的数据，以模拟业务蒸发的速度，并关闭了数十家被当地政府下令关闭的酒店。

3 月伊始，希尔顿在中国的酒店自疫情暴发以来至少 60% 被暂时关闭。在这个希尔顿寄予厚望的市场上，纳塞塔重申了康拉德 · 希尔顿的企业信条——“让热情好客的光明和温暖充满人间”，但房间里一片漆黑。

第 4 章

股市泡沫

比尔·阿克曼一觉醒来，惊出一身冷汗：股市要崩盘了。

2 月 23 日凌晨，一个星期天。从伦敦回到纽约后，这位投资者的焦虑感更加强烈，因为纽约的生活似乎一如既往。那一周，他看着标准普尔 500 指数创下历史新高，不明白为什么其他人似乎都不担心。

他与妻子内里·奥克斯斯曼分享了他的担忧。两人在一年前结婚，阿克曼将他们的关系归功于潘兴广场在某种程度上的复兴，潘兴广场刚刚度过了有史以来最糟糕的5年，在这5年中，他长达22年的婚姻也宣告结束。他与奥克斯曼相识于2017年，那一年他的公司连续第四年亏损。2018 年，公司收支持平，2019 年，公司迎来了有史以来最好的一年，涨幅接近 60%，他将这一转折部分归功于他们的恋情。那年春天，他在一个会议室里对与会者说："当你经历一段困难时期时，一段美好的恋情是很有帮助的。"2019 年春天，他们迎来了女儿赖卡。

阿克曼和奥克斯斯曼似乎是一对好搭档。不仅潘兴广场又开始赚钱了，而且奥克斯曼在现代艺术博物馆举办了一场展览，将身着盛装的阿克曼带到了 2 月一个反常的温暖夜晚。展览的中心是一座约 9 米高的由蚕织成的亭子，它是奥克斯曼称为“物质生态学”的有机功能艺术的典范。这 1.7 万只昆虫是从意大利北部的帕多瓦进口的，那里靠近该国冠状病毒疫情暴发的中心。阿克曼在想，这些蚕或它们的饲养者会不会把病毒带来了，之后又觉得自己的想法很愚蠢。不过，他还是把祝福者从奥克斯曼身边赶走，用身体挡住了至少一位前来拥抱的粉丝，这对夫妇也早早地离开了。在乘坐优步前往一家餐厅用餐庆祝的途中，阿克曼接听了著名生物统计学家尼古拉斯·克里斯塔基斯的电话，他向这位科学家询问了病毒的传播情况。这对夫妇在米其林三星餐厅 Le Bernardin 用餐，其贵宾名单上都是曼哈顿的权贵，他向奥克斯曼转述了他听到的消息，心想这可能是他们几个月来最后一次外出用餐了。

到 2 月下旬，纽约及其所在金融市场的生活似乎一切如常，但阿克曼的焦虑已凝结成一种剧烈的恐慌，在那个周日黎明前将他惊醒。他在当晚 8：30 与他的投资团队召开了电话会议，将一些人从周末的休闲活动中唤醒。这样的会议并不常见。潘兴广场不经常调整其投资组合，而是经过数月的深入分析后建立头寸，这些头寸往往不会因市场风向而发生太大变化。很多投资者喜欢自称是“长期投资者”——将自己与手脚不稳的机会主义者区分开来，但阿克曼可以很自在地贴上这个标签。他多年来一直坚持自己的许多观点，往往在经济不景气的时候还在坚持。他现在召集他的副手，说明了笼罩在经济上的不确定性。

他在曼哈顿顶层公寓的起居室里拨打电话[1]，这栋复式公寓面积达13 544平方英尺①，他于2015年与一群投资者朋友共同出资9 150万美元，购买了纽约市历史上第二昂贵的住宅。阿克曼提出了最终看空的论点：新冠病毒病例仍在上升。意大利时装周刚刚结束，设计师、零售商和媒体纷纷从米兰返回纽约、巴黎、伦敦、东京和洛杉矶。他在电话中争辩说："他们刚刚把这种病毒传播到全球每座重要城市。"据他观察，美国并不是一个遵守规则的国家，这将使病毒很难被控制。市场在自满情绪的驱使下，在接近历史最高价的价位进行交易将导致市场崩溃，届时失业将非常严重。他警告说，最终可能会导致内乱。

"伙计们，这只是数学，这是复利。我们要么卖掉所有东西，"他说，"要么进行大规模对冲。"

对冲相当于金融领域的保险。简单地说，对冲就是采取一种与现有投资相反的立场，一旦原来的观点被证明是错误的，这种立场就会带来回报。买入苹果公司股票的投资者可能会"卖空"一大批科技股，或与之对赌，其理论依据是，如果他们看错了苹果公司，如果该指数下跌，那么他们至少还能赚点儿钱。("卖空"是指借入股票，通常是向投资银行借入，并承诺日后将股票交还给银行。相信股价会下跌的投资者可以现在卖出借来的股票，之后以较低的价格买回，以履行与银行签订

① 1平方英尺≈0.093平方米。——编者注

的合同，并将差价收入囊中。）

阿克曼告诉他的团队，他们有两个选择。潘兴广场可以卖掉数十亿美元的股票，因为他担心这些股票的价值会缩水，这相当于把钱从银行取出来放在床垫下。或者公司可以继续持有这些股票，转而购买一份保险，一旦股票如他所猜测的那样暴跌，他们就可以获得赔付。团队仔细研究了潘兴广场投资组合中的所有头寸，其中包括家喻户晓的股票，比如快餐连锁店Chipotle、星巴克、希尔顿和室内装饰材料零售商劳氏。阿克曼建议抛售希尔顿和传奇投资者沃伦·巴菲特经营的企业集团伯克希尔–哈撒韦公司的股份。这两家公司合计约占潘兴广场股票投资组合的1/3。

他出售希尔顿股票的理由很直接。阿克曼说，无论是政府下令还是恐慌的旅客自发实施的隔离，酒店业都将是第一个受到冲击的行业。希尔顿旗下的酒店可能并不多，但它主要通过酒店收入来赚钱。他对副手们说，如果这部分收入枯竭，那么“游戏就结束了”。

出售伯克希尔–哈撒韦公司股票的理由是双重的。潘兴广场对这家企业集团的投资仅有6个月，而且没有显著增值，因此出售它既能带来现金，又不会引发巨额税款。伯克希尔公司旗下拥有从冰雪皇后到汽车保险公司GEICO，再到伯灵顿北方铁路等多家公司，它在潘兴广场的投资组合中也是一个奇怪的存在。阿克曼对巴菲特仰慕已久，是该公司在奥马哈举行的年会的常客。（在1994年的年会上，作为28岁的对冲基金经理新秀，他起身向这位亿万富翁询问伯克希尔公司对华尔街所罗门兄弟公司的投资。他说："我叫比尔·阿克曼，来自纽约。"[2]）25 年后的 2019 年春天，他用潘兴广场 11% 的资金购入了伯克希尔的股票[3]，他认为当时伯克希尔的价值被严重低估了。

但阿克曼是一位众所周知的"激进"投资者。他的典型策略是持有上市公司的股份，并推动这些公司——有时是通过私人魅力，有时是通过公众压力——改变策略，无论是剥离薄弱的部门、更换管理层，还是出售公司。伯克希尔对这种压力免疫。巴菲特控制着伯克希尔约 1/3 的有投票权的股票，这意味着他不需要特别听取股东的意见；而且，他在投资界备受推崇，他是伯克希尔的关键人物，是不可触碰的。如果说阿克曼的投资风格是以不可阻挡的力量为前提，发出足够的声音，迫使企业管理者采纳他的观点，那么伯克希尔 – 哈撒韦公司就是一个不可移动的目标。他说，在未来的动荡时期，他希望潘兴广场的资金投资于他能有所作为的公司。

他的副手们对这两种观点都予以回击。首先，长期以来，阿克曼一直试图摆脱自己"企业掠夺者"的名声，转而塑造长期投资者的柔和形象。希尔顿是潘兴广场长期持有的股票之一，放弃希尔顿只会强化他的这一形象。此外，他非常了解这家公司，也非常欣赏公司首席执行官纳塞塔。至于伯克希尔 – 哈撒韦公司，巴菲特有在压力时期赚钱的诀窍。2008 年股市崩盘后，绝望的公司向巴菲特求救，伯克希尔 – 哈撒韦公司因此获得巨额利润。他把他经常引用的一句投资格言——"在别人贪婪的时候恐惧，在别人恐惧的时候贪婪"——变成了数十亿美元。潘兴广场的副手安东尼·马萨罗告诉他的老板："这正是巴菲特大显身手的时候。"没有卖出，这就是一个巨大的对冲。

阿克曼想到了一个设计简单但规模庞大的点子。具有讽刺意味的是，它涉及一种被广泛指责为2008年金融危机罪魁祸首的策略：信用违约掉期。这些工具本质上是保险单，但不是保护房主免受火灾风险，也不是保护车主免受事故风险，而是保护贷款人免受经济损失。债券投资者面临着欠债人不还钱的风险，无论是《财富》500强企业、市政府还是成千上万的个人房主。这就是金融工程发挥作用的地方：在世界的某个角落，有其他投资者愿意承担这种风险，并收取一定的费用。信用违约掉期将它们联系起来。信用违约掉期的买方定期向卖方支付类似保险费的款项。如果借款人违约，卖方支付损失的利息和本金，使买方在经济上得到补偿。当然，处于中间位置的是投资银行，它们从双方收取撮合费用。

这种金融工具在20世纪90年代由摩根大通内部炮制出来，很快就流行起来。到2005年，信用违约掉期市场的价值达到6.4万亿美元[4]，3年后达到61.2万亿美元[5]，是当时全球股市投资总额的3倍多。从理论上讲，它们是一种社会福利：能够保护自己免受损失风险的贷款人更有可能继续放贷，从而使评级较低的公司获得所需的资本。

但到了2005年前后，信用违约掉期已经摆脱了其作为古板的保险产品的根基，成为一种新的赌场游戏，允许任何投资者对债务进行投机。阿克曼就是其中之一。2007年，他购买了两家市政债券保险公司 MBIA 和 Ambac 的债券信用违约掉期，获利超过 10 亿美元。全球金融危机后，信用违约掉期交易的受欢迎程度有所下降，部分原因是新的监管规定使其交易难度加大，交易利润降低。信用违约掉期交易仍在金融市场的大背景下嗡嗡作响，但到 2019 年底，未到期合约的投资额约为 7.6 万亿美元，比危机前的峰值下降了 87%。用一位评论员的话说，掉期交易不再是“邪恶的、令人恐惧的，而是无聊的”。

阿克曼并不觉得这种交易无聊。对他来说，这是典型的一边倒的赌注。用相对较小的资金就能获得巨大的潜在回报。在伦敦经济学院的演讲中，阿克曼阐述了使用信用违约掉期的理由，称其为“神奇的工具。如果猜对了，你就能赚大钱，如果猜错了，你就得支付一点儿额外费用”。

与各种保险一样，信用违约掉期只有在定价正确的情况下才能发挥作用。毕竟，一家汽车保险公司如果向鲁莽的司机提供廉价保单是会破产的。同样，投资者必须为濒临破产的公司债券支付更高的保费，而像微软这样拥有 AAA 级信用评级的超级安全公司发行的债券只需支付很少的保费就可以投保。

但到了 2020 年 2 月底，奇怪的事情发生了。这种金融保险的卖家似乎并不特别担心新冠病毒。信用违约掉期只需几分钱就能买到，即使是那些没有穆迪和标准普尔最高信用评级的公司也不例外。这些金融保单的销售者为低评级公司债券提供保险，收取的费用并不比信用评级较高的公司高多少。换句话说，他们似乎并没有区分风险较高的借款人和较安全的借款人。阿克曼在星期日的电话会议上告诉他的团队：“市场完全错误地定价了。”更重要的是，如果冠状病毒需要他认为可能发生的那种全国范围的封控，那么那些AAA级信用评级将毫无意义。无论穆迪的分析师认为这些公司多么值得信赖，如果收入为零，它们都无法幸免。

因此，虽然潘兴广场的股票头寸价值可能会下降，但它可以通过做空公司债券收回这笔钱。而且，由于其他投资者普遍缺乏警惕性，他们乐于将小额保险费收入囊中，以应对被普遍认为是微乎其微的风险，因此，他可以以历史上最低的利率来做这件事。

他告诉他的交易员：“开始买进吧。”第二天一早，交易员就开始了阿克曼一生中最大的一笔交易。

虽然没有使用这个词，但阿克曼称金融市场已经明显变成了一个泡沫，而且有破裂的风险。

金融泡沫是人之常情。17世纪，阿姆斯特丹的商人为郁金香球茎疯狂。市场投资者在20世纪20年代对美国股市、20世纪90年代对日本房地产、20世纪90年代末对网络公司以及不到10年后对美国住宅也是如此。有些泡沫即使在当时也显得很可笑，有些则只在回想起来时觉得可笑，但模式始终如一。传道者坚信他们所选择的资产将改变世界，于是蜂拥而至。投资者害怕错失巨大的收益，于是纷纷跟进。疯狂的购买将资产价格推高，远远超出了对利润和前景的冷静经济分析所能支撑的范围。怀疑论者怨声载道，而其他人却赚得盆满钵满。

在 2009 年至 2019 年的 10 年间，同样的事情发生了。只不过这不是集中在一个地方——住宅地产、荷兰郁金香、科技股，而是几乎遍及全球金融体系。

标准普尔 500 指数在 2009 年 3 月至 2020 年 3 月间飙升了 400%，这个从 2008 年经济崩溃的废墟中崛起的长达 10 年的牛市似乎违背了逻辑。它经受住了美国对中国发起的贸易战，这场贸易战威胁到全球商业的发展。它经受住了飓风、政治动荡、美国信用评级被首次下调以及欧洲债务危机的考验。当然，企业利润也在增长，但股票价格的上涨速度要快得多。2011 年，投资者可以用构成标准普尔 500 指数的公司每股年收益的约 13 倍购买该指数的一部分；到 2020 年初，这一比例为 25 倍。怀疑者一再警告说，这种情况不可能持久，而事实一再证明他们错了。

在股票变得昂贵的同时，债务却变得廉价而充裕。阿克曼注意到一个怪现象——债券投资者缺乏辨别力，他们向风险较高的借款人收取的利息几乎不比向安全的借款人收取的高。2016 年，贷款人向美国公司收取的利率比国债高出 2 个百分点。[6] 到 2020 年初，他们的利率仅高出 1 个百分点。换句话说，他们认为美国公司几乎和联邦政府一样安全，因为联邦政府在历史上从未拖欠过债务。

即使是那些不相信的人，也被计算机驱动的新策略的兴起吸引，这些策略利用算法从微观的价格波动中嗅出趋势，然后乘势而上。简单地说，这种策略意味着在别人买入时买入，在别人卖出时卖出。基本面投资认为，股票或债券在上涨过快时价值被高估（因此应该卖出），在下跌过快时价值被低估（因此应该买入）。这种策略有一个听起来很正式的名字：动量投资。不过，借用 21 世纪第二个 10 年末在社交媒体世界流行起来的一个词——“FOMO”（即“害怕错过”）来形容这种策略会更恰当。FOMO 指的是在浏览脸书和照片墙上展示他人光鲜生活的帖子时产生的焦虑和排斥感。在这 10 年的最后几年，FOMO 已经取代基本面成为金融市场的主导力量。这是一个泡沫——不像抢购豆豆娃或荷兰郁金香那样明显荒谬，但也是一个泡沫，唯一的问题是什么会戳破它。

比尔·阿克曼正等着，手里拿着一个水桶。

他没有等太久。

2 月 25 日，就在潘兴广场开始交易的第二天，美国疾病控制与预防中心国家免疫和呼吸道疾病中心主任南希·梅索尼耶与记者举行了一次电话会议，她在会上用迄今为止美国公众听到的最严厉的措辞表示，病毒即将来临。她说：“与其说这是一个是否会发生的问题，不如说这是一个何时会发生以及美国有多少人会患上严重疾病的问题。”全世界有 2 800 人死于新冠病毒感染，8.2 万人患病。她说，如果冠状病毒还没有扩散，那么它很快就会在全美各地蔓延。目前还没有广泛的检测手段，因此，任何报告的数字都可能低估了它的传播范围。她敦促家长询问孩子所在的学校计划如何应对紧急停课，并敦促雇主考虑如何让员工在家工作。这是许多美国人第一次听到那些很快就会司空见惯的术语——远程工作、远程教育、远程医疗。

第二天，即2月26日[7]，美国当局在加利福尼亚州确认了一名患者，该患者似乎没有出国旅行，也没有与出国旅行的人接触过，这似乎是美国首例社区传播病例。这一点后来被证明是错误的，因为流行病学家在美国追踪到的病例远比想象的要早，但在当时，它代表了美国人对病毒的看法发生了巨大变化。它不再是“那边”的问题，它已经席卷美国本土。

对华尔街来说，冠状病毒代表了他们十多年来从未见过的东西：一种外部冲击，其对全球经济的影响可能是巨大的，而且基本上是未知的。美国和欧洲的办公室、工厂和学校会被关闭吗？街道和商店会空无一人吗？科学家需要多长时间才能研制出能够减缓病毒传播的药物或阻止病毒传播的疫苗？这可能吗？在没有明确答案的情况下，交易商们努力探寻底部，卖掉了所有能卖的东西。

2月27日，股市出现了历史上最大的单日跌幅。标准普尔500指数是美国最大的上市公司的集合体，其价值比几周前的最高点低了12%。就连电力公司和消费品公司的股票也受到冲击，而投资者在波动时期通常会选择这些公司，因为它们有稳定的股息支付。欧洲和亚洲的股指也大幅下跌。美联储主席杰罗姆·鲍威尔试图安抚投资者，称美联储能够控制局面。他在星期五说，冠状病毒“对经济活动构成了不断变化的风险”，这结束了自2008年股市崩盘以来美国股市最糟糕的一周。他说，央行将“采取适当措施支持经济”。

这一下跌将市场推入了经济学家所说的“回调”，这意味着从近期峰值下跌至少10%。这是一个模糊的，甚至听起来很有用的术语。健身教练可能会纠正马虎的技术。一年级的老师可能会纠正一个倒写的字母。在华尔街，究竟什么才算“近期峰值”是主观的，这意味着迅速下跌——往往会引发恐慌。

尽管许多分析师一直预测股市早该回调，但考虑到股市价格在过去几年里的快速上涨，这次下跌的速度令人震惊。在历史上类似规模的26次市场下滑中[8]，平均时间为4个月，而这次仅用了6天。有史以来最长的一次美股反弹面临着跌入“熊市”的危险，熊市是指从近期高点下跌20%。

苹果和微软这两部盈利机器的股票是大盘走势的风向标，这两家公司开始警告投资者，由于病毒的影响，它们的盈利将减少。高盛集团的分析师预测，如果病毒不能迅速得到控制，2020年的企业盈利与2019年相比将不会有任何增长。快速反弹的希望，即“V形”复苏，在这种复苏中，短暂而急剧的衰退很快就会被同样急剧的反弹抵消。在这一背景下，“急剧反弹”正在消失。

投资者抛售股票和高收益债券，转向了安全的国债，使十年期美国国债收益率降至1.127%的历史新低。（当债券价格上涨时，债券收益率或投资者将实现的年回报率就会下降。因此，当投资者对某种债券的需求激增时，其价格就会上涨，收益率就会下降。）在冠状病毒发病率较高的欧洲，病毒开始严重影响商业和旅行，政府债务利率进一步下降，跌至负值，这意味着投资者实际上是在为向政府放贷的特权买单。

“这是一个全新的事物[9]，”加州量化基金Sunrise Capital Partners的首席投资官克里斯·斯坦顿告诉《华尔街日报》，“如果下一个头条新闻说迪士尼要关闭其主题公园，我们就会开始看到像2008年那样的变化。”

这需要不到两周的时间。

第 5 章

你们需要帮助吗

韩恺特有一个想法。2020 年 2 月下旬，这位福特汽车首席执行官给他的老朋友兼企业顾问、万豪集团首席执行官苏安励打了电话，当时他正在领导商业圆桌会议的一个委员会。这个由企业高管组成的组织偶尔会聚在一起，试图解决世界问题和他们自己的问题。该组织成立于 1972 年[1]，早期曾赤裸裸地为自己谋利，1975 年曾帮助挫败了一项重要的反托拉斯立法，1990 年又挫败了对企业犯罪加大处罚力度的努力。近年来，它的锋芒有所收敛，更加公开地参与全球事务，并寻求改善商界在日益充满敌意的公众心目中的形象。这种转变在 2019 年得到了巩固，当时它抛弃了长期以来的企业正统观念，开始奉行所谓的“利益相关者资本主义”，认为公司不应该只为股东的利益服务，还应该为员工、客户和其他利益相关者的利益服务。

它有 200 多家成员公司，包括苹果公司、美国银行、连锁超市 Albertson’s、辉瑞公司等，每 6 名美国员工中就有一人受雇于这些公司，年总收入达 9 万亿美元。这种病毒正在蔓延，很快就会在美国大行其道。由于联邦政府没有提供明确的指导，韩恺特认为商业圆桌会议可以发挥领导作用。就在一年前，他曾对一位采访者说："领导就是要有自己的观点。"

他在苏安励位于马里兰州切维蔡斯的家中联系到了他。这位万豪酒店的老板工作勤奋是出了名的，但由于一年前被诊断出胰腺癌，他在接受治疗时减少了在办公室的工作时间。近几个月来，见到苏安励的人都对他的病情感到震惊；他那一头浓密的棕色头发多年来一直被梳成经典的首席执行官左分头，现在已经稀疏了很多，衬衫领口也开了一道缝。在询问了苏安励的感受后，韩恺特向他提出了一个自认为可能挽救经济的想法。

"我们应该全国封控 4 个星期，"他对苏安励说，"我是说，彻底封控。"

他提出的计划包括企业、工人和政府做出一系列让步，每一方的让步都恰到好处，他认为这样大家都能接受。商业圆桌会议的成员公司，以及任何其他愿意加入的公司都不允许裁员。任何可以待在家里的员工都可以待在家里，并领取病毒感染前工资的 60%。作为交换，他们将放弃当年剩余时间内的休假日，只有一个自己选择的节假日除外，这将使公司能够恢复一些损失的生产力。政府不会对这些工资征税，但可以避免韩恺特所认为的不可避免的失业率飙升。

他告诉苏安励，这与"公地悲剧"问题恰恰相反，"公地悲剧"问题往往会使好的想法偏离正轨。每个人都可以参与其中，如果有足够多的大公司同意自己关停，那就不会有竞争优势的问题。他说："在4周内，我们就能解决这件事。"

苏安励认为这听起来是个好主意，但存在一个问题——几天前韩恺特向商业圆桌会议首席执行官乔希·博尔滕提出这个想法时，他很快就发现了这个问题。

"谁来说服总统？"博尔滕问。

自从唐纳德·特朗普在达沃斯发表"局势完全在掌控之中"的言论以来，他已经连续数周淡化病毒问题。总统已将股市的繁荣和低失业率视为他在11月连任的入场券。苏安励知道，总统不太可能对经济全面停摆做出良好反应，哪怕只是暂时的。

韩恺特尝试过。2月，他给白宫的一位高级顾问打了电话，但当时政府正处于混乱中，既要设法应对病毒，又要说服对封锁不感兴趣的总统。于是，这个想法无疾而终，美国各界帮助国家走出危机的机会也被浪费掉了。但是，美国的首席执行官们和联邦政府之间关于如何防止经济灾难的讨论才刚刚开始。

美国航空首席执行官道格·帕克推开白宫罗斯福厅的门，在擦得锃亮的木桌旁坐下。这是2020年3月4日。帕克对面坐着美国总统特朗普，他周围是帕克最大的竞争对手的首席执行官们：美国西南航空公司的加里·凯利、阿拉斯加航空公司

的布拉德·蒂尔登、夏威夷航空公司的彼得·英格拉姆、捷蓝航空公司的罗宾·海斯和美国联合航空的奥斯卡·穆诺兹。正如总统指出的，穆诺兹在2016年接受了心脏移植手术，因此感染冠状病毒后患重症的风险更大。（“我不建议这么做。”他告诉特朗普。）只有巴斯蒂安不见了，这位达美航空的负责人正在纽约北部安葬他的母亲，几天前，他的母亲因突发呼吸道感染去世，享年84岁。医生们一直无法解释她的迅速衰弱，在接下来的几个月里，随着病例的增多，以及后来有证据表明这种病毒在美国的传播时间比之前想象的要长，巴斯蒂安怀疑母亲感染了这种病毒。但现在，当他的竞争对手聚集在华盛顿时，他正在波基普西致悼词。

白宫希望航空公司帮助追踪可能接触过受感染乘客的旅客。航空公司首席执行官们则希望总统能明确表示，飞行是安全的。美国机场的客运量保持稳定——2020年2月的最后一周，约有1 500万人通过了美国联邦运输安全管理局（TSA）的检查，与去年同期持平，但有迹象表明，旅客们开始感到紧张。未来航班的预订量急剧下降。对美国最大的几家航空公司来说，这是忙碌的一周，它们争先恐后地调整航班时刻表，以满足对飞行越来越谨慎的乘客的需求。3天前，美国联合航空成为第一家缩减国内航线的大型航空公司，宣布将在4月开始缩减10%的航班，并推迟了原定于3月1日开始的新一期飞行员培训计划。美国航空对在3月20日之前预订新航班的乘客免除了改签费。

首席执行官们曾受邀参加与副总统迈克·彭斯和他的公共

卫生顾问们的会议，彭斯是白宫冠状病毒特别工作组的负责人。但是，当罗斯福厅的门被打开时，白宫记者团已经在那里排起了长队，摄像机开着，笔记本电脑也打开了，特朗普第一个走了进来，两边是彭斯和长期担任冠状病毒应对协调员的公共卫生官员黛博拉·伯克斯。

特朗普以罕见的低调开场，将会议交给彭斯准备发言，但他在一排摄像机前的克制只持续了那么一会儿。很快他就插话了，将检测试剂盒短缺的责任归咎于奥巴马政府，并虚假地指出，他已经推翻了美国食品和药物管理局限制私人实验室开发自己的检测试剂盒的政策。（事实上，这项政策是由特朗普自己的美国食品和药物管理局制定的，对束缚私人实验室几乎没有什么作用。）他向记者介绍说，这些首席执行官都是“最大、最好的”。当他的国土安全部长查德·沃尔夫介绍美国机场安检工作的最新情况时，特朗普转而询问了美国南部边境的安检工作，“我们在那里做得很好”。

高管们讨论了他们正在采取的飞机消毒和保证乘客及机组人员安全的措施。美国联合航空首席执行官穆诺兹说，他一直在他的 9.6 万人的航空公司里提倡碰拳而不是握手，他称自己是可能因冠状病毒而患上重病的人的“典型代表”。“真是个精彩的故事。”总统赞许地点了点头。

当会议结束时，一位记者问特朗普是否在权衡对该行业的财政支持。[2]“请不要问这个问题。”他说，这引起了首席执行官们紧张的笑声。“我不希望你们给他们任何想法。”不过，高管们还是得到了他们想要的东西：当在直播镜头前被问及飞行是否安全时，总统说是安全的。

随后，首席执行官们向西走了两个街区，来到美国航空的总部，该公司是一家被称为 A4A 的游说机构。当他们在宾夕法尼亚大道上漫步时，这些西装革履的首席执行官并不知道，帕克在火中又添了一块铁。罗斯福厅的会议只是做做样子，任何真正的进展都要关起门来，远离摄像机，而富有激情的帕克想亲临现场。美国航空政府事务主管纳特·加滕抓住首席执行官的胳膊肘，把他拉到一边。加滕已经确认，他的老板将在当天下午与姆努钦进行一对一会谈。在 3：30 会议开始前几分钟，帕克起身离开，并告诉其他首席执行官他要去哪里。

“你和姆努钦见面是为了什么？”美国西南航空公司首席执行官加里·凯利问道。这是个很好的问题。帕克当了 20 年航空公司首席执行官，从未与财政部长见过面——即使是在 2001 年 9 月 11 日之后航空业需要数十亿美元援助的日子里。航空公司的老板们与联邦航空监管机构和国会要员保持着密切联系，但如果他们与财政部长交谈，那就说明出了大问题。美国航空公司的老板们互不信任，他们还没有完全认识到他们都陷入了同样的困境。

姆努钦是白宫冠状病毒特别工作组的成员，早在 2020 年 1 月的达沃斯会议上，他就是最早敲响冠状病毒可能对经济造成危害的警钟的特朗普官员之一。有线电视新闻越来越多地报道该工作组的会议，姆努钦在其中扮演了重要角色。帕克对凯利说：“加里，在特别小组的每次会议上，姆努钦都坐在最前面和最中间的位置。在这一切结束前，我认为他将代表政府进行谈判。”他的话中隐含着首席执行官们未曾公开讨论的问题：尽管几个小时前他们在罗斯福厅做出了相反的保证，但航空公司可能还是需要钱。如果掌管钱袋子的人想和帕克谈谈，他会去的。他穿过街道，来到财政部大楼的一间会议室。

在白宫记者团和电视摄像机的聚光灯下，姆努钦侃侃而谈：“别废话，道格，你们需要帮助吗？”

帕克说：“老实说，我想我们现在还不知道，但如果我们知道了，你会是第一个知道的人。”

一周后，世界再次发生了变化，帕克发现自己成了一个寻求500亿美元救助的行业的代言人。正如他所预料的，坐在桌子对面的是姆努钦。

就在航空公司高管们在罗斯福厅开会的同时，在他们下方的白宫战情室里，一群高级政府经济学家正在开会讨论病毒带来的日益严重的金融影响。拉里·库德洛在2018年被任命为特朗普的首席经济顾问之前是CNBC的财经评论节目主持人，他与白宫的官方冠状病毒特别工作组合作，与此同时，一个由经济专家组成的幕后小组也开始定期聚集在一起，评估当地的实际情况。

库德洛的副手安德鲁·奥尔梅姆和财政部高级经济学家迈克·福克纳德也在现场；还有泰勒·古德斯皮德，他是白宫经济顾问委员会成员，该委员会是白宫内部的一个小型智库，自

20 世纪 40 年代以来一直存在；以及伊万卡·特朗普和总统的贸易保护主义顾问彼得·纳瓦罗。几天前，奥尔梅姆组织了这个小组，他们的任务是找出政府应该追踪的数据，这些数据可能会产生更好的情报，并对病毒的影响发出警告信号。财政部负责国内经济，白宫经济顾问委员会负责国际问题，奥尔梅姆在美国国家经济委员会的团队正在跟踪国家供应链的中断情况。

现在，任务发生了变化。昨天的任务是“我们在监测什么”。今天，奥尔梅姆告诉大家，任务是“我们要做什么”。

福克纳德在财政部的团队不到 24 人，大部分是经济学家，他们一直在研究一些想法。他们遵从了著名经济学家拉里·萨默斯在 2008 年初公开提出的建议，当时信贷市场出现了裂痕，随后动摇了整个国家的金融体系。他当时敦促决策者介入，但介入的方式是“及时、有针对性和暂时的”。财政部的工作人员认为，这一建议现在也适用。（在几个月内，政府的反应将转向萨默斯在 2008 年底华尔街崩盘时提出的建议，当时他敦促政府采取“迅速、实质性和持续的”行动。）

当务之急是执行一个很快就能实现的想法，即政府保证为感染病毒的员工提供带薪病假。国会将在一周后通过一项初步的、小规模的冠状病毒救济法案。但该小组关注的是不需要国会采取行动也能完成的工作。有希望的想法包括：姆努钦单方面推迟即将到来的 4 月 15 日报税截止日期；暂停对欠政府的债务（如学生贷款）收取利息；以及使用由财政部控制的资金来支持金融市场。

外汇平准基金持有的资金略低于1 000亿美元，姆努钦有很大的余地按照他认为合适的方式进行调配。这是20世纪30年代的遗留物，当时在美元与黄金价值脱钩后，美国国会向财政部提供资金以稳定美元，因为议员们担心这可能会导致美元价值暴跌。从那时起，财政部长们就利用外汇平准基金在国会不愿意介入的情况下介入。1995年，在国会投票否决了对墨西哥政府的救助计划后，财政部长们动用了外汇平准基金；2008年，财政部长们短暂地动用外汇平准基金来稳定暴跌的货币市场基金，以遏制华尔街的恐慌。

该小组现在讨论的是，是否可能再次使用这一方法。他们认为，国会已经开始着手制定一项重大的经济刺激法案，但很可能需要数周时间才能通过成为法律。财政部可以利用外汇平准基金来支持处于动荡中的金融市场，并可能向受病毒传播影响的小企业提供直接援助。后一种想法在几周内演变成历史上最大的单项联邦援助计划之一——"工资保护计划"，该计划共花费了5 000多亿美元用于支付数百万小企业的工资。

讨论的细节很快出现在CNN（美国有线电视新闻网）上。奥尔梅姆给每个人都发了一封邮件，并附上了文章的链接和一句评论："没有用。"关于政府是否以及如何介入这场正在迅速演变的经济危机的传言甚嚣尘上，金融市场每天都在随着信息（有些是真的，有些是假的）的浮出水面而波动。奥尔梅姆的上司、美国国家经济委员会主任拉里·库德洛的首要任务是控制事态的发展，而到目前为止，他的工作开展得并不顺利。

美国国会通过了几个新冠病毒感染救济计划中的第一个。这项83亿美元的法案[3]在国会获得顺利通过，并于3月6日由特朗普签署，同一天新冠病毒感染病例已超过10万。该法案在国会的迅速通过，表明了政府对这一威胁的重视程度。不到两周，《家庭第一冠状病毒应对法》签署成为法律。它为感染病毒的工人提供带薪病假，允许公司用从工资支票中扣除的钱来缴纳社会保障税。该法案还为新冠病毒检测拨款，并扩大了食品援助和失业救济范围。

这些法案将被证明是所有政府刺激措施的热身行动。第二年，政府将批准超过4万亿美元的资金，以提振陷入危机的经济。这在很大程度上是有效的，尽管有批评者理直气壮地认为，政府推行的政策是在帮助大公司和拥有最多股票的富人，但姆努钦和政府其他成员所做的努力——就像他们的前任在2008年所采取的措施一样，其中的许多措施同样不受欢迎，但能使这个世界上最大的经济体免于崩溃。到20世纪初，经济学家已经基本总结了大萧条的教训。当时，政府通过收紧银根来应对经济危机、大规模失业和银行信贷不足。在此后的几十年里，这种做法被视为一个灾难性的错误。政府需要通过花钱来摆脱危机，而这正是美国在2020年要做的事情。

但是，采取这些重大举措还需几个星期的时间。其间的日子将是现代全球经济有史以来最艰难的时期，并将在未来数年产生影响。

3 月 6 日星期五，美国发布了最后一份良好的就业报告。上个月，美国经济新增就业岗位 27.3 万个，比经济学家的预期多出近 10 万个，失业率稳定在 3.5%。美国就业总人数保持稳定，接近 2019 年 12 月创下的 1.588 亿人的纪录。

但这一消息并没有阻止市场的不安和恐慌。标准普尔 500 指数下跌了 4%，收盘时下跌了 2%。十年期国债收益率跌至 0.68% 的低点，因为投资者纷纷涌向安全的美国国债。英国蓝筹股指数富时 100 收于 2016 年英国脱欧公投以来的最低水平，至少在投资者的心目中，冠状病毒的传播与过去半个世纪最具影响的金融和地缘政治事件之一不相上下。投资公司德维尔集团首席执行官奈杰尔·格林告诉《纽约时报》："我们应该为短期但严重的全球经济衰退做好准备。"

几天前，美联储试图通过将基准利率下调 0.5 个百分点来安抚市场。但投资者并不买账。全球确诊病例已接近 10 万例，死亡人数已超过 3 300 人。正如美国疾病控制与预防中心官员南希·梅索尼耶 10 天前发出的警告一样，病毒已经到来。马里兰州、印第安纳州、内布拉斯加州、肯塔基州和宾夕法尼亚州报告了首个感染病例。马萨诸塞州追踪到一组病例与生物技术公司 Biogen 上周举办的一次会议有关。一艘名为"大公主号"的游轮在加利福尼亚州海岸附近停靠，船上至少有 21 例确诊病例。佛罗里达州的两例死亡病例使美国的死亡人数达到 16 人。

3 月 6 日，华盛顿大学成为第一所取消现场授课的重点大学。[4] 同一天，得克萨斯州奥斯汀的市政官员取消了“西南偏南”电影节，该电影节是一个热闹的电影、技术和媒体节，原定邀请推特首席执行官、野兽男孩乐队和奥兹·奥斯本等人参加，宣传一部新的纪录片。谷歌和脸书取消了其年度开发者大会，这些科技巨头通常利用开发者大会推出新产品和新功能。

美国开始停摆。

第 6 章

牛市终结

2020 年 2 月下旬，当交易员们正忙于执行对信贷市场的巨额押注时，比尔·阿克曼联系了任何他能想到的人，以其他经历过危机的人的反应为参照，检验自己的直觉。他给私募基金巨头黑石集团的总裁乔恩·格雷打电话。跳过寒暄，他直接问道："你怎么看？"

"我觉得你没什么好担心的，"格雷回答，"如果伯尼获得提名，特朗普将以压倒性优势获胜。"阿克曼意识到，格雷以为他担心的是混乱的民主党初选，在民主党初选中，极左翼候选人伯尼·桑德斯似乎将击败前副总统乔·拜登等中间派候选人，而拜登被认为对大企业更友好。但政治并不是阿克曼最关心的问题。他对格雷说："我打电话是为了讨论病毒。"

他给伯克希尔－哈撒韦公司的沃伦·巴菲特发了电子邮件，就在几天前，阿克曼还想卖掉伯克希尔－哈撒韦公司的股票，后来被他的投资团队劝住了。伯克希尔公司的年度股东大会被媒体称为"资本家的伍德斯托克音乐节"，每年春天，数万人会来到内布拉斯加州，聆听这位奥马哈先知和他的长期伙伴查理·芒格以其标志性的平易近人的魅力谈论金融市场。阿克曼因女儿出生错过了 2019 年的盛会，但他还是决定参加。当他的新生儿熟睡时，他在病房里观看了直播视频。在 2 月的最后一个周末，他在给巴菲特的信中写道："一段美好的回忆。"

"更谨慎地说，我只是在想冠状病毒的事，"他写道，"询问是否应该从世界各地召集 4 万人参加会议。"这是一次窥探这位著名投资家内心世界的巧妙尝试；巴菲特以前经历过危机，并展示了从危机中赚钱的能力。

这位亿万富翁的回复一如既往地亲切。在写给他的长期秘书的一封信中——（这位八旬老人不使用电子邮件）他说，他希望能在 2020 年 5 月 2 日的会议上见到阿克曼，并邀请这位投资者和奥克斯曼参加私人早午餐会。"遗憾的是，我们不能让赖卡参加，"他在谈到阿克曼年幼的女儿时说，"不过，如果她拥有伯克希尔公司，我希望她继续投票支持我和查理（担任董事会成员）。"他补充说："我不知道新冠病毒是否会影响出席率，但我和查理计划度过一段美好的时光。"

阿克曼开始觉得自己有些愚蠢，于是他又试探了另一位世界首富。2 月 28 日下午，他给比尔·盖茨发出了一封电子邮件："我相信我对冠状病毒的经济影响有一个准确而不同的看法，如果你有兴趣交换意见。"这位微软创始人和慈善家[1]为非洲抗击疟疾捐赠了数亿美元，比尔·盖茨在前一天发表了一篇专栏文章，称冠状病毒开始看起来"像我们一直担心的百年一遇的病原体”。阿克曼终于找到了和他有同样担忧的人。他写道：“我认为你的社论对当前形势和未来需要做的事情说得都很准确。总之，我非常担心。”

他一直没有收到回复。

杰伊·克莱顿从他在华盛顿特区租住的公寓步行1英里，来到美国金融市场最高监管机构美国证券交易委员会的总部时，太阳才刚刚从大楼上露出头来。那天是3月9日，星期一。克莱顿3年前结束了华尔街律师的美好生活，转而成为美国证券交易委员会主席。他于2017年被特朗普任命为这一职位，对那些了解他的人来说，他是一个奇怪的人选，因为他是一个不关心政治的中间派，一直奉行中庸的监管议程，对欺诈者提起诉讼，打击加密货币骗局，但在很大程度上对美国企业保持温和的态度。他的任期一帆风顺，直到几周前，冠状病毒让美国股市从稳步上扬中惊醒。

前一天晚上，克莱顿只睡了3个小时，他与市场部门主管布雷特·雷德芬通电话一直到凌晨4点左右。克莱顿边走边喝了一大口咖啡，他把手机贴在耳边，电话那头是纽约证券交易所主席斯泰茜·坎宁安。她也睡得很不安稳，早早就来到了位于曼哈顿市中心、具有交易所的交易大厅。作为美国最大证券交易所的掌门人和监管机构负责人，两人经常通话，尤其是在市场不安的时候。但今天的通话有所不同。

坎宁安和克莱顿都知道两小时后开盘铃声响起时会发生什么。与星期一至星期五上午 9：30 至下午 4：00 活跃的股市不同，股票期货交易是连续的，休市时段的走势往往预示着股市重新开市时的走势。股票期货在星期日下跌了近 7%。全球已有 10 万多人感染新冠病毒，3 600 人死亡，投资者开始失去冷静。

一周前，也就是 2 月 28 日，纽约证券交易所的安全服务台出现了告示牌：任何员工只要去了有大量病例的国家，就应该在家待上两周。两天后，纽约证券交易所将这一政策扩大到客户。在交易大厅主持全天报道的新闻主播收拾东西离开了。同一天，坎宁安与高层租户会面，开始为一件即使在 2 月下旬也似乎难以想象的事情做计划：这个标志性的交易大厅，也许是美国资本主义最重要的象征，将会被关闭。

当克莱顿左转进入 E 街时，他最关心的是多年前为应对市场急剧下跌而采取的措施能否避免恐慌。自 1987 年的“黑色星期一”（当时股市在几分钟内暴跌 20% 以上）以来的几十年里[2]，交易所实施了一系列被称为“熔断机制”的保障措施[3]。熔断机制的设计目的是在股价跌幅超过 7% 时自动停止交易 15 分钟，是一种高科技、高风险的开关，用于在发生电涌时关闭过载的家用电力系统。这样做的目的是让投资者冷静下来，清理积压的慌乱性卖单。该系统自 1997 年以来从未被启动过，并于 2014 年进行了重大改革。熔断机制每 3 个月测试一次，每次都是在星期六，届时纽约证券交易所及其最大的竞争对手纳斯达克的系统会接收到模拟交易的数字信号。但这就相当于每隔几个月测试一次烟雾探测器的电池，希望房子不会被烧毁。没有人敢肯定，主要活动会像彩排一样顺利。

2019 年夏天，纽约证券交易所还斥资数千万美元升级了其技术系统。新系统被称为“支柱”，目的是在交易量激增的日子里为系统提供更大的空间。坎宁安对这一昂贵的重新设计充满信心，因为这需要对复杂的系统进行重大改革，但它还没有经过实际测试。任何小故障都不仅仅是尴尬，实际上还可能引发恐慌。在华尔街还没有计算机化的时候，如果系统不能以正确的顺序和正确的方式对交易做出反应，市场就会发生数字崩溃，那时，焦头烂额的经纪人会把电话挂掉，而不是接受客户大量的“卖出”订单。一个反应迟钝的市场很快就会变成一个崩溃的市场，卖方数量超过买方，价格暴跌。

上星期五的情况让坎宁安稍感安慰。纽约证券交易所的系统处理了 3 300 亿条“信息”——通过交易所系统发送的电子信号，这些信号表示买入和卖出的订单，以及订单价格和票面大小的变化。这是迄今为止的最高纪录，而且系统没有出现任何中断或重大故障。坎宁安谨慎乐观地认为，今天会再次出现这种情况。

“祝你好运。”克莱顿对她说。她知道自己需要好运。

迈克尔·布劳格兰德也在黎明前起床了，他昏昏沉沉地躺在一张陌生的床上。这位 41 岁的纽约证券交易所首席运营官

是坎宁安的高级副手之一，他乘坐红眼航班从内华达州亨德森飞回纽约，去看望生病的祖母。他的母亲让他带一小瓶洗手液回去。他觉得这似乎有点儿戏剧化。在回家的飞机上，他一边想着母亲，一边摆弄着手机，监控着期货市场。

然而，随着550例新冠病毒感染确诊病例的出现，有迹象表明病毒正在扰乱日常生活。但几天前布劳格兰德离开纽约时一切如常，他预计降落时也是如此。布劳格兰德瞥了一眼挤满了人的客舱，看着那些没有戴口罩的乘客，他们喝着汽水，嚼着航空公司的椒盐脆饼，他想知道市场上有什么他们没有感觉到的东西。

投资者开始失去冷静。当他降落在肯尼迪机场时，股票期货下跌了5%，并且仍在下跌。如果到第二天早上市场情绪仍未改变，市场就会走向“跌停”，即股票跌幅达到7%的最大值，从而触发自动停盘。他知道现在是清晨，所以他没有赶回郊区的家，而是在曼哈顿市中心的比克曼酒店订了一个房间。既然已经起床，他花了一分钟时间让自己适应环境。早上6点左右，他在星巴克买了一杯咖啡，然后出门。

位于曼哈顿下城一角的金融区总是安静而阴暗，狭窄的街道上永远搭着脚手架，这些脚手架承诺将这座城市最古老的街区闪亮翻新，却从未兑现。在3月的第一周，这里成了一座鬼城。通常聚集在证券交易所前自拍的游客不见了。空荡荡的出租车匆匆驶过。他再次查看手机。卖家的数量超过了买家，股市几乎肯定会停盘。

作为纽约证券交易所首席运营官，布劳格兰德负责监督全球数百万股票持有者所依赖的通道系统，他最担心的是技术上的故障。与完全计算机化的纳斯达克不同，纽约证券交易所仍然使用经纪人来确定股票的开盘价。尽管坎宁安总是很快为它们的实用性辩护，认为在市场压力大的时候，经验胜过算法，但从很多方面来说，这种做法是不合时宜的。营造一种怀旧、有人情味的感觉是为了让这个国家历史最悠久的交易所对寻求上市的公司和挤满交易大厅的媒体保持吸引力。

这些经纪人每天早上都会打电话给投资者，以找到一个能平衡买卖双方订单的开盘价，每只股票在 9：30 开盘后的几分钟内就会有第一笔交易。如果标准普尔 500 指数成分股中有足够多的股票在开盘时跌幅足够大，股市停牌就会被触发，即使其他股票尚未正式开盘。结果将是交易被无端冻结，整个市场被播下恐慌的种子。

他在大厅里走来走去，提醒业务人员和经纪人如何让熔断机制起作用。他们需要准备好在 15 分钟后重新开市，这意味着要通过电话和电子咨询游说投资者，以找到一个能平衡买卖双方需求的价格。每个人都在盯着屏幕。布劳格兰德的上司坎宁安正在花旗集团的一个代表团（当天早上指定的敲钟人）和向她介绍开市前走势的员工之间穿梭。花旗集团首席执行官简·弗雷泽敲响了钟，然后用胳膊肘碰了碰两边的高管。

不到 5 分钟，上午 9：35，在股市下跌 7% 之后，纽约证券交易所大厅响起了震耳欲聋的钟声，这意味着十几年来首次股票交易暂停。坎宁安跳到等候多时的 CNBC 摄像机前，向投资者保证系统正在正常运行。

回到美国证券交易委员会总部后，杰伊·克莱顿、布雷特·雷德芬和6名副手聚集在雷德芬的办公室里等待停牌。雷德芬是华尔街交易大厅的资深人士，在2017年加入美国证券交易委员会之前，曾在摩根大通工作多年。他对按计划启动暂停交易充满信心，但也担心15分钟结束后会发生什么。毕竟，熔断机制只是一个暂停，旨在给投资者一个整理思绪的机会。但是，恐慌性抛售股票的投资者会对15分钟后的世界状况有什么不同的看法吗？病毒也一样可怕。

他问大家："如果没有买家怎么办？"如果没有一个双向市场，也就是没有足够多的股票买家与卖家配对，为数千种证券找到一个结算价，"我们可能会陷入自由落体"。他深吸了一口气，环顾四周，房间里突然变得拥挤不堪。在市场暴跌的时候，较低级别的助手感觉到了历史性的时刻，他们也在观望。"保持6英尺[①]距离！"雷德芬吼道，然后把后座议员赶到走廊上。

上午9：49交易恢复。主要指数设法摆脱了低点，并在上午剩下的时间里保持在低点之上，但对股市来说，这是血腥的一天。标准普尔500指数下跌了7.6%，是2008年以来最糟糕的一天。道琼斯工业平均指数是一个代表性较弱但更具标志性的指数，其中包括波音和IBM等工业权重股，该指数历史上首次单日下跌2 000点。以科技股为主的纳斯达克综合指数下跌了7.3%。经纪公司康托·菲茨杰拉德的策略师彼得·塞

① 1英尺 = 0.304 8米。——编者注

奇尼[4]在《华尔街日报》上发表了一篇简洁的悼词，赞美了现代史上金融市场最长的牛市：“11 年的牛市结束了。”

在布劳格兰德职业生涯中最紧张的时刻，一枚个人炸弹爆炸了。下午 4 点前几分钟，股票正走向十几年来最大跌幅，他的电话响了。是他的妻子打来的，他们 3 岁的儿子呼吸困难，他们正在去医院的路上。布劳格兰德抓起笔记本电脑和大衣，飞奔出交易大厅，身后响起了收盘的钟声，股市 30 年来最糟糕的一天就此结束。他两个月内都不会回来了。

在这一天结束之前，又有坏消息传来。美国证券交易委员会发现了第一例新冠病毒感染疑似病例，该员工在华盛顿总部九楼工作。克莱顿一整天都在关注股市的动荡。但他不仅仅是美国的首席证券监管员，也是一位老板，手下有 4 000 多名员工，他们越来越担心自己的安全。在接下来的几周里，他发现自己也在发表与其他老板一样的安慰性言论，虽然用意是好的，但缺乏保证。

谈到检测呈阳性的员工，他在当晚发给员工的一封电子邮件中写道：“我们与你们和你们的家人同在。”“你们是我们最宝贵的财富。”这种邮件在成千上万的工作场所传播开来，因为高管们在面对员工无穷无尽的问题时几乎没有答案。

不仅仅是股市，金融市场正在迅速瓦解。

2 月底和 3 月初的市场下跌令人不安，但至少还算理智。

投资者抛售股票和高风险债券，转向安全的国债和货币市场基金——一种被认为与现金一样安全、收益率极低的产品。市场可能受到了惊吓，但其行为符合华尔街的既定游戏规则。在危机时期，投资者卖出风险较高的东西，买入较安全的东西。

到3月的第二个星期，这种情况已经发生变化。向企业提供短期贷款的公开交易的货币市场基金将有30%的资产（约1 000亿美元）被投资者抽走[5]，因为他们不再愿意以任何条件提供隔夜贷款。货币市场的借贷成本达到2008年以来的最高水平。另一种被称为“回购协议”的短期融资方式的借贷成本也出现类似的飙升，规模达到1万亿美元的商业票据市场（大公司发行的短期票据）也是如此。

商业票据、货币和回购市场是金融煤矿中的金丝雀。它们是期限最短的借贷种类，短则隔夜，长则几个月，因此它们反映了投资者的实时情绪，往往预示着更大的动向。

美联储迅速采取行动，试图阻止恐慌。病毒对经济的影响尚未体现在央行为衡量美国经济健康状况而密切监控的数据中，如银行贷款成本、失业数据和制造业数据。在截至3月7日的那一周内，仅有21.1万人首次申请失业救济[6]，与每年这个时候的平均水平差不多。而就在一周前，美国各地区储备银行的行长们还在讨论美国经济的未来。美国联邦储备委员会的成员曾表示，现在采取任何激烈的行动来应对病毒的传播还为时过早。

但现在，市场完全陷入混乱。历史证明，最初的金融恐慌仅限于大多数人闻所未闻的华尔街角落，但很快就会演变成更广泛的经济危机。银行停止放贷，资金短缺的企业倒闭，裁员接踵而至。

3月3日，美联储将基准利率下调了0.5个百分点，目标区间为1%~1.25%。（在大多数历史时期，美联储与世界上大多数中央银行一样，设定了单一的基准利率，作为从消费者抵押贷款到企业贷款等各种借贷的基准。这种情况在2008年发生了变化，为了避免历史上首次利率一路降到零所带来的价格惊吓，美联储将利率范围设定为0~0.25个百分点。危机过后，经济开始复苏，美联储开始上调基准利率，但仍维持在这一范围内。）

这是美联储有史以来规模最大的一次降息，也是自2008年以来首次在大约每6周一次的定期会议之间对利率做出调整。央行还下调了向大银行提供的一种特殊紧急贷款的利息，这种贷款被称为“贴现窗口”。“我们确实认识到，降息不会降低感染率，也不会修复断裂的供应链。”美联储主席杰罗姆·鲍威尔说，“但我们确实相信，我们的行动对经济的提振很有意义。”鲍威尔希望，在美联储的支持下，银行将继续放贷，投资者将继续购买公司债券，消费者可以继续买房。

鲍威尔身穿柔和的蓝色西装，打着淡紫色领带，戴着方形玳瑁眼镜，在回答肩并肩坐着、隔着麦克风的记者的提问时他说：“那么，发生了什么变化？我们从一开始就密切关注事态的发展。我认为，现在是我们采取行动支持经济的时候了。”当被问及是否会进一步降息时，他含糊其词，但试图再次保证：“我们将以强有力的方式使用所有工具，努力支持经济……金融市场正在有序运行。”

但事实并非如此。在鲍威尔宣布这一消息后，股市仅反弹了 15 分钟，到当天收盘时，主要股指下跌了 3%。十年期美国国债收益率有史以来首次跌至 1% 以下，尽管在收盘时略有上升。

3 月 13 日，星期五，特朗普在白宫外召开了一场新闻发布会，表示他已指示能源部“以非常优惠的价格”购买大量原油，以提高美国的战略石油储备量。他在谈到位于墨西哥湾附近盐洞中的储备时说：“我们将把盐洞装满。”政府购买石油的举动发生在原油价格创下自 2008 年以来最糟糕纪录的一周之后，因为投资者担心封控会削弱对石油的需求。埃克森美孚的股票在那一周下跌了 20%，雪佛龙公司下跌了 12%。

他在下午 3：52 开始讲话，此时距离美国股市收盘拍卖时间只有几分钟，正是买盘和卖盘大量涌入的时候，他的讲话在市场上引起了波动。石油股大幅上涨，拖累了其他上市公司的股价。这些波动如此剧烈，以至纽约证券交易所的经纪人很难确定一些股票的收盘价，于是决定推迟拍卖，由于股票收盘价决定了全球数千种指数和共同基金的价格，因此收盘拍卖非常重要。

这是另一个例子，说明特朗普是多么容易说一些他很少考虑人们会如何接受的话（在整个总统任期内，他经常在推特上这样说）。他只要等 10 分钟后再宣布战略石油储备的消息，投资者就会有一个晚上来消化这个消息，交易所的做市商也会为石油股做好准备，在早上开得更高。结果却是一片混乱，包括埃克森美孚在内的能源股在最后5分钟的交易中大幅反弹，导致收盘拍卖一片混乱。

纽约证券交易所主席坎宁安星期一上午联系了姆努钦，委婉地请求他提供一些帮助。在接近交易日结束的时候，从玫瑰园发布影响市场的消息并无益处，但她的短信很委婉："下午早些时候的新闻发布会在关键时刻减轻了市场压力。"他承诺会和总统谈谈，并在几小时后回电，并向坎宁安保证政府不会在交易日的最后一小时举行新闻发布会。

大约在同一时间，投资者和其他金融专业人士开始窃窃私语，谈论市场被完全关闭的可能性。一些对冲基金投资者悄悄地推动了这一想法——华尔街一些和华盛顿关系密切的人士后来提到了汤姆·巴拉克，他是一位地产大亨，也是特朗普的密友。巴拉克在房地产证券市场的下跌中投入了大量资金。

来自全美各地的投资者眼看着自己的积蓄在蒸发，纷纷写信或打电话，恳求坎宁安让这一切停下来，有些人还写了非常私人的文字。"你能不能考虑暂时关闭市场？"3月15日，一条留言这样写道，"市场不是在'修正'……而是被人为制造的恐慌和停工驱使。我的父亲出生在一个钢铁小镇，后来白手起家。他把钱投入市场，眼看就要退休了。如果市场继续开放，我们可能会看到整整一代人的退休生活化为乌有，并由此引发另一场大规模危机。如果您读到这里，感谢您的阅读。"

每句话都切中要害，坎宁安明白他的意思，但也知道这不是个好主意。如果投资者现在焦虑不安，那么世界上最繁忙、最富裕的金融市场出现关闭信号将会引发全面的恐慌。无法出售股票，他们会急于抛售一切可能的资产以筹集现金，这很可能会在最糟糕的时刻导致企业和政府债务崩溃。银行、基金经理和公司账簿上数十亿美元的金融资产与股票价格息息相关。如果市场关闭，它们将成为黑匣子。这听起来似乎是个小问题，但 2008 年金融危机的导火索无法为单一金融资产（当时是房地产债券）定价。没有人知道它们值多少钱，于是开始了一连串的抵押品扣押、强制清算和自我喂养的恶性循环。2008 年的抵押证券市场规模达到 3 万亿美元。[7] 美国股市价值 40 万亿美元。

姆努钦提出了缩短交易日的想法，或许可以在下午 1 点闭市，让华尔街的后台部门处理堆积如山的交易单。随着交易量的激增，“交易分配”（确保特定订单被转给大型交易公司中正确的法律实体）这一通常琐碎的业务也变得一团糟。但坎宁安告诉他，这也是个问题。21 世纪的金融交易所依靠数百万行计算机代码运行，这些代码设定上午 9：30 开市，下午 4：00 收市。

市场继续开放，人们只能眼睁睁地看着市场下跌。

第 7 章

挤兑现金

巴巴多斯布里奇敦的夜晚美如画。度假者在晴朗的天空下漫步在白色的沙滩上，下面度假村的夏威夷风情酒吧里有乐队现场演奏雷鬼音乐。凯文·雅各布斯却在八层的酒店房间里把电话贴在耳边与银行家进行着激烈的交谈。希尔顿 46 岁的首席财务官几周前答应妻子和一对十几岁的双胞胎女儿去度假，现在却后悔莫及。

那是 2020 年 3 月 7 日，酒店业和金融市场一样，处于自由落体状态。顾客迅速取消预订，新的预订也寥寥无几。就在几天前，雅各布斯和他的老板克里斯·纳塞塔向希尔顿董事会提交了一份报告，警告说酒店业最重要的财务指标平均每间可供出租客房收入可能会下降 20% 或 30%。这与该公司在 2008 年金融危机期间发生的情况大致相同，这是一个可怕的对比。希尔顿在那场危机中勉强存活下来。

现在，仅仅过了 72 个小时，这些估计就显得过于乐观了。比散客消费更高的公司客户一夜之间消失了。在拉斯维加斯、华盛顿和亚特兰大等城市，大型会议是希尔顿酒店的命脉，但这些会议都被取消了。春季休闲度假的预订量下降了一半。雅各布斯曾警告他的老板，按照这个水平，希尔顿可能撑不下去。

希尔顿可能是世界上最大的酒店公司之一，但它实际拥有的酒店并不多。在 2007 年接任首席执行官后不久，纳塞塔就开始实施一种战略，这种战略 10 年前由万豪酒店首创，强调品牌和服务，而不是所有权。简单地说，就是把拥有实体建筑的负担转移给别人，同时收取稳定的设计费、特许经营费，有时还包括管理费。1996 年，万豪将其旗下酒店资产的一部分分拆为 Host Hotels & Resorts 酒店（纳塞塔经营过这家酒店），2011 年又对其分时租赁业务进行分拆。华尔街为此欢呼雀跃，因为它释放了公司的资金，可以将其重新投资于新品牌和新计划。2017 年，希尔顿将旗下一半的酒店分拆成新公司 Park Hotels & Resorts。其度假预订和分时租赁业务则转变为另一个新实体——希尔顿度假大酒店，拥有 46 个度假村和一个会员积分奖励系统。新的希尔顿在很大程度上不再是一家房地产公司。在纳塞塔看来，它是消费者体验的提供者，将房地产所有权的风险，如沉重的借贷、地方政府官员的干预、水龙头漏水等，转移给其他人，同时通过向使用其品牌、客房预订软件甚至钥匙卡技术的业主收取稳定的费用。

用华尔街的话说，希尔顿已经变成了“轻资产”公司。该公司通过从实际拥有旗下 18 个品牌酒店（包括华尔道夫酒店和逸树酒店）的房地产投资公司那里抽取收入的一定比例

（8% 到 20% 不等）来赚钱。该公司平均每天的收入约为 2 500 万美元，其中 2 000 万美元用于管理费用、工资和其他运营成本。但现在，这些收入正在迅速消失，公司仍需支付各种账单：税款、水电费、几千名公司员工的工资，以及公司拥有或自己管理的约 60 家酒店的维护和员工费用。

当他的妻子和孩子们在泳池边放松时，雅各布斯拿起手机，准备进行几场艰难的对话。

雅各布斯的老板、首席执行官克里斯·纳塞塔也一直在警惕地盯着希尔顿的财务状况。希尔顿大约有 5 亿美元现金，但他知道，如果预订量继续下滑，这笔钱撑不了多久。希尔顿的人力资源主管宾夕法尼亚州立大学的董事会主席马修·斯凯勒用一句不经意的话告诉纳塞塔："美国的每所大学都将被关闭。"纳塞塔只想听这句话。他迅速打电话给希尔顿的法律总顾问，询问是否需要董事会批准他动用公司在华尔街银行的 17.5 亿美元信贷额度。在他的职业生涯中，他只在 2001 年 9 月 12 日做过一次这样的事情。她说不需要。

纳塞塔让雅各布斯利用公司现有的 17.5 亿美元银行信贷额度，并开始制订新的财务计划，以防公司需要发行债券筹集更多现金。"我想要我能得到的每一美元，"纳塞塔说，"我是认真的。"如果事实证明希尔顿不需要这笔钱，公司可以随时偿还。在此期间，公司必须支付几百万美元利息，这将是最坏情况下的廉价保险，而这种情况正在日益恶化。

但打电话是一回事，让银行家把钱汇过来是另一回事。雅各布斯就这样躲在布里奇敦的希尔顿度假村里，把电话贴在耳边，而他十几岁的女儿们则在泳池边嬉戏。在离开华盛顿之前，他已经向希尔顿贷款的牵头银行德意志银行发出了正式通知，并告诉他们公司正在提取全部贷款。

这很不寻常。公司都有紧急银行信贷额度，在资金紧张时可以动用。这些贷款几乎都是为了解决问题而设计的。在经济形势好的时候，银行很乐意以几乎为零的利率提供这些贷款，以讨好企业，这些高管可能会雇用他们从事更有利可图的收购或证券发行工作。但是，当经济压力来临时，华尔街的经典说法是，他们就会开始“定价失误”——在公司陷入困境的时候，以低于市场的利率提供资金担保。果然，当雅各布斯抵达时，他的收件箱里已经塞满了焦急的银行家发来的邮件，他们想知道希尔顿为什么需要这么多现金。

他在一次匆忙召集的电话会议上对银行家们说：“我们看到的远期预订正在急剧减少。”他说得很自然。他认为自己不需要解释。银行已经签署了一份合同，承诺只要希尔顿提出要求，银行就会送钱过来，而希尔顿确实开口了。

但事实上，希尔顿使用信贷额度还有另一个原因，那就是雅各布斯整个星期都在担心的问题。如果银行自身遇到麻烦怎么办？如果银行不想汇钱怎么办？如果希尔顿的业务继续恶化，银行可能会援引利率合同中一个很少使用的条款，允许他们宣布希尔顿的业务发生了“重大不利变化”——本质上就是说，希尔顿不再是他们同意贷款 17.5 亿美元给它时的那家公司了。因此，他们没有义务这样做。如果数百家公司同时使用其信贷额度，银行家可能会感到不安。雅各布斯希望希尔顿未雨绸缪。

“我不够聪明，不知道这会不会是一场银行危机。但我研究了历史。我读过《大而不倒》这本书，写的是关于 2008 年银行系统几近崩溃的权威故事。”雅各布斯告诉银行家们，“你不知道你的银行会在一夜之间倒闭，直到它一夜之间倒闭了。”

他的意思很明确：现在就把钱汇给我们。

没有任何一家公司能够为几乎一夜之间陷入困境的经济做好财务准备。尽管如此，新型冠状病毒的传播（起初很慢，但在 2020 年 3 月，似乎一下子就流行开来）暴露了过去 20 年来企业董事会默认的金融游戏规则的危险性。公司几乎将所有利润都分给了股东，以保持股价攀升。那些保留大量现金储备的公司被讥讽为又胖又懒，是美国商业沉睡时代的遗物，当时雨天基金很常见。对冲基金投资者开始寻找资产负债表上现金过剩的公司，然后发起公开运动，让它们放弃现金，最好是通过回购股票或派发股息——这两种方式往往都会推高股价。这一切都是更广泛地推动效率的一部分，是 21 世纪企业管理的标志。臃肿已经过时，精简是主流。

主要以股票支付自己薪酬的高级经理对此乐见其成。标准普尔500指数成分股公司的股票回购从2010年的2 990亿美元上升到2018年的8 000亿美元。[1]在此期间，通过回购和股息的形式返还给股东的现金总额翻了一番，其增长速度超过了公司利润的增长速度，也超过了公司用于投资（如新建工厂或研究设施）的金额。因此，当疫情肆虐、收入蒸发时，企业几乎没有财务缓冲。

自2017年以来，希尔顿斥资47亿美元用于回购和派息，试图缩小与万豪的差距，后者的股票交易价值更高。为了让股东高兴，希尔顿几乎动用了所有的现金利润，并借贷了额外的资金，而股东们也确实很高兴。在新冠病毒开始流行、希尔顿关闭其在中国的酒店时，其股价在过去的3年里已经跑赢了其主要竞争对手和大盘。但与2013年上市时相比，公司持有的现金减少了25%。现在，希尔顿正要求华尔街银行提供资金。

几天后，记者得知了这一消息。[2]3月11日，彭博社一篇文章的标题写道："希尔顿使用17.5亿美元信贷额度，以缓解病毒带来的冲击。"这篇文章将希尔顿描绘成第一家将可用银行贷款用完的蓝筹股公司。这篇文章认为，这一举动意味着美国国内开始出现恐惧：这家蓝筹股公司（这个家喻户晓的出现在许多美国家庭计划度假行程中的名字）正在争抢美元。

一名助手将这篇报道转发给纳塞塔，当时他正在华盛顿特区郊区的办公室里加班。他的嘴角勾起一丝冷笑。他想，再等等吧。一周后，这些都不值得写了。

他是对的。在接下来的日子里，世界各地的公司都像希尔顿一样，向银行借来合同规定的每一美元，并乞求更多。记者们不再关注此事。

哈兹菲尔德－杰克逊亚特兰大国际机场休息室的一个角落里也上演着类似的一幕。

达美航空的财务主管肯·莫尔格把额头贴在俯瞰跑道的窗户上，把手机贴在耳边。电话那头是几位非常紧张的律师。莫尔格正站在终点线上，在平时，对他这样的人来说，这不过是一次检查工作。达美航空有一笔10亿美元的贷款，几周后就要到期，而在几周前，莫尔格受命与银行商谈，以类似的条件续签债务。这对大多数公司来说都是例行公事，对航空公司来说更是如此，因为航空公司是借款大户，与许多银行都保持着合作关系。几天前，达美航空推出了新的贷款，也就是说，银行家已经向他们的投资者客户发送了详细的文件，这些客户可能想购买一部分债务，文件中详细说明了贷款的条款、他们将得到的保护以及有关达美航空财务健康状况的一些信息。这是与代表银行的纽约精英律师事务所美国盛信律师事务所律师的最后一次通话。

通常情况下，这些电话的内容是这样的：律师问文件发出后是否有什么重大变化，坐在莫尔格座位上的人说没有。

莫尔格尽了最大努力。他说："那么，呃，我面前有一份尽职调查清单，我很快就能看完。"

"等等，"其中一位律师说，"我想我把这些都讲清楚了。"

莫尔格艰难地咽了口唾液。他并不想欺骗达美航空的银行家，没有什么能让一家公司更快地被列入华尔街的黑名单。但他知道，坐在一个明显更安静、更空旷的机场里，关于达美航空在前几天的情况变化，甚至关于整个世界的进一步讨论都不太可能让人对这笔贷款有更好的感觉。

2005 年达美航空申请破产后，莫尔格和他的老板、达美航空首席财务官保罗·雅各布森花了数年时间重新建立与大银行的关系。他们向华尔街支付了数亿美元的费用。他们重建了资产负债表，让公司重新获得了投资级评级，这也是他们的老板、首席执行官埃德·巴斯蒂安引以为豪的一点。现在，他从律师的语气中听出，这远远不够。银行开始紧张起来。

面临风险的不仅仅是这笔贷款。在巴斯蒂安的指示下，莫尔格和雅各布森一直在与另一家银行洽谈一笔新的、规模更大的约 40 亿美元的贷款，这笔贷款将有助于维持达美航空的财务状况，以应对未来的任何情况。

莫尔格是达美航空的老员工，1997 年作为分析师加入达美航空财务部，经历了破产，2012 年被任命为财务主管，这次电话会议是莫尔格收到的第一个信号，表明情况会越来越糟。他给达美航空的投资者关系主管吉尔·格里尔发了一条短信："现在需要你接这个电话，情况不妙。"

一周前，达美航空的一群高管聚集在亚特兰大总部的一间会议室里。会议的议题是，是否向联邦政府寻求援助。他们中没有一个人觉得这个想法特别可取。首先，达美航空多年来一直公开抱怨中东政府补贴本国航空公司，使它们能够在利润丰厚的长途航线上击败西方竞争对手。其次，高管们知道，任何政府援助都会有附加条件，很可能是以入股的形式，这将使财政部在未来数年内成为重要股东。2008 年在拯救大型银行时，联邦政府使用过类似的方法，附加条件包括美国政府的股票认股权证、支付给高管的奖金上限以及冻结回购和股息支付。华尔街发现这是一个令人不快的经历，因此大多数公司都急于尽快偿还紧急援助。

但达美航空的现金已经不多了。它在 2 月刚刚向员工支付了 16 亿美元的利润，还偿还了一些到期债务。没有人预订航班。2 月中旬，该公司每天售出约 1.4 亿美元的机票。到 3 月初，这一数字下降到 8 000 万美元。成千上万的乘客取消了已经预订的航班。

机票取消给航空公司带来了巨大的财务问题。乘客在搭乘航班之前就已经支付了机票费用，这意味着航空公司在把钱花在同一乘客身上之前，先要从乘客那里收到钱。这被称为“空中交通负债”，实质上是从乘客那里借钱，在新冠病毒开始加速传播时，达美航空的负债约为 60 亿美元。现在，达美航空的乘客取消了航班，实质上是在收回贷款。这可能被伪装成退款要求，就像零售客户退回不想要的毛衣一样，但仔细一看，情况更糟糕，这是一次银行挤兑。

达美航空试图鼓励乘客将机票兑换成未来旅行的代金券，并对那些仍然对旅行持乐观态度的乘客免收 200 美元的改签费。但到了 3 月中旬，公司的日净销售额出现了负值，这意味着公司每天支付的退票费比出售的新机票还多。到月底，公司开始亏损，每天1亿美元。每天早上8：30，高层管理人员包括巴斯蒂安、他的副手格伦·豪恩施泰因、雅各布森、莫尔格和吉尔·格里尔聚在一起，回答一个问题：我们有多少现金？花出去的每一分钱都必须有合理的理由。新贷款和现有贷款的提取为达美航空提供了约60亿美元的现金。按照3月底的烧钱速度，这笔钱只能维持两个月。

3月18日，达美航空宣布了一系列削减成本的措施。高级管理人员将减薪50%，巴斯蒂安也放弃了6个月的薪水。达美航空关闭了机场贵宾室，合并了亚特兰大枢纽的设施，并表示将停飞600多架飞机（占机队总数的一半）。有些飞机将不会回来，公司正在加速淘汰老旧飞机，包括波音767。巴斯蒂安说，与政府的会谈富有成效，他相信援助会到位。“那就是说，”他补充说，“我们必须继续采取一切必要的自救措施。现金储备仍然是我们财务工作的重中之重。”

与此同时，巴斯蒂安要求他的法律总顾问彼得·卡特与其他航空公司的高级律师合作，提出一个他们可以向政府提交的初步建议。大约一周前，航空公司的高管们（除了巴斯蒂安，他一直在忙母亲的葬礼）在白宫会面，并向总统保证他们不会向政府要钱。在接下来的几周里，卡特、美国航空的史蒂夫·约翰逊和美国联合航空的布雷特·哈特通过电子邮件来回交换一份两页的文件，主要内容有三点。

第一，航空业寻求的是赠款而不是贷款，这在一定程度上得益于“9·11”恐怖袭击事件后向一些航空公司提供的紧急贷款，这些贷款使航空公司的财务状况十分脆弱，并导致了包括达美航空在内的几家航空公司在2005年申请破产。第二，航空公司希望联邦政府暂停对所有航班征收7.5%的税。第三，如果政府能提供足够的财政支持，他们就会承诺不裁员。

它的设计简单明了，可以解决该行业面临的资金紧张问题。它还旨在使联邦政府尽可能远离这些公司的实际运营。高管们可能需要华盛顿的资金，但他们并不热衷于华盛顿的投入。值得注意的是，该提案并不包括让政府持有公司股份的提议。航空公司不同意限制高管薪酬，或者由联邦政府控制其航线和时间表，也没有提出暂停股票回购或派息。这些计划是支撑股价的关键因素，任何对航空公司未来向股东分配利润的限制都是导致股价下跌的单程票。

他们甚至还在考虑利润以及如何分配这些利润，这反映出经济领域的行业巨头在3月初都做出了错误的判断：这场危机将在几周内结束，最多也就几个月。

美国八大银行的财务主管给美联储、财政部、联邦存款保险公司和美国货币监理署官员打了一系列电话。这四个机构共同监管着美国的金融体系，每个机构都有自己的管辖范围和工作重点。参加电话会议的银行包括：四大商业银行巨头摩根大通、美国银行、花旗集团和富国银行，它们共持有美国40%的储蓄以及数万亿美元的商业和住房贷款；两大投资银行巨头

高盛和摩根士丹利，它们以证券交易著称；以及两家托管银行道富银行和纽约梅隆银行，它们基本上是股票和债券的仓库，还负责处理使金融体系运转的大量后台文书工作。

2008 年金融危机爆发后，这八大银行被指定为“全球系统重要性银行”。这是监管机构的说法，因为它们如此庞大，如此融入全球经济，以至它们的生存和实力不仅是私人利润的问题，也是公共需要的问题。换句话说，它们就是“大到不能倒”。这个标签带来了新的政府审查和法规，要求它们储备更多的资本，并接受年度“压力测试”，以确保它们有足够的实力抵御严重的经济冲击。

但是，2008 年的危机也使八大银行变得更大、更有实力。它们经受住了拆分它们的努力，击退了民粹主义的反华尔街运动。它们学会了在新法规的冲击下生存，新法规的苛刻程度足以阻止小银行做大，与它们竞争。它们是金融界的“八人帮”，对经济的影响力可与同名的国会领导集团相媲美。

八大银行的财务主管每季度与监管机构举行一次会议，星期三的会议本应在华盛顿举行。但市场的动荡让银行家目不转睛地盯着办公室的屏幕，因此匆忙安排了一系列电话会议。

贝丝·哈马克在高盛市中心总部的办公室里拨通了电话。在 2018 年成为公司财务主管之前，哈马克曾在交易大厅工作多年，她在那里交易政府债券，学会了华尔街感知疲软的艺术——这里是颤抖，那里是对冲声明。她很快就意识到其他银行财务主管的不安。现金从他们的公司流出，而且速度很快。

银行以最简单的形式向储户支付储蓄利息，然后以稍高的利率将资金贷出，并将差额收入囊中。但如今，主导金融业的全球巨头几乎与这种模式毫无相似之处。像高盛这样的大公司，以及电话会议中的其他 7 家银行，要保持足够的资金流向正确的地方，涉及一个复杂的舞蹈过程。客户进行存款和取款。对冲基金将现金作为交易抵押，然后在交易失败时要求取回现金。交易价值发生变化。短期借款到期后会再次得到续借，期限会延长一天、一周或一个月。

在这本不断变动的账簿上，还有 2008 年危机后出台的一系列监管法规，这些法规对一些被认为更有黏性的资金来源（如长期债券或消费者存款）给予优待，而对其他资金来源（如回购协议——有抵押物支持的隔夜贷款）则没有优待。简单地说，银行必须持有足够的现金，以弥补未来 30 天内可能损失的资金。

银行没有足够的钱。

在肯·莫尔格（正在尝试）滑雪的时候，世界已经发生了变化。

一周前，当飞往科罗拉多州，希望与妻儿一起赶上阿斯彭的旅游旺季时，达美航空的财务主管正在与一家华尔街银行商谈 40 亿美元贷款的框架，这笔贷款将用于支持达美航空的财务。就公司贷款而言，这是一笔相当轻松的贷款。银行家没有要求抵押品，这表明贷款人只看重达美航空的良好声誉。为什么不呢？这家公司拥有投资级评级。它拥有大量的资产，包括飞机、机场机位、令人垂涎的航线，这些资产在需要时都可以用于抵押贷款。而且它的债券交易价格远高于竞争对手美国联合航空和美国航空，这两家公司的利润较低，负债较多。

但那是一周前的事了，现在情况发生了很大变化。全球已有超过 13.6 万人感染了新冠病毒，5 000 人死亡。科罗拉多州州长下令关闭滑雪场后，莫尔格的假期提前结束了。现在，他正飞越大平原，他知道自己已经失去了与银行家谈判的筹码。贷方现在提供的资金少得多，大约只有 30 亿美元。达美航空的一些长期贷款机构，包括瑞士信贷和 PNC 金融服务集团都拒绝参与贷款。一位银行家对莫尔格团队的一名成员说："我们认为你们不需要 30 亿美元，而是需要 100 亿美元。"这位银行家说，他们的公司已经不行了，他们不想把钱借给一个无底洞。

那些仍然同意参与的银行都在讨价还价。它们不再愿意仅凭诚信就贷款给达美航空，而是要求以其部分飞机的留置权作为抵押。莫尔格惊慌失措，他真的不知道银行是否会答应。航空公司的游说团体正准备向美国政府求助，但他不知道政府对行业救助的胃口有多大。他担心，如果没有大量资金，达美航空可能会在 15 年内第二次破产。

最终的贷款额度会更小，只有 26 亿美元。新条款反映了笼罩美国的现实。

当时，美国公司正处于风雨飘摇之中。比尔·阿克曼正在进行他一生中最大的一笔交易。

到3月初，潘兴广场的交易员已经开始了他们希望在阿克曼的末日预言成真时能保护公司的交易。他们在三篮子公司债券上买入了超过10亿美元的信用违约掉期：一篮子包括通用汽车等高评级公司的债务，一篮子包括斯普林特和美国航空等低评级公司的债务，还有一篮子包括欧洲公司的债务。他们总共支付了2 700万美元的预付款和佣金。阿克曼认为，这是一次千载难逢的交易。

虽然信用违约掉期经常被比作金融保险，但它们在一个关键方面有所不同：它们所防范的借款人违约事件即使实际上并没有发生，保单持有人也能赚钱。掉期本身是一种金融投资，随着事件的发生而增值，它们所防范的风险似乎更有可能发生。当标的债务（这里指的是一堆公司债券）贬值时，掉期就可以被卖出获利。只要市场受到惊吓，潘兴广场的赌注就能得到回报。

事情发生得很快，随着新冠病毒在亚洲蔓延，继而进入美国，全球投资者都惶恐不安。由于投资者担心公司没钱还债，公司债券价格开始暴跌。截至3月20日，由金融服务公司彭博和投资银行巴克莱维持的公司债券基准指数从3月初的最高点下跌了15%。从账面上看，潘兴广场的投资价值超过20亿美元。

这些巨大的收益会让任何投资者感到高兴。但就在掉期交易价值飙升的同时，阿克曼的股票投资组合（占其公司投资的大部分）却损失了超过1/4的价值。到3月的第一个星期五，掉期交易占到潘兴广场资产的40%——这个投资组合一边倒，看起来非常不谨慎。更重要的是，美联储表示准备介入并平息债券市场，可能通过担保公司债券或自己购买债券来稳定价格和安抚投资者的情绪。这两种举动都会导致债券价格上涨，使潘兴广场坐拥的20多亿美元账面利润化为乌有。在3月6日这一天，该公司的掉期合约价值就下跌了8亿美元——虽然利润仍然丰厚，但波动之大足以让阿克曼忍无可忍。他打电话给他的交易员，让他们开始卖出头寸。

这并不难做到。随着市场的全面动荡，全世界的投资者现在都慌了神，纷纷寻求与阿克曼几周前购买的同样的保护。几周前还被认为是安全的公司，现在却面临违约风险。与投资者的"恐惧指数检测仪"——超级安全的美国国债相比，投资级公司债券的收益率自2月底阿克曼开始买入掉期以来，已经增加了两倍。这就好像他在干旱之年以很少的钱购买了洪水保险，然后在季风之年将其卖出。

到接下来的星期一，他的交易员已经完成了约一半，全部清仓还需要3天时间。这笔交易最终将以2 700万美元的初始投资获得近26亿美元的利润，收益是初始投资的近10万倍。相比之下，一笔全垒打的风险投资可能会在多年内获得100倍的收益，阿克曼在大约3周的时间里就做得比它好1 000倍。

这是2007年好莱坞大片《大空头》的续集，该片讲述了几位对冲基金经理押注美国抵押贷款市场，并在市场崩溃时获得巨额利润的故事。阿克曼与那群人没有什么共同之处，他们包括一个几乎默默无闻、不善交际的介绍人迈克尔·伯里，以及一对30岁的新手杰米·马伊和查利·莱德利，他们都是在自家车库里投资的。但他们的想法是一样的，早在2020年2月，阿克曼在伦敦对一屋子目光炯炯的投资人发表演说时，就提出了同样的观点：市场错了。2007年，投资者认为房价会继续上涨。2020年初，他们认为新冠病毒不会在全球暴发。

在纳西姆·塔勒布给“黑天鹅”事件赋予的三个特征之后，历史或许应该加上第四个特征：“黑天鹅”事件是罕见的、极端的、事后看来往往是合理的，而且对那些幸运或机智地预见到“黑天鹅”事件的人来说，“黑天鹅”事件会给他们带来超乎寻常的收益。

第 8 章

世界停摆之日

哨声响起得太早，太早。当时离开球还有几秒钟，裁判们就涌进俄克拉何马市中心 Paycom 中心的中场，1 万多名观众在那里等待着家乡雷霆队和来访的犹他爵士队之间的比赛。当雷霆队的主治医生冲到球场中央在裁判耳边低语时，裁判已经将球拿在手中。犹他爵士队的球员鲁迪 · 戈贝尔在新冠病毒检测中呈阳性。尴尬的 15 分钟后，场馆的广播系统响起了声音。这场比赛被取消了。

“请各位观众缓慢、有序离场，”广播说，“感谢大家今晚的到来，我们都很安全。”

那是 3 月 11 日，星期三。美国体育界，乃至整个美国，出现了零号病人。

无论用什么标准来衡量，3 月 11 日都不是新冠病毒感染

疫情期间最糟糕的一天。它不是死亡人数最多的一天，也不是传染性最强的一天。它不是金融市场的谷底。失业率要再过一个月才会达到峰值。但是随着危机的持续，3 月 11 日将成为数百万美国人的一个里程碑——这一天美国人的生活发生了翻天覆地的变化，预示着病毒将如何破坏经济、关闭机构，并打击美国文化的核心。

对许多美国人来说，这一天是新冠病毒感染成为现实的一天。3 月 11 日，世界卫生组织正式宣布该病毒全球大流行。美国常青树汤姆·汉克斯在推特上宣布，他和他的妻子女演员丽塔·威尔逊生病了。美国国民警卫队部署到纽约市郊区的新罗谢尔，这里是美国最早出现社区传播病例的主要聚集地之一。戈贝尔被确诊后，NBA（美国男子篮球职业联赛）暂停了本赛季的比赛，其他体育联盟和 NCAA（美国全国大学体育协会）也迅速跟进，NCAA 在“疯狂三月”开赛前几天取消了比赛。迪士尼世界关闭了它的魔法王国。百老汇自 2007 年为期三周的舞台工作人员罢工以来首次停演。美国股市长达 11 年的牛市正式终结，股指当天收盘从较近期的高点下跌 20%。

当晚，特朗普在椭圆形办公室里宣布暂停往返欧洲大陆的航空旅行。这篇讲话对永远不按常理出牌的特朗普来说显得异常严肃，而且是照本宣科，可以说是在非战时状态他宣布的最重大的消息。

在定格的画面中，这一系列令人目眩的事件让许多西方人重新认识了现实，在此之前，他们一直将病毒视为遥远的威胁。在短短几个小时内，病毒袭击了日常生活的多个方面：体育、旅游、退休账户和好莱坞。新冠病毒不再是“那边”的问题。

对世界级大公司的首席执行官来说，3 月 11 日是史无前例的突发事件应急决策日。公司的股票在下跌，员工惊恐万分。对幸运的公司来说，业务只是受到了影响；而对其他公司来说，业务似乎不再有任何意义。

大卫·所罗门跳下一辆黑色轿车，向白宫外的警卫站走去。3 月 11 日上午，这位高盛集团的首席执行官在国会山与两党国会核心小组成员进行了肘部碰撞，该小组一直在努力制定一项资助冠状病毒救援的法案。华尔街的首席执行官们对国会山并不陌生，这次所罗门受到了乔希·戈特海默的邀请，这位 45 岁的新泽西州民主党人曾经和所罗门在纽约州北部一个夏令营中一起露营。两人关系密切，这次邀请让所罗门占据了一个他感到舒适的位置：中间派、常识派和务实的交易派。

但现在他要与总统会面。5 家最大银行的首席执行官应邀出席会议，讨论应对病毒传播的措施，到那时为止，美国已有 1 267 人感染病毒，38 人死亡。绝大多数对新冠病毒检测呈阳性的人都没有出国旅行，而是从社区里的某个人那里感染了这种疾病。

自十多年前的金融危机以来，大银行的首席执行官们从未像现在这样被召集到华盛顿。当时，也就是 2009 年，一众高管灰溜溜地来到国会，面对深陷经济衰退的国民的愤怒，而这在很大程度上是他们公司的过错。至少有两位高管乘坐的是美国国家铁路客运公司的列车，而不是公务专机，因为全美上下对华尔街引发经济崩溃的怨恨非常深。

现在聚集在白宫接待室的银行家，没有一个受过国会的口诛笔伐。2008 年的那批银行老板已经被淘汰出局，有些是因为丑闻，有些是因为时间。所罗门在 17 个月前刚刚上任。美国银行首席执行官布莱恩·莫伊尼汉于 2010 年上任，花旗集团首席执行官迈克尔·科尔巴于 2012 年上任。查理·沙夫执掌富国银行仅 5 个月，他是在前任因假账丑闻下台后受雇清理门户的。（事实上，沙夫并没有为这次会面远道而来。他在华盛顿出席了一个国会委员会会议，回答有关该银行持续丑闻的问题。）摩根大通的杰米·戴蒙是华尔街仅存的一位在 2008 年危机期间在位的首席执行官。在 2008 年金融危机期间，摩根大通首席执行官杰米·戴蒙并没有出现在白宫。他在接受了修复受损主动脉的紧急心脏手术后住院治疗。摩根大通联席总裁戈登·史密斯顶替了他的位置，与其他首席执行官一起聚集在等候区。他们都没有戴口罩。

罗斯福厅厚重的大门被推开，全美最大的医院系统的首席执行官们鱼贯而出。他们一直在那里敦促政府优先对他们的患者进行新冠病毒检测。高管们说，医生和护士们正在消耗日益减少的防护口罩和防护服库存。更快的检测结果将排除一些病人，并保留关键装备。

富国银行首席执行官沙夫注意到了约翰斯·霍普金斯大学

医学院首席执行官兼医学院院长保罗·罗思曼。沙夫毕业于该校，现在是该校的理事，两人在一周前有过联系。罗思曼在电话中转达了一个令人担忧的信息，特朗普政府官员可能公开淡化了新冠病毒感染的风险，但约翰斯·霍普金斯大学的模型却不容乐观。当医生们离开与总统的会面时，两人点头示意，金融家们鱼贯而入。

总统对这些银行首席执行官很友好，称他们“可能是世界上最好的银行家”。他们扮演了这个角色，急于表明他们的银行基础稳固，而且与2008年银行几乎停止贷款的情况不同，他们已经准备好并愿意支持经济。摩根大通高管戈登·史密斯在代替戴蒙发言时说，在过去的40天里，该银行向消费者和小企业发放了260亿美元的贷款。原本的计划是在向新闻界开放的简短活动之后再召开一个更具实质性的闭门会议，结果直接变成了美国最大银行的老板们公开展示信心的一次活动。科尔巴对着一排新闻摄影机说：“这不是一场金融危机。”

会议结束后，特朗普示意首席执行官们跟他走，一行人走进椭圆形办公室，围着条纹沙发转了一圈。在摄像机镜头之外，首席执行官们敦促总统将资金投到检测中，这将有助于将医疗和防护资源调配到最需要的地方，避免不必要的、分散的封控。美国银行首席执行官莫伊尼汉说：“检测将使经济保持开放。”特朗普点点头，抿了抿嘴。然后，他指了指自己的办公桌，这是维多利亚女王赠送的礼物，由19世纪北极探险船“坚韧号”的木板制成。

“你们想合影吗？”

回到纽约，24 名企业高管中午聚集在曼哈顿中城 57 街和第八大道交界处的赫斯特大厦 41 楼。这是他们告诉州长安德鲁·科莫他们所看到的和所需要的机会。来宾名单上原本有 100 多位高管，但在前一天晚上，州长办公室给纽约合作组织的负责人凯茜·怀尔德打了电话，该组织是组织本次会议的一个城市商业领袖团体。州长办公室正在制定一项限制公众集会的新政策，该政策将团体人数上限定为 500 人，将于次日宣布。州长办公室认为大型室内会议的效果并不好，因此，名单被缩减到 20 人左右，其中包括赫斯特首席执行官史蒂文·斯沃茨、私人投资公司泛大西洋投资集团首席执行官比尔·福特、辉瑞首席执行官艾伯乐、纳斯达克首席执行官阿德娜·弗里德曼、房地产巨头美国铁狮门公司的徐瑞柏、生鲜杂货在线订购服务平台 FreshDirect 的戴夫·麦金纳尼，以及巴里·迪勒的拥有旅游预订网站 Expedia 的企业集团 IAC 的乔伊·莱文。除了华盛顿的大银行首席执行官们，华尔街作为纽约最大的雇主之一，也有两位副手代表，他们是来自高盛的约翰·沃尔德伦和花旗集团的简·弗雷泽。州长取消了出席会议的计划，与他的卫生专员霍华德·朱克一起从奥尔巴尼赶来。

所有人的目光都聚焦在艾伯乐身上。就在前一天，辉瑞宣布计划与一家德国生物技术公司拜恩泰科合作开发一种新型疫苗，他们希望这种疫苗能够有效对抗新冠病毒。传统疫苗携带的是弱化或死亡的病毒，目的是训练免疫系统识别和攻击入侵的微生物。拜恩泰科一直在试验一种不同的疫苗，这种疫苗携带的蓝图被写入 mRNA 的遗传密码片段，可以将免疫细胞转化为小型抗体工厂。这种疫苗从未成功过，但在实验室中显示出良好的效果。

“我们将以最快的速度开展工作，但病毒已经抢占了先机。”艾伯乐告诉大家。

沃尔德伦介绍了高盛在新泽西州和康涅狄格州分拆员工和利用备用交易大厅的计划。以政治虚张声势和偶尔哗众取宠著称的科莫没有给出什么答案。纳斯达克首席执行官阿德娜·弗里德曼在走出 57 街时拨通了风险主管的电话。“我们必须马上关闭办公室。这将是一场灾难。纽约还没准备好。”纳斯达克时代广场总部第二天就被关闭了。

---

3 月 11 日交易日的最后几分钟，斯泰茜·坎宁安走在纽约证券交易所的大厅里。当下午 4 点的钟声敲响时，交易正式结束。长达 11 年的牛市结束了，这 11 年的牛市让投资者赚得盆满钵满，巩固了美国作为全球金融权力中心的地位，也洗刷了 2008 年金融危机的不愉快记忆。

当天，大量令人担忧的头条新闻导致股市走低。高盛的经济分析师发布了一项可怕的预测，到仲夏时，标准普尔 500 指数将比年初时低 25%。波音公司提取了 138 亿美元的银行贷款，这笔巨额借款表明，美国的工业标志之一面临严重的财务困境。有新闻报道称，私募股权巨头黑石集团鼓励其旗下的公司也这样做。[1]美国最大的银行的首席执行官们齐聚白宫，虽然意在安抚市场，但产生了相反的效果。如果不是紧急情况，他们为什么出现在那里？

一个月前还徘徊在 30 000 点的道琼斯工业指数当天收于 23 553.22 点。超过 20% 的跌幅正式预示着熊市的到来。

这些术语在金融市场上的起源被认为可以追溯到一句古老的英国谚语，警告人们不要在抓住熊之前卖掉熊皮。这句谚语后来很可能被用于卖空者，他们卖出尚未买入的股票，预期股价会下跌，从而将"熊市"与那些押注市场下跌的人联系在一起。"牛市"的来源不太清楚，但到 1720 年，当亚历山大·蒲柏写下一首诗时，这个词已经与市场情绪纠缠在一起："来吧，把南海的高脚杯倒满 / 众神会保佑我们的股票 / 欧罗巴欣然接受牛市 / 朱庇特欢喜地赶走熊市。"

美国的牛市始于 2009 年 3 月 9 日，当时全球银行系统几近崩溃，经济仍处于衰退之中。欧洲身陷债务危机，美国政府债务评级被首次下调，中国经济增速放缓、利率上升（理论上这会增加企业融资成本，从而损害股市），华盛顿和北京之间的紧张局势不断升级……美国牛市在众多复杂因素的影响下奋力前行。现在，它被一种微小的病毒击倒了。

白宫冠状病毒特别工作组的成员挤进了椭圆形办公室，总统的女儿伊万卡·特朗普、女婿兼高级顾问贾里德·库什纳、首席经济顾问拉里·库德洛和其他 6 人也加入了他们的行列。总统坐在由"坚韧号"制成的桌子的后面。委员会的首席医疗顾问安东尼·福奇和黛博拉·伯克斯力主关闭往返欧洲的航空旅行。伯克斯警告说，如果任其发展，病毒可能会导致200万人死亡。加快行动，包括关闭国际航空旅行，可能会将死亡人数控制在25万或更少。这是在场的许多非科学家第一次听到如此赤裸裸地列出潜在的死亡人数。

福奇曾在许多场合多次表示，病毒的严重性在不断恶化，这让总统明显感到恼火。他警告说，接触者追踪和检测工作进展太慢，疫情会变得更加严重，无法控制。

史蒂文·姆努钦走出去听南希·佩洛西的电话。为了减少新冠病毒的影响，两人已经就国会开支法案讨价还价了好几天。虽然两天后公布的金额约为80亿美元，但两人在前一天已经谈了20多次，敲定了其中的内容。下午5点刚过，当他回来时，总统已经出去处理另一项事务了。随后，包括姆努钦、库德洛、福奇和国家安全事务助理罗伯特·奥布莱恩在内的一个小团体乘电梯来到白宫三楼总统的私人住所，在那里继续讨论。

姆努钦说，关闭航空旅行将对全球经济造成巨大打击，很可能导致市场崩溃。特朗普在担任总统期间长期沉迷于股市的上涨，他的这种乐趣很可能促使姆努钦成为内阁中唯一一位在执政前三年一直留任的部长。最终政府决定关闭往返欧洲大陆的航班。通知航空公司首席执行官的工作落在了姆努钦的肩上，他开始在白宫西翼寻找空办公室，那里是一个狭窄的建筑群，本来就没有多少办公空间，现在成了一个非同寻常的地方。最近几天，那里热闹非凡。幸运的是，内阁房间是开着的，他躲了进去。

道格·帕克关掉了美国消费者新闻与商业频道。全是坏消息。新冠病毒感染病例越来越多。股票在下跌，包括他自己的股票。美国航空的股票在 4 周内损失了一半的价值。公司每天都在烧掉数千万美元的现金，订票量也大不如前。他现在在公司位于沃思堡的总部附近闲逛，等待白宫的电话。

他的政府事务主管纳特·加滕告诉他，特朗普将于当天晚些时候在电视上宣布关闭往返欧洲大陆的旅行。

就在一周前，航空公司首席执行官们在白宫的镜头前、在总统面前表示，他们不需要任何资金。帕克在同一天与姆努钦的私人会面中也表达了同样的观点。但如果联邦政府要停止跨大西洋旅行，那就另当别论了，因为跨大西洋旅行占了大型航空公司业务的 10%~30%。帕克知道航空公司需要钱，如果总统问需要多少钱，他希望能准备好一个答案。

帕克想起了“9·11”恐怖袭击事件后政府向航空业提供的救命稻草：50 亿美元的拨款和 100 亿美元的贷款担保。帕克认为，类似规模的请求是合适的。

他敲了敲玻璃幕墙会议室的门，首席财务官德里克·克尔和他的财务团队正在开会，桌上散落着打印纸和咖啡杯。“我们有什么要求？”帕克问。

克尔咬了一会儿嘴唇才回答：“500 亿美元。”

这个数字让帕克大吃一惊。但克尔的计算结果是正确的。美国航空的收入约为400亿美元，约占美国旅游业的20%。因此，以2 000亿美元的年收入计算，500亿美元相当于3个月的收入。突然间，这似乎并不疯狂了。

电话是在晚上8：25打来的。帕克在他与副手共用的露天套房的办公桌上接听电话，从这里可以俯瞰美国公司总部的中庭。姆努钦说，特朗普总统本来想自己打电话，但他正在为椭圆形办公室的广告做准备，广告将在半小时后上线。

“我知道我上周说过什么，”帕克开始说，“但现在这对我们来说是个大问题，我们需要一些缓解，我们都需要。”他鼓起勇气，装出若无其事的样子。“我认为我们将需要500亿美元左右的资金。”他好不容易才把话说出口。这似乎是一个巨大的要求，肯定会引发政治党派双方的强烈反对。支持自由市场的共和党人不会喜欢政府扶持私营企业的想法。进步人士则会大声疾呼“救市”，并谴责首席执行官们在让自己和股东致富的同时却没有积攒足够的钱。

他预料自己会遇到阻力，但实际上并没有。在白宫内阁会议室电话的另一端，姆努钦毫不退缩。当天下午，姆努钦曾在官邸警告总统，欧洲旅行禁令将给航空业带来巨大的冲击。帕克只是给这个窟窿的大小编了个数字。姆努钦说“我明白”，并承诺将与总统保持联系。

在从达拉斯/沃思堡机场附近占地300英亩的美国航空校区开车回家的路上，帕克给他的妻子格温打了电话，格温曾是美国航空的一名空姐，当时她正在观看达拉斯独行侠队对丹佛掘金队的比赛。她坐在独行侠队老板马克·库班身后的几排，库班对手机上一条关于 NBA 赛季被取消的消息的反应被摄像机捕捉到并进行了现场直播——他目瞪口呆，这成为疫情最早的病毒传播时刻之一。这位亿万富翁老板告诉 ESPN（娱乐与体育电视网）：“显然，这比篮球更重要。”官方宣布比赛结束，达拉斯队获胜。这是 NBA 在 2020 年赛季的最后一场比赛。

布莱恩·切斯基对他的财务团队吼道：“你们无法模拟一场病毒大流行。”当时，爱彼迎首席执行官独自一人待在旧金山的家中，躺在床上，膝盖上架着笔记本电脑。他在深夜接到一个电话，他的团队中一些用心良苦的成员花了一天时间，试图计算出病毒对房屋租赁需求的影响。

数以万计的爱彼迎旅客集体要求退款，退款金额超过 10 亿美元，他们之前预订了这些房间，但现在不敢入住了。爱彼迎的政策允许房东（即出租房屋的实际所有者）制定自己的退款政策，但许多房东选择不允许退款（一半的爱彼迎房东靠出租房屋来支付抵押贷款）。切斯基和他的副手们面临的问题是：爱彼迎是否应该自掏腰包弥补差额？这可能要花费数十亿美元，对爱彼迎这家烧钱的、野心勃勃的典型硅谷初创公司来说，这笔钱它负担不起。

一向温文尔雅的切斯基看起来比 38 岁还年轻，给人一种“邻家兄弟”的感觉，但他对自己的数字运算器失去了耐心。

难道他们要强迫旅客在吃掉数千美元和走进陌生人的家祈祷最好的结果之间做出选择吗？

就在一周前，切斯基还在旧金山五楼的一个会议场所向一群高管发表演讲，这个会议场所以前是一家自助餐厅，现在被称为“吃，吃，吃”——这是对它之前的功能和大楼地址布兰南888号的一种致敬。该建筑最初由美国国家碳材料公司建造，作为其总部，1916年成为Eveready电池公司的生产基地。2013年，它被改建为爱彼迎的全球总部。具有历史性的工业风格——最初的电车轨道仍然贯穿地板，这已经成为这家快速发展的科技公司的标志。这里是一个制高点，旧金山湾和金门大桥尽收眼底。首席执行官就是在这里告诉他的员工，他计划在本月底宣布公司的首次公开募股计划。

那是一周前的事了。2020年本该是爱彼迎离开硅谷的巢穴、跻身华尔街巨头行列的一年。现在看来，它可能熬不过这一年了。

第 9 章

压力测试

斯蒂芬·谢尔步履蹒跚地走进他在汉普顿的周末别墅。汉普顿是长岛的一个富人区，离纽约市大约两小时车程，那里是许多华尔街高管的周末居所。当时是 3 月 13 日星期五晚上 7：30 过一点儿，高盛首席财务官正努力回想刚刚结束的一周。股市崩溃了，石油、黄金和公司债券的价格也是如此。没有人买任何东西。投资者陷入了防御状态，卖出他们拥有的大部分财产，都是为了换取冰冷、坚硬的美元。

负责监管高盛 1 万亿美元资产负债表的谢尔，在与华盛顿官员的通话中一直跳来跳去，这些官员希望他能保证这家美国第五大银行的稳健性。“形势不妙，”他对财政部首席副部长斯汀·穆奇尼奇说，“但我们会克服的。”

对于表现出的自信，他自己也只感觉到一半。华尔街的循环系统，即证券和现金在买卖双方之间顺畅循环流动的系统，因恐慌而陷入瘫痪。投资者想要他们的钱，为了拿到钱不惜抛售一切。还有数十亿资金被困在华尔街的边缘地带，因为交易结算——在正常情况下，是一项琐碎的后台工作——陷入了文书工作的地狱。结果，现金以令谢尔震惊的速度流出高盛。

最重要的是，他整个星期都在开会讨论如何让公司的3.6万名员工过渡到远程工作，这种可能性在星期一似乎不太可能，但几天后就不可避免了。高盛有很多灾难应对计划。2012年，在飓风桑迪肆虐期间，当曼哈顿下城其他地方一片漆黑时，高盛地下室里的数百个沙袋使高盛的电力得以维持。《纽约时报》刊登的一张照片记录了当时的场景，也让高盛的领导层更加认识到未雨绸缪的重要性。在曼哈顿，恐怖主义始终是一种威胁。（2017年，一辆面包车在距离高盛市中心总部几个街区外的拥挤人行道上冲过，造成8人死亡，随后高盛更新了相关程序。）但银行的所有计划都没有料到会发生全面的病毒大流行。这就是新冠病毒现在的情况：世界卫生组织在两天前正式宣布了这一消息。全球的高管们，尤其是纽约的高管们，必须想办法在保证业务正常运转的同时，安全地清空办公室，因为纽约已迅速成为美国的疫情中心，截至3月9日，确诊病例已达142例。

几周前，高盛在亚洲各地的少量员工已被拆散，并被派往备用地点，以疏散拥挤的交易大厅。但在高盛总部，在这座10年前耗资20亿美元在哈得孙河畔建造的玻璃和钢铁结构的摩天大楼中，员工众多，人口密度很大。每天，约有1万名员工从纽约、新泽西和康涅狄格州的各个社区涌入公司的全球神经中枢，他们从地铁和城市汽车上下来，进入狭小的电梯，然后进入11层的大厅，在公司内部的星巴克喝咖啡，挤在两层楼高的中庭两边的皮垫长椅上，欣赏自由女神像的壮丽景色。从那里，他们进入办公室套间，进入拥挤不堪的交易大厅，这里现在已成为危害健康的公共场所。

谢尔与高盛公司总裁约翰·沃尔德伦及其首席行政官劳伦斯·斯坦的任务就是想办法处理这些人。第一名受感染员工是高盛内部健身房的一名合同工，在那个星期他的病毒检测呈阳性，这个问题变得更加紧迫了。他们仨决定从3月16日（下个星期一）开始分头行动。高盛纽约市的一半员工将像往常一样到总部报到。另一半员工将在河对岸新泽西州的备用地点或家中工作。员工将被分配到“蓝队”或“白队”，这既是对高盛公司标志颜色的致敬，也是为了在日趋紧张的员工队伍中播下一些团队精神的种子。

这个计划理论上很简单，但实施起来复杂得令人抓狂，世界上最强大的金融机构之一的三位高管变成了匆忙安排巡回演唱会的路演人员，他们为场地和设备争得不可开交。这让55岁的谢尔疲惫不堪。他希望在汉普顿与家人团聚时能得到短暂的喘息，结果刚进门手机就响了。电话是他的邻居——高盛的财务主管贝丝·哈马克打来的，几分钟前他刚刚送她回家。两人的周末住所相距不到1英里，都在萨加波纳克，两人是一起从城里拼车回来的。

哈马克也一直希望能平静地结束这令人头疼的一周。作为财务主管，她的工作既枯燥又重要：确保银行在任何时候都有足够的现金存放在正确的地方，使用合适的货币，以履行其财务义务。像高盛这样的银行，每天都有数十亿美元的资金在流动，用于购买和出售证券、过账和接收抵押品以支撑未平仓的交易头寸、为数十个国家的贷款提供资金，并满足客户提取存款的需要。

管理账簿的重任落在了48岁的哈马克身上。哈马克是华尔街传奇人物霍华德·摩根的女儿，摩根曾帮助创立了算法交易前沿对冲基金文艺复兴公司，她在高盛工作了大半辈子，其中大部分时间都在做国债交易员。她思维敏捷、一针见血，有一次上司问她，为什么高盛比摩根大通等大型商业银行更难通过监管机构的审核，她用一首诗回答了这个问题（其中一句是“在危机中，摩根大通有资金流入”）。2018年，她被任命为该行的财务主管，这是一份重要但并不讨好的工作——在顺境时无法被看见，在逆境时被置于耀眼的聚光灯下，这恰好描述了刚刚结束的那一周。

她刚安顿下来，倒了一杯杜松子酒和芬味树汤力水，又加了一勺圣日耳曼接骨木花利口酒，手机就亮了。汉普顿的手机服务出了名地不稳定，因为多年来富裕的居民一直反对建造可能会破坏他们海景的新通信塔，哈马克在和老板坐车回家的路上一直处于通信中断状态。她刚连接上家里的无线网络，纽约和伦敦的副手们就纷纷发来电子邮件和语音邮件，但没有一个是好消息。她拨通了谢尔的电话。

“你喝酒了吗？”她问，看了看自己的酒杯，还没碰，水珠都滴到桌子上了。他没有。“很好，因为我们有麻烦了。”她说。

上个星期五晚上统计的高盛财务账目显示，本周有数十亿美元的现金流出，几乎没有现金流入。正如哈马克对她的老板所说，市场动荡导致“大量流动资金莫名其妙地离开了公司”。

流动性是现代企业的命脉。它指的是现金和政府债券等有价证券在紧要关头可以被轻易出售，为日常运营提供资金，并偿还欠款。流动性对任何公司来说都很重要，对银行更是至关重要，因为监管机构要求银行保持足够的现金储备，以确保其能够履行交易义务，为贷款承诺提供资金，并兑现客户的提款。即使是账面上看起来很富有的银行，如果流动性枯竭，也可能面临致命的危险。它们可能被迫出售资产以筹集现金，这将吓得客户撤回更多资金。结果就是老式的银行挤兑，现金和信心同步蒸发。这就相当于拥有一座金矿却没有铁锹。

高盛拥有大量的黄金，账面资产超过 1 万亿美元。而且，至少在正常情况下，它有足够的资金——其年终账簿上有超过 2 300 亿美元的现金和其他资产，如政府债券，这些资产通常被认为与现金一样好。但前一周的情况不太正常。交易客户从混乱的市场上撤出，带走了他们的现金。大公司担心病毒扩散，纷纷使用信用额度，迫使高盛为数十亿美元的贷款提供资金。高盛的 2 300 亿美元流动资金池在几周前看起来还很充裕，但现在正在迅速枯竭。

更重要的是，这些资金中的大部分实际上并不是现金，而是持有的政府债务。截至 2019 年底，高盛持有美国财政部以及房利美和房地美（为美国住房抵押贷款提供担保的准政府机构）发行的价值超过 1 000 亿美元的债券。[1] 在正常情况下，这些债券交易顺畅，其价格可以通过华尔街其他经纪商的出价随时确定，这意味着高盛可以很容易地出售这些债券，并清楚地知道它们的价格。这就是投资的流动性，它和现金一样好。

但在这一周里，债券市场陷入停滞。卖方的要价与买方愿意支付的价格之间出现了巨大的差距，在某些情况下，差距大到交易完全枯竭。即使是通常世界上最容易交易的金融资产——美国国债，也无法一次交易超过几百万美元。由于这些债券没有活跃的买方市场，高盛很难确定它们的美元价值，这让哈马克的员工束手无策。

一项模糊的政府规定使情况变得更加复杂。像高盛这样的经纪商必须圈存现金，这意味着他们每周至少要清点一次仍未平仓的交易价值——他们欠客户的和客户欠他们的，并将差额存入不能动用的受保护账户。随着市场的动荡不安，有些头寸几乎无法被估值。了解谁欠谁的钱，以及高盛需要在这些“锁定箱”账户中留出多少现金，正在成为一项艰巨的任务。

当晚，哈马克在电话中警告谢尔，如果这种动荡持续更长时间，高盛就有可能跌破美联储规定的最低流动性水平，这可能迫使高盛以低价迅速出售证券来筹集现金。她没有说的是，一旦消息被传出，接下来什么事情会发生。担心高盛偿债能力的普通借款人会将他们的信用额度最大化，交易客户会要求额外的抵押品，存款人会提取现金。所有这一切都可能导致新一轮抛售，从而导致更多的提款。

在此之前，流动性死亡螺旋就曾扼杀过投资银行。2008年秋天，雷曼兄弟拥有价值数千亿美元的资产，但由于现金耗尽还是申请了破产。虽然高盛还没有到那种地步，但谢尔和哈马克都是久经沙场的人，知道结局会怎样。

“好吧。”哈马克说完后，谢尔说，“我想我们明天一早就应该回办公室，把这件事搞清楚。”他说他早上6点去接她。哈马克一直在和伦敦的副手拉伊德·奥金尼保持联系，奥金尼在当地时间午夜过后还在计算数字，哈马克让她去睡觉。哈马克说：“我们需要你明天继续工作。”

哈马克拿起她的杜松子酒和芬味树汤力水，又想了想，还是算了。她也需要新鲜感。

到星期六上午8：30，20多位高盛高管已经集聚在曼哈顿下城高盛总部41楼一间简陋的会议室里，自由女神像和纽约港的美景尽收眼底。除了在黎明前乘坐谢尔的黑色奔驰SUV（运动型多用途汽车）回来的谢尔和哈马克，小组成员还包括高盛财务总监希拉·弗雷德曼、风险主管布赖恩·李、首席行政官劳伦斯·斯坦、高盛交易部门的运营主管菲尔·阿姆斯特朗和他负责运营的副手埃里卡·莱斯利。组建这个临时小组是为了弄清楚高盛的现金去了哪里，他们还需要多少现金，以及如何才能获得这些现金。

因新冠病毒感染疫情的蔓延而动荡的金融体系与2008年崩溃的金融体系（当时的金融体系也伴随着全球经济的崩溃）不同。

金融危机后出台的新法规重塑了华尔街，约束了其自由的赌场文化，巩固了银行的资产负债表。2010年出台的《多德－弗兰克法案》是应对金融危机的首要立法措施，几乎没有人对其感到满意（该法案是幕后政治妥协的结果，在美国参议院以60票勉强获得通过），但他们正视了抵押贷款危机的一些根本原因。大银行的交易员不能再用银行的钱下大赌注了，从技术上讲，银行的钱是股票持有人的钱，但正如 2008 年危机所显示的那样，实际上那是纳税人的钱。相反，他们被重新塑造成单纯的收费员，为想买股票、债券或石油的客户与想卖股票、债券或石油的客户牵线搭桥，收取少量费用。银行也不能通过大量借贷来增加收益。更少的债务意味着银行更安全，在压力下崩溃的可能性也更小。

现在，银行每年都要进行“压力测试”，模拟在华盛顿监管机构设想的末日情景下，银行的业务和持有的大量证券的表现。最近的版本，即 2019 年，设想一场始于欧洲并蔓延到美国的经济衰退，届时失业率将达到 10%，股市将下跌一半，房价和利率都将下降。这对金融高管来说是相当可怕的事情，几乎所有大银行都通过了测试。

但那只是一个实验室实验，是华盛顿的官员想象出来的，他们虽然用心良苦，却无法想象 2020 年 3 月中旬正在上演的活生生的恐慌。2008 年金融经济危机波及实体经济（人们在实体经济中买房、创业和旅行），而现在的情况与 2008 年不同，人们的担忧恰恰相反：始于实体经济的危机将演变成一场金融危机。这次危机不管会变成什么，都不是华尔街的错。但它现在是华尔街的问题。

当务之急是爆炸式增长的交易量堵塞了通道。交易结算，即向买方交付证券、向卖方支付现金的神秘过程，并没有发生。高盛账面上失败交易（股票、债券或其他资产的未决交易）的价值在 3 月的第二个周末是应有价值的 4 倍。原因有很多，但都不容易解释清楚。华尔街的交易员现在也远离了这里，他们记录交易的速度较慢。托管银行的后台中间人持有一半客户的证券，他们在发送路由指令方面同样落后。

客户对抵押品的要求也变得更加谨慎。公开交易要求交易双方根据交易期间的价格变化，定期向对方汇入现金或其他优质资产。有些交易很容易被算出来：对苹果公司 3 个月后股价走势的赌注就可以得到准确评估。但更复杂的交易则有多种解释。而在混乱的市场中，资产价格每天都在剧烈波动，使得这些计算变得更加困难。到了 3 月的第二周，争议交易的价值（即高盛与交易伙伴之间谁欠谁多少钱的分歧账簿）是正常水平的 3 倍。与此同时，交易所和清算所要求银行提供抵押品的态度也越来越强硬。正常情况下熙熙攘攘的双行道变成了死胡同。银行被困在其没有计划的证券中，没有为这些证券提供资金所需的现金，结果是流动性枯竭。

华尔街居家办公的事实加剧了市场的波动。大批交易员现在的任务是驾驭他们职业生涯中最动荡的市场，他们不再被允许进入交易大厅，因为那里拥挤的空间违反了公共卫生官员现在发布的社交距离准则。高盛在纽约的 4 个交易大厅通常有 3 000 名交易员，而现在只有不到 100 人。就连格林尼治和新泽西的备用场地也被认为是不安全的。

华尔街的交易依赖于高度数字化、精心设计的房地产市场。交易员使用多个屏幕监控市场并下订单。庞大的台式机电话银行为老板、其他经纪人和顶级客户提供瞬间的双向通信。家用笔记本电脑无法满足需要。（从监管角度看，家用设备也存在问题。银行交易员受到严密监控，记录软件会监控他们的电话交谈，某些邮件应用程序以及推特等浪费时间的应用程序会被屏蔽。）取而代之的是，曼哈顿的银行高管们用优步，甚至自己的车运送硬件，以保证公司的核心交易业务正常运转。

同一个周末，在600英里之外，一场秘密会议正在进行。3月15日星期日中午，底特律三大汽车制造商通用、福特和菲亚特·克莱斯勒的首席执行官们加入了由罗里·甘布尔组织的电话会议。甘布尔是美国最强大的工会之一美国汽车工人联合会的负责人。美国汽车工人联合会代表了福特、通用、菲亚特·克莱斯勒以及其他为汽车和航空航天制造商生产零部件的公司的近40万美国工人。

从3月13日开始，这三家汽车公司已将公司员工遣散回家，但工会的15万名工厂工人还在工厂工作。工厂环境带来的健康风险显而易见。制造汽车是一项实践性很强的工作，工人要近距离传递零件，聚集在休息室，换班操作重型机器。3月12日，印第安纳州科科莫地区的一名受薪员工成为美国汽车工人联合会第一名病毒检测呈阳性的员工，而工厂的工人也开始自带洗手液到底特律地区的工厂。甘布尔指派他的健康与安全团队研究控制病毒的最佳方法。他还责成工会的律师深入研究与三家公司签订的合同，以了解在发生健康突发事件时三家公司应承担的义务。

那一周的早些时候，甘布尔曾主动联系三位首席执行官，试图在病毒开始肆虐美国的时候让他们在电话里讨论关闭美国工厂的问题。他的目标是让三巨头同意并记录在案，迅速有序地关闭他们的装配厂，然后利用这一势头对零部件供应商和其他下游企业采取同样的行动，这些企业的工人都是工会的成员。

电话里的气氛很紧张。几个月前，通用汽车刚刚经历了一场美国汽车工人联合会工人的罢工，罢工导致停工 40 天[2]，根据通用汽车自己的计算，这次罢工给公司造成的生产力损失高达 40 亿美元。此外，通用汽车曾对菲亚特提起诉讼，指控菲亚特贿赂工会官员，以在劳动力成本方面获得优势。（那次贿赂丑闻将当时的工会负责人赶下台，甘布尔于 2019 年 11 月上任。）就连让三位首席执行官都参加会议也是一个挑战；这些公司的律师担心，聚在一起讨论劳工政策可能会违反反垄断法。讽刺意味显而易见，旨在保护工人的法律——防止公司合谋降低工资或增加工时——现在却可能将工人置于危险的境地。甘布尔曾单独与比尔·福特（甘布尔早年曾在福特工厂工会 Local 600 中担任组织者）、通用汽车首席执行官玛丽·巴拉和菲亚特·克莱斯勒公司首席执行官麦明凯进行过交谈，并向他们保证，自己的工作重点只放在健康和安全协议上，并将避免任何有关生产计划的敏感讨论，因为这些讨论可能会触犯联邦反合谋法。尽管如此，密歇根州州长格雷琴·惠特默和国会女议员黛比·丁格尔还是给这些高管打了电话，敦促他们做正确的事。

在电话会议上，甘布尔要求首席执行官们立即停产两周。麦明凯以半成品汽车在装配线上闲置的问题予以回击。它们会生锈，这将损失数百万美元的材料。麦明凯建议，也许他们可以减少每天来完成已经在生产的汽车的工人数量，而不再生产新的汽车。但福特首席执行官韩恺特很快就指出这一想法的弊端。他说："病毒并不关心汽车处于生产过程中的哪个位置。"考虑到他们的律师指示他们不要在电话中承诺改变生产计划，首席执行官们犹豫不决。他们被要求在 48 小时内制订一个计划。

摩根士丹利有两名员工确诊感染了新冠病毒，其中一名在纽约韦斯特切斯特郊区园区，另一名在伦敦（一名银行家前一周在意大利北部的阿尔卑斯山滑雪）。3 月 18 日上午，首席执行官詹姆斯·戈尔曼给两人都打了电话，询问他们感觉如何。

3 天前，他参加了澳大利亚驻纽约领事馆的一场活动，在那里，他因"对金融和银行业的杰出贡献"而获得了该国最高平民荣誉。他曾想过是否应该谨慎行事。纽约各地的活动开始被取消，州长安德鲁·科莫已禁止超过 500 人的室内集会。这次活动的规模要小得多，但即便如此，他也给出席的 18 位客人发了一张便条，其中包括他上大学的儿子和从澳大利亚飞来的表弟，他告诉他们，如果他们退出，他会理解的。不管怎样，所有人都来了，看着澳大利亚总领事将一枚奖章挂在戈尔曼的脖子上，这个当地男孩做得很好。

现在，他又回到了摩根士丹利时代广场总部 40 楼的办公室里，他浑身止不住地打哆嗦。那天早上，他已经请维修人员到他的办公室修理过一次空调，在他看来，空调似乎开得很足，但没什么效果。他把头探出办公室，让助手把维修人员叫回来。他把一张纸递给助手，开玩笑说："我希望我没有感染新冠病毒。”

在病毒传播的早期，这样的玩笑至少还有点儿好笑。紧接着，约有 7 300 名美国人被确诊感染了这种病毒，现在美国 50 个州都有感染者，115 人死于这种病毒。人们不再握手，取而代之的是炫耀性地撞肘或碰拳，洗手液成了最热门的商品。但没有人戴口罩——事实上，政府官员建议不要戴口罩，即使是现在，日常生活将陷入停顿的想法也是不可想象的。

但是，到了下午早些时候，戈尔曼感觉越来越糟，维修工人的第二次修理也没起作用。就像成千上万的新冠病毒早期患者一样，他的脑海中迅速闪过一个念头，他们理智地知道这种疾病就在身边，但不相信自己会成为全球大流行病的一部分。他走出办公室，用手肘按了一下电梯按钮，然后穿过宽敞的大厅，走向出口。他不想让他的司机有危险，于是步行了 40 分钟回到市中心的家，爬上床睡觉。两天后，当他的检测结果呈阳性时，他已是该公司第 13 个确诊病例。他一个人躲在公寓里，喝电解质水补充水分（他和妻子彭妮两年前离婚了）。早上醒来，床单已被汗水浸透，门外放着一盒鸡汤，是他的长期助理留下的。他强迫自己吃下去。他尝不到任何味道，也闻不到任何气味。这让他感到害怕。

尽管如此，戈尔曼仍试图表现出乐观的一面。他对纽约联邦储备银行行长约翰·威廉斯说：“我病了，但我‘没病’。”作为摩根士丹利的首席监管者，戈尔曼认为威廉斯应该知道。然后，他告诉了董事会。问题是是否向公众披露他的病情。对董事会来说，这是个不寻常的问题，既要履行告知股东重要信息的职责，又要保护医疗隐私。他们一致认为，只要他不住院，他们就没有必要披露。他说，还有一件事，他们应该开始考虑，如果他死了，谁来接管公司。

第八天，他告诉了自己的孩子。在电话里，他 24 岁的女儿命令他挂断电话，并说她会在 FaceTime（苹果视频通话软件）上再打过来。她说："我只是想确认你没事。"戈尔曼，一个一向冷静、一直前进的澳大利亚人，哽咽了。

第 10 章

停飞

道格·帕克驾车穿过田纳西州西部的灌木丛地带时，他的手机响了。时间是 3 月 14 日，星期六，这位美国航空的首席执行官正在从纳什维尔回家的路上，他租来的汽车后备箱里堆满了大学宿舍的物品。他和妻子已经把女儿从范德比尔特大学接了出来，范德比尔特大学和全美其他大学一样，已经取消了课程，并让可以回家的学生回家。现在帕克被告知，他需要前往华盛顿游说白宫提供救助。就在一周前的一次秘密会议上，他还告诉姆努钦，该行业不需要任何资金。现在情况发生了巨大变化。

航空公司削减了多达 70% 的航班数量。飞机上几乎空无一人。此前一周，美国政府宣布了一项往返欧洲大陆的旅行禁令，仅仅 3 天后，又将禁令扩大到英国和爱尔兰，分析人士预计，这将从市场上减少相当于 100 万个飞机座位。距离帕克和其他航空公司首席执行官来到白宫亲吻戒指仅仅 10 天，他们离开时如愿以偿：特朗普向美国人保证飞行是安全的。现在他改变了主意，在当天早些时候他对记者说："如果你们不需要旅行，我也不会去。"

对航空业来说，这无疑是雪上加霜。订票量急剧下降，尤其是暑假旺季，因为航空公司的大部分收入都来自这个季节。达美航空获得了一笔不太理想的贷款，并宣布计划永久退役部分飞机，将其他飞机暂时停放在沙漠仓库中。美国联合航空的高管们同意至少在 6 月底之前放弃底薪，他们从银行集团获得了 20 亿美元，并将计划中的资本支出削减了 25 亿美元。几天后，华尔街著名分析师海兰·贝克尔写道："冒着危言耸听的风险，航空业正处于崩溃的边缘。"[1]

在几周后通过网络直播召开的行业会议上，达美航空首席执行官埃德·巴斯蒂安说，任何试图从 2008 年经济角度预测新冠病毒对旅游业影响的人都是判断失误。这更像是 2001 年 9 月 11 日的恐怖袭击事件。当时，人们担心他们的同座乘客身上绑着炸弹。现在，人们担心的是他们的同座携带了致命病毒。他说："这是一次令人恐惧的事件。"

然而，在 2020 年美国大型航空公司的首席执行官中，只有道格·帕克而不是巴斯蒂安，才是唯一一位在 2001 年担任首席执行官的人。当时帕克 39 岁，这是他负责管理美国西部航空公司的第十天，这是一家亏损的地区性航空公司，服务记录糟糕，工会纷争不断。他的公司在恐怖袭击中没有损失任何飞机，但随后出现的飞行量下降几乎让公司倒闭。

帕克说服政府为他的航空公司提供了 3.8 亿美元的贷款担保，以换取以每股 3 美元的价格购买该公司最多 1/3 股份的认股权证，并承诺削减成本，从而避免了破产申请。在随后的几年里，帕克关闭了不盈利的枢纽机场，开始对机上食品收费，在座椅靠背的小桌板上贴广告，将美国西部航空公司变成了美国效率最高的廉价航空公司之一。2005 年，也就是与一位前空姐结婚的同一年，帕克以 15 亿美元将美国西部航空与全美航空合并，这是自恐怖袭击以来的首次行业合并。美国西部航空公司的名字消失了，其红、白、绿相间的飞机被重新漆成了全美航空的红、蓝两色，但帕克接管了合并后的公司。

帕克顽皮而冲动，是航空业中最可爱的小淘气，一头棕色短发，笑声高亢粗犷。他曾在潘普洛纳与公牛赛跑，在蜜月时蹦极。2005 年，他在接受采访时说："我非常喜欢给人们带来惊喜。"他从一家位于菲尼克斯的地区性航空公司起步，进入了航空业的大企业。但作为首席执行官，他一直在努力走向成熟。2007 年，他因酒后驾车被判 24 小时监禁，这是他第三次违规。他在亚利桑那州斯科茨代尔被拦下，就在几个小时前，达美航空公开拒绝了一项价值 98 亿美元的恶意收购要约。他道了歉，并很快得到原谅。他调皮捣蛋，但很有魄力，赢得了华盛顿和华尔街的青睐。

6 年后，全美航空与规模大得多的美国航空合并。这笔交易创造了世界上最大的航空公司。即使对帕克来说，这也是一场赌博，他是拉斯维加斯二十一点赌桌上的常客，一开始会在每手 25 美元的赌桌上玩，如果运气好，就会升级到 50 美元。"作为世界上最大的航空公司，我们应该是最赚钱的，"帕克在合并完成那天说，"我们打算这样做。"为了显示他的雄心壮志，他把自己的薪酬全部换成股票，成为当时全美仅有的 5 位不领取任何现金报酬的首席执行官之一，并迫使公司开出 1 万美元的个人支票用于支付他的医疗保险费，而他自己却没有工资来扣除这部分费用。

结果并非如此。两家航空公司拥有不同的预订系统、相互竞争的航线和不同的工会组织。帕克和一群从美国西部航空公司追随他而来的好斗的高管花了数年时间救火。公司的 20 多架波音 737 MAX 飞机在发生两起致命坠机事故后于 2019 年 3 月停飞。同年，该公司与工会机械师发生争执，指责他们在合同纠纷中拖延维修，导致数千次航班被取消。美国航空在 2018 年和 2019 年未能实现利润预期[2]，并以债务来掩盖漏洞，到 2020 年初，债务总额约为 330 亿美元。它是美国大型航空公司中规模最大、负债最重的一家。

尽管如此，帕克仍是唯一一位从未经历过破产的美国大型航空公司的首席执行官，他也不打算现在就开始经历破产。他把车停在沃思堡家中的车库里，迅速收拾行李，订了一张飞往华盛顿的机票。他已经开够了车，而且他是美国最大的航空公司的首席执行官。

彼得·德法齐奥正坐在雷本大厦的办公室里，他的秘书摁了门铃。尼克·卡利奥又来电话了。德法齐奥是来自俄勒冈州西部的一名资深国会议员，俄勒冈州西临太平洋，东靠喀斯喀特山脉，北部是葡萄园，西南部是伐木场。这位 72 岁的民主党人也是美国众议院运输委员会主席，这使他成为航空业头号游说者卡利奥需要交谈的对象。

德法齐奥领导的委员会正在牵头就500亿美元的拟议援助计划进行谈判。自美国公众意识到新冠病毒带来的健康风险以来，该行业的收入在两周左右的时间里急剧下降。这是有史以来放在美国企业面前最大的紧急救援计划之一。虽然这个广泛的想法得到了两党的支持，但对于它将会是什么样子、如何支付，以及这笔钱会附加什么条件，各方几乎没有达成一致意见。卡利奥一直在打电话询问最新进展，而国会议员的耐心已经被耗尽。他能做的只有这么多，直到他们得到了业界的保证，即他们可以从高度工会化的工人那里获得必要的批准和让步。

德法齐奥态度粗暴，他说："我不会跟你谈，除非你跟劳工谈过。"

"你想让我给里奇·特拉姆卡打电话？"卡利奥吼道。他指的是美国劳工联合会－产业工会联合会的一位身材魁梧、留着大胡子的负责人。该组织是美国最大的工会联合会，包括覆盖数万名航空工人的工会。"不，"德法齐奥说，"你需要给萨拉打电话。"

萨拉·纳尔逊在俄勒冈州的一个小镇长大，是基督教科学家的女儿。身材匀称、仪态端庄的她本想成为一名高中英语老师，但大学毕业后，由于学生贷款负担沉重，她不得不选择一条更实际的道路。1996年，她加入美国联合航空，成为驻波士顿的一名空姐。2001年9月11日，美国联合航空175号航班从洛根机场起飞，一小时后撞向世贸中心南塔，她失去了航班上的几位朋友。那场悲剧以及一年后美国联合航空申请破产，促使她想在美国空乘服务人员协会中发挥更大的作用，她先是担任该协会的发言人，从 2014 年开始担任该协会的主席。在 5 年的工作中，她不仅成为 85% 加入工会的空乘服务人员的积极倡导者[3]，还成为有组织劳工的“攻击犬”，因为有组织劳工在全美范围内的会员人数和谈判能力都在下降。在 2019 年的一次演讲中，她谴责联邦政府停摆导致美国联邦运输安全管理局工人拿不到工资也不去上班，她呼吁举行大罢工，以重申有组织劳工的力量——这是自二战结束以来从未有过的跨行业罢工。

2020 年 3 月初，她草拟了一份关于 250 亿美元的联邦援助，让空乘人员、飞行员、机械师、登机口工作人员、行李搬运工、调度员等航空公司员工继续领工资。该提案是为了避免大规模裁员，如果航空旅行保持目前的水平，几乎肯定会发生大规模裁员。但这也是赤裸裸的权力攫取。该提案呼吁航空工会（包括她所领导的工会）在航空公司董事会中获得席位，以帮助制定战略，并要求管理层遵守规定。它希望任何接受联邦援助的航空公司都必须对工会组织努力保持中立——这显然是针对达美航空的，纳尔逊的工会在过去几次努力未果后，一直在关注达美航空的工会运动。

该提案还呼吁，如果任何接受政府资助的航空公司日后申请破产，工会应受到明确保护。纳尔逊经历了美国联合航空 2002 年的破产，目睹了工人失去工作、接受大幅削减工资和福利，以及失去制定时间表的灵活性。进入 2020 年，航空公司长期破产的日子似乎已经过去。现在，纳尔逊觉得疫情已经足够吓人，她敦促采取具体的保护措施，以防疫情再次发生。

3月13日星期五，她在从奥兰多参加工会大会返回的航班上经过里根国家机场时，打出了一封电子邮件，将提案发给了德法齐奥。德法齐奥在周日以好消息回应。众议院议长南希·佩洛西同意采纳该提案，作为民主党就届时将成为史上最大经济刺激方案的谈判立场的基础。

纳尔逊很高兴，不过当天下午她就已经感觉不舒服了。她在华盛顿下飞机时听力下降，接下来的几天都在服用英国的感冒药 Lemsip。

两天后，在纽约一个风和日丽的星期日下午，美国几家最大银行的高管们参加了一个电话会议。参会的有高盛、摩根士丹利、美国银行、富国银行、花旗集团、道富银行和纽约银行的首席执行官，还有摩根大通的联席总裁戈登·史密斯，摩根大通的首席执行官杰米·戴蒙仍在医院接受紧急心脏手术，正处于恢复期。距离他们的椭圆形办公室会议已经过去近一周时间，这次会议的主要目的似乎是向全美保证银行系统是安全的。但金融状况持续恶化，他们对白宫的信心开始减弱。

美联储负责监管的副主席兰迪·夸尔斯在那个星期给其中几家银行打了电话，转告他正受到来自欧洲监管机构的压力。欧洲央行（欧洲大陆版的美联储）行长克里斯蒂娜·拉加德告诉他，欧洲央行很可能在未来几天内指示其银行暂停回购和派息。拉加德敦促夸尔斯推动美国银行也这样做。她警告说，否则，欧洲银行将在与美国竞争对手的竞争中处于不利地位。由于没有股息，股东会抛售股票，这就要求银行支付更多的资金来维持日常运营。夸尔斯对此并不买账，他在那一周与华尔街的首席执行官们交谈时也是这么说的。

摩根士丹利首席执行官詹姆斯·戈尔曼友善地听取了他的意见。戈尔曼强烈认为，保留股息是有意义的。首先，这笔钱并不多。股息约占最大银行资本回报行为的 1/3，其余部分由股票回购构成。其次，这将向市场发出一个危险的信号。削减股息是华尔街的地震事件，会向投资者发出公司资本不足的信号。他对高管们说："这将在不存在资本问题的地方制造资本问题。"他们决定不削减股息，至少在华盛顿做出决定前不削减股息。

但他们会向夸尔斯抛出橄榄枝，同意暂停回购计划。股息和回购是公司将利润返还给股东的两种方式，但两者并不相同。股息是固定的，可能是每股 25 美分，是为了吸引投资者，向他们承诺稳定的收入。与此同时，股票回购是通过减少公司用于利润分配的股票数量来提高股价，这种回购经常进行机会主义调整。如果资金紧张，公司可能会减持。如果股价下跌，股票看起来很便宜，公司可能会跳进去买进。

它们在另一个关键方面有所不同。虽然削减股息会让市场感到恐慌，但股东几乎不会注意到股票回购何时被削减——股票回购是悄悄进行的，只在每个季度末被宣布。自 2008 年金融危机以来，监管机构一直向银行施压，要求它们将股息支付总额控制在回购计划规模的一半左右，原因就在于：如果世界变得可怕，现金短缺，银行可以减少回购，以保护资本，而不必削减股息，也不会引发对其健康状况的质疑。

这是一个有争议的决定。美国八大银行在 2019 年斥资 1 000 亿美元回购了自己的股票，这对其股价走出 2008 年的暴跌起到了关键作用。现在是疏远股东的好时机吗？

富国银行首席执行官沙夫遇到了一个特殊的问题。他在 5 个月前刚刚加入富国银行，帮助该行清理一桩丑闻，因为该行被发现为客户开立了数百万个虚假账户，有时还向客户收取费用。作为惩罚，美联储对该银行设定了资产上限，这意味着它不能吸收新的存款，不能发放新的贷款，也不能购买新的资产。沙夫担心，如果富国银行不能用利润回购股票，这些利润就会越积越多。银行无法在不触及美联储上限的情况下将这些利润用于更有利可图的用途，而惹怒监管机构对一位前两任首席执行官都因丑闻而出局的首席执行官来说并不是一个美好的前景。此外，他最不想做的事情就是给投资者任何不持有其股票的理由，因为自 2016 年假账户丑闻浮出水面以来，该银行的股票一直严重落后于竞争对手。他最终妥协了，美国银行首席执行官布莱恩·莫伊尼汉也表示了保留意见，最终全票通过。

第 11 章

骑兵队

杰罗姆·鲍威尔在美联储董事会会议室那张光洁的桃花心木和花岗岩会议桌旁就座，一盏半吨重的黄铜枝形吊灯悬挂在近 8 米高的天花板上。这间由富兰克林·罗斯福于 1937 年建造的会议室曾经是作战室，在二战期间曾是英国和美国军事领导人会谈的场所。现在，这里是另一场战斗的前线。

就在航空业争先恐后地寻求救命稻草的同时，另一项救市措施正在紧锣密鼓地进行着——这次是针对金融系统本身的。美联储和财政部官员匆忙制订了 6 项贷款计划，他们希望这些计划能够平息混乱的交易市场，并降低一场以健康危机开始的拖垮华尔街，进而拖垮经济的危机的风险。

美联储是美国的主要经济监管机构，肩负着最大限度地增加就业和控制物价的双重使命。美联储的任务是保持经济稳定、稳健地增长，而不是在繁荣与萧条之间徘徊。它拥有两个主要工具。

第一个工具是利率。政府设定的目标利率被称为“联邦基金利率”，它是其他各种经济活动的基准，从银行之间的隔夜拆借利率到购房者为获得30年期贷款的利率。当希望刺激疲软的经济时，美联储会降低联邦基金利率，以鼓励银行放贷。当希望防止失控的经济过热时，美联储就会提高利率。如果经济是一个熔炉，利率政策就是风箱，让或多或少的氧气进入，以煽旺即将熄灭的火苗，或压制过热的火焰。20世纪80年代初，为应对猖獗的通货膨胀，联邦基金利率一度高达20%，又在2009年降至接近零，以帮助经济复苏。

美联储调控经济的第二个工具是控制货币供应量，具体做法是买卖自己的债务。当从大银行和经纪商手中回购国债时，美联储实际上创造了新的货币，这些货币被支付给经纪商，并最终流入经济，增加货币供应量。反之，当它出售这些债券时，收到的现金就会退出流通。这些交易被称为“公开市场操作”，上一次大规模使用是在2008年金融危机之后的几年里。美联储回购了数十亿美元的自身债务，以及房利美和房地美等准政府机构的债务，目的是向疲弱的经济注入大量现金，希望这些现金能被贷出，投资于新企业，或用于购买商品和服务。

到3月中旬，最初的健康危机迅速演变成市场危机。美国国债被认为是世界上最安全的金融资产，也是债券市场的基础，但随着投资者为筹集现金而抛售手中的债券，国债交易变得混乱而疯狂。买家寥寥无几，价格剧烈波动。人们甚至真的担心每周一次的新国库券拍卖会失败——由20多家银行和经纪人组成的被称为一级交易商的团体可能会拒绝购买美国国债。这将是一个无法想象的结果，反映出投资者对华盛顿的信心正在下降，并可能威胁美元作为世界储备货币的地位。即使在 2008 年金融危机最严重的时候，市场也不是这个样子的。在公司债券市场、市政债券市场以及全球公司和政府赖以维持运转的各种深奥的金融工具的市场上，情况甚至更加混乱。

美联储已经介入一次。两周前，它降低了利率，并宣布将购买价值数十亿美元的国债。但这还不够，鲍威尔在星期日上午召开了一次紧急会议。全美各地的地区银行行长打来电话，其他由于会议的临时安排和对病毒传播的担忧而无法亲自参加会议的与会者也打来电话。银行业警察兰迪·夸尔斯被困在盐湖城的家中，他通常在星期日晚上前往华盛顿，星期五再返回。洛里·洛根，一位高级市场监管者，从堡垒般的纽约联邦储备银行总部打来电话。

她总结了当时的情况：市场处在动荡之中。美联储需要做得更多，而且要快。所有人的目光都投向了鲍威尔。

鲍威尔是世界上最强大的央行的意外行长。他曾是华尔街律师和投资银行家，他在私人股权投资公司凯雷任职之前曾在老布什的财政部工作，他的职业生涯与他的前任几乎没有什么相似之处。本·伯南克和珍妮特·耶伦，前者是步履缓慢、言语温和的学者，曾在 2008 年将经济从悬崖边拉了回来；后者是奥巴马总统为继续经济复苏而任命的博士，他们在之前的生活中都是学者。

伯南克和耶伦巩固了人们对美联储冷漠、学术、几乎像神一样远离华盛顿政治马戏团的看法，但让鲍威尔担任美联储主席的是赤裸裸的政治。2012 年，奥巴马政府将耶伦推上了美联储委员会主席的宝座，之前总统提名的两位人选都遭到共和党控制的参议院的阻挠。5年后，随着耶伦任期届满，华盛顿各方纷纷呼吁特朗普总统任命她连任。为了与美联储凌驾于政党政治之上的观念保持一致，包括奥巴马、克林顿和里根在内的历届总统都重新提名过美联储委员会主席，而这些主席最初都是由反对党的总统选出的。

姆努钦游说耶伦连任，但特朗普很纠结。他对民主党的留任者不信任。（他还认为身高一米六的耶伦太矮了，不适合这份工作。[1]）但他喜欢耶伦在美联储采取的策略，尤其是承诺不会过快加息。特朗普的房地产帝国主要是通过向华尔街贷款机构借贷建立起来的，他对廉价债务非常着迷，尽管偶尔也会赖账。作为总统，他经常夸耀股市的繁荣，这是低利率政策促使投资者从股票而非债券中寻求回报的结果。他不想任命耶伦，但他想任命一个能延续她的政策的人。

总统最终选择了鲍威尔，他当时已在美联储委员会低调地工作了6年。他曾支持耶伦领导的美联储的低利率政策。多年来，他一直被耶伦委派与国会中的共和党人接触，是许多共和党参议员所熟知的人物。他也符合总统的审美倾向：有一头浓密的银白色头发，身高接近一米八三，是一位脱离中央集权的央行行长。

2020年，4年任期过半，鲍威尔已经证明自己是一个比美联储典型官员更接地气的官僚。鲍威尔出生在华盛顿一个富裕的天主教家庭，是6个孩子中的老大，他身上散发出的不是热情，而是活力和务实。他一直努力争取国会两党的支持，在上任之初就在日程表上安排了大量国会山会议。他还在小范围内尝试象征性地揭开中央银行的神秘面纱。2019 年，他曾邀请商界、劳工界和非营利部门的领导人来到美联储的内部圣殿——其木板会议室，在这场被称为“美联储倾听”的活动中，他的主持略显笨拙。鲍威尔承认会议室的规格，包括吊灯，可能会给当天的活动“带来某种形式感，甚至是闷热感”，但他希望这次对话“完全不会”。

现在，他就坐在那盏吊灯下，面对着十多年来最严峻的生态形势。

在政府内部人士看来，新冠病毒大流行的初期与 2008 年的危机有一些相似之处。从 2 月中旬到 3 月第一周，标准普尔 500 指数下跌了 20%。信贷市场的情况也好不到哪里去。投资者甚至拒绝向蓝筹股公司贷款；连续 6 天没有“投资级”债券发行，这种债券之所以被称为“投资级”，是因为穆迪和标准普尔等信用评级机构给予了它们很高的评价。被称为“商业票据”的短期债务价格在一夜之间飙升，而企业依靠这些短期债务为其业务提供资金。

混乱甚至蔓延到世界上最具深度、流动性最强的市场——美国国债。这些债券是美国政府的直接金融债务，被视为全球最安全的投资，因为美国从未拖欠过债务。它们是世界上的“储蓄罐”，被认为可以随时兑换现金，对价格没有影响，而且有足够多的买家和卖家，交易无摩擦。2019 年，每天都有价值近 6 000 亿美元的国债交易。

这种情况在几天内就被打破了。习惯于一下子出售 1 亿美元或更多国债的经纪人发现，几百万美元这样的小笔国债几乎无人问津。投资基金巨头贝莱德集团的高级主管里克·里德 3 月 13 日对《华尔街日报》说："美国国债市场是基础，是市场其他部分的基石，而基础已经破裂。"[2]

这似乎不是单一原因造成的，而是一系列因素给市场带来的冲击。华尔街的交易员正处于向居家或远程备份站点工作的艰难过渡中，这意味着交易进行得更加缓慢。2008 年金融危机后出台的法规让银行变得更有韧性，但不够灵活，更不愿意跳入失灵的市场来平抑市场。对冲基金被多年来市场的平静蒙蔽，通过对某些波动性指标下注，豪赌这种平静会持续下去。当波动性飙升时，这些交易很快就变得无利可图，他们争先恐后地退出这些交易，或者出售其他资产以筹集现金来抵消损失，这只会火上浇油。

一周前，美联储采取了一些不同寻常的措施来安抚市场，包括向 24 家大银行提供近乎无限制的短期贷款，这些银行被称为一级交易商，是美联储在金融市场上的交易对手方。当银行迟迟不接受美联储的贷款时，美联储转而购买了 370 亿美元的国债。

这一切还不够，在星期日的紧急会议上，与会人员提出了一个问题：他们应该将利率降至零吗？经济学家天生就是一群爱争论的人，这群人就这个问题展开了激烈的辩论。美联储克利夫兰地区银行行长洛蕾塔·梅斯特尔主张降息幅度较小，可能在 0.25 至 0.5 个百分点之间。她认为，降息至零将耗尽美联储的所有火力，如果经济继续下滑，美联储将成为空枪。[中央银行可以将利率降至零以下。这样做的目的是让储蓄变得毫无吸引力（银行账户里的钱会越来越少），让人们转而消费，从而刺激经济增长。自 21 世纪第二个 10 年中期以来，负利率一直是欧洲大部分地区的现实，但美联储一直不愿采取这种做法。] 最终，梅斯特尔是唯一的反对者。

下午 5 点，美联储通过与记者的电话会议宣布了该机构十多年来最引人注目的举措，一项规模高达 7 000 亿美元的巨额债券购买计划，旨在疏通市场，稳定因投资者纷纷出逃而剧烈波动的价格。它还再次降低利率，这次实际上降到了零，使企业和个人更容易借到钱。

美联储正在同时拉动它用来调控经济的两个关键杠杆。鲍威尔希望，降低美联储对银行存放在中央银行的资金支付的利息，可以鼓励银行将钱贷出去，使那些因封控加剧而受到冲击的企业继续生存下去。通过重新涉足债券市场，美联储正在承担其作为国家最后贷款人的角色，并着手缓解已经崩溃的市场。

这是美国中央银行有史以来对金融市场进行的最引人注目的干预，也表明新冠病毒已迅速成为一种经济威胁。而且，这还不是最后一次：在随后的几周里，美联储和美国财政部推出了一个又一个紧急计划——购买短期公司债券、保持资金流向大银行、拯救货币市场基金和资金短缺的市政当局、直接向大公司贷款。其中一些计划直接照搬了 2008 年的剧本，比十多年前更果断，规模也更大。另一些则是新项目，扩大了央行的权力。鲍威尔后来承认，美联储在努力保持经济正常运行的过程中“越过了许多以前从未越过的红线”，这些努力最终取得了成功。

在高盛总部，首席财务官斯蒂芬·谢尔在他41楼的办公室收听了美联储的新闻发布会。这间行政套房即使在工作日也像坟墓一样，通常在星期日晚上会被遗弃，但自从星期六早上银行召集危机管理团队以来，这里就变得热闹非凡。助理们被叫来处理电话，还有人订了餐。高管们消化着央行的公告，在他们看来，这些公告既明智又迅速。早在2008年，央行就花了几个月的时间来制定类似的政策，以支撑濒临崩溃的信贷市场。这一次，央行在两周内就采取了行动。尽管如此，7 000亿美元对美国国债市场来说仍是杯水车薪，几乎不超过一天的交易量。而且，就算有，这些现金也需要数周的时间才能到达陷入困境的企业和家庭的手中。公司财务主管贝丝·哈马克说：“这很好，但还不够。”

鲍威尔对此心知肚明，并在美联储会议上对拨通电话的记者说了这番话。经济监管分为两个方面。美联储等央行的领域是货币政策，利用利率和货币供应量这两个杠杆来保持经济平稳。但征税和政府支出分配等财政政策工作却由立法机构负责。美联储正在尽其所能安抚金融市场，但对帮助家庭和企业挺过看起来越来越有可能出现的持续衰退几乎无能为力。应对衰退所需的刺激措施是国会的工作。鲍威尔对记者说：“我们没有这些工具。财政政策至关重要，我们很高兴看到这些措施得到考虑。我们希望它们是有效的。”

当福克斯娱乐集团的记者爱德华·劳伦斯问美联储是否会

考虑购买国债和抵押贷款债券以外的证券时，鲍威尔说美联储还没有讨论过这个问题——事实上，美联储这样做的法律授权是模糊的。“除了已经购买的证券，我们没有购买其他证券的法律授权，我们也不寻求这样做的授权。”

市场对美联储的保证并不买账。亚洲股市星期日晚间开盘走低。美国股票期货下跌了5%，使华盛顿和华尔街对美国央行果断行动令投资者放心的希望破灭。

高盛首席执行官大卫·所罗门结束了关于暂停回购的电话会议，突然来到与他的办公室相隔两扇门的谢尔的办公室，紧盯着美联储公告的主要内容。自1994年美国央行开始公开其利率行动以来，它从未如此迅速地降息，即使是在2008年金融危机最严重的时候。

所罗门对他的财务主管说：“你不能把它当成一次性交易。”夜幕降临，哈得孙河上的驳船灯光闪烁。“人们现在看到，美联储承认这将是一场严重的危机，经济将在一段时间内停滞不前。股票价格下跌也在情理之中。”

鲍威尔曾希望通过向混乱的市场释放美国政府的金融火力来平息市场，但他这样做却证实了投资者最担心的事情。一场经济危机即将来临。

第 12 章

也许够了

航空业的游说机构之所以选择位于华盛顿宾夕法尼亚大道上的办公室，并不是因为这里的高层可以看到里根国家机场的飞行路线，但这是一个不错的选择。平日里，该集团的首席执行官尼克·卡利奥可以听到他的劳动成果在美国首都的上空呼啸而过。当集团成员公司的首席执行官们聚集在七楼会议室召开季度会议时，他们就会听到南向窗外不断传来的飞机起降声。

3 月 18 日，天空出奇地安静。首席执行官们仍在那里匆忙开会，试图找到避免破产所需的数十亿美元，但车流已减至涓涓细流——这提醒人们他们正面临着多大的麻烦。美国航空的首席执行官道格·帕克在周末从纳什维尔驾车返回达拉斯后，于前一天飞抵华盛顿特区。捷蓝航空首席执行官罗宾·海斯从纽约驱车赶来，因为航班时刻表已被大幅削减，他根本无法搭乘航班。美国联合航空首席执行官穆诺兹曾在 3 月 4 日与特朗普的会晤中称自己是可能因新冠病毒而患上重病的人的

“典型代表”，但他听从了医生的建议，还是来了。

一周前，帕克紧张地告诉姆努钦，该行业需要 500 亿美元才能维持下去。首席执行官们来到华盛顿是为了弄清楚援助请求应该是什么样的，以及他们将如何设法引导援助请求克服政治分歧。平时，坐在美国航空总部三楼会议桌旁的高管们都是激烈的竞争对手。现在他们团结一致，向政府乞求帮助。3 月 18 日这一天，只有不到 60 万美国人登上飞机：这是持续数周的危机中人数最少的一天，低于 2 月底的 200 多万人。

美国航空、达美航空和美国联合航空的高级律师们之前敲定的文件要求提供 250 亿美元的拨款。现在，该行业的窟窿是这个数字的两倍。高管们知道，政府不可能将 500 亿美元无条件地交给他们。

首席执行官们向参议院多数党领袖米奇·麦康奈尔求助。在 3 月 17 日的电话会议上，他们提出了直接拨款的请求。美国西南航空首席执行官加里·凯利问麦康奈尔，当“病毒”最终被消灭时，华盛顿想要的是一个繁荣的航空业，还是一个瘫痪的航空业？贷款会让他们的资产负债表负债累累，一旦危机过去，他们就不可能继续雇用员工、投资新飞机和新技术。“我们希望照顾我们的员工。”凯利说，“我们希望尽可能地照顾我们的股东。”但如果得不到帮助，该行业将“濒临破产”。

麦康奈尔是一位精明的政治家，以深藏不露著称，但他的态度却异常坦诚。他刚刚乘坐一架几乎空无一人的飞机飞回肯塔基州，他告诉首席执行官们，他理解他们的困境。“我们正在做的计划远远超出了众议院的法案，”他认为众议院的法案对企业援助过于吝啬，“我们会坐在这里，直到我们做到为止。我们心里始终装着你们。”

帕克觉得这一切都不是真的。一周前，他与众议院议长南希·佩洛西和民权英雄、国会议员约翰·刘易斯一起来到亚拉巴马州的塞尔马市，参加了在那里举行的“血腥星期日”的周年纪念活动。刘易斯和其他抗议者在试图穿过埃德蒙·佩特斯大桥前往蒙哥马利的途中遭到亚拉巴马州警察的殴打。约翰·刘易斯患有晚期胰腺癌，为了避免与可能携带病毒的人坐在一起，他乘坐了一辆单独的公共汽车，但大家都感觉很正常。大家挤在一张十人桌上吃晚饭。现在，他在会议室里尽可能地拉开社交距离，周围都是激烈的竞争对手——大家都团结起来请求政府的援助。

“社交距离”这个矛盾的短语，在新冠病毒感染疫情初期就被纳入“疫情词汇表”，并被长期使用。公共卫生专家建议人们至少保持 6 英尺的距离，人们认为这样的距离足以让交际时自然飞起的飞沫无害地落在地上。在新冠病毒感染疫情最初的几个星期里，这句话及其尴尬的地理含义在全美各地都以实物形式出现。印有脚印的贴纸出现在杂货店的收银台和工业装配线上。仍然开放的办公楼将办公桌和水槽交替封堵。在纽约，警方重新调整了通常指示道路作业的电子交通标志的用途，对其进行了编程，以提醒在展望公园散步的人保持距离。

航空公司高管们决定，必须亲自去向政府乞求救助。毕竟，没有人会说他们赶不上飞往华盛顿的航班。

现在，帕克对着免提电话，把该行业的援助请求说得更详细了。“如果继续这样下去而得不到援助，”他告诉麦康奈尔，“航空业将不复存在。”

国会正在制定最终将提供 2 万亿美元援助的《关怀法案》，这是一项任何人都能想象到的令人生畏的立法壮举。大家一致认为政府需要采取重大行动，但在几乎所有其他方面都存在分歧。民主党人支持保护工人和援助陷入困境的市政府，因为随着企业的关闭，市政府面临着公共卫生成本上升和税收不断减少的困境，民主党人还希望对接受联邦援助的大公司实施更严格的限制。共和党人一如既往地警惕政府的过度干预，更多地保护大企业，不太愿意帮助沿海大城市的市长。就连在如何援助美国人的问题上也存在争议，民主党人大多支持联邦政府向州失业办公室提供援助，而共和党人倾向于直接向家庭发放失业救济金。

救济法案的标价将是 3 月中旬的约 1 万亿美元的两倍多[1]，这笔巨额资金的前景已经在美国企业界掀起了一股进入财政低谷的热潮。一些行业可以理直气壮地说，如果没有援助，他们就完蛋了。餐饮业游说团体寻求 3 250 亿美元。[2] 旅游业要求 2 500 亿美元。波音公司想要 600 亿美元。还有一些人看到了在水龙头似乎即将打开时获得特殊优惠的机会。阿迪达斯在国会山游说支持一项其长期以来一直希望的条款，即允许人们使用税前资金支付健身房会员费和健身器材，即使全美各地的健身房都关闭了。全美养猪户以肉类短缺为由，再次呼吁联邦政府加快外国工人的签证速度，尽管国际边境已经被关闭。无人机制造商希望美国联邦航空管理局取消限制，指出无人机可以提供无接触的货物和药品运送服务，该行业的一位发言人称这是“正确的机会主义”。

航空业的高管们仍然躲在K街，正在为自己的那份蛋糕进行游说。尼克·卡利奥已经与两党足够多的议员进行了交谈，他向工作组保证，某种援助，很可能是数百亿美元的援助是有保证的。但牵头起草该法案的国会民主党人坚决反对拨款，他们认为这是企业的赠品。姆努钦同样反对直接拨款，他建议提供低息贷款，以低于市场的利率向航空公司提供资金，同时保护美国纳税人免受损失。

现在，首席执行官们就这一想法展开了辩论。美国西南航空公司总裁加里·凯利对此持开放态度。他说：“如果有人在10年内给我们提供1%的资金，那就有点儿像赠款。”在此期间，预期的通货膨胀将抵消所收取的利息。但这仍然是债务，在座的首席执行官中很少有人能在公司本已岌岌可危的资产负债表上轻松承担这一债务。政府贷款将使他们更难从私人投资者那里借到新的资金，没有人愿意排在美国财政部之后要求偿还。此外，“9·11”恐怖袭击事件后的紧急贷款削弱了航空公司的资产负债表，并在随后的几年里使其中几家公司陷入破产。

他们最终提出一项500亿美元的提案，其中一半是用于支付工资的拨款，一半是可用于其他用途的贷款。他们建议政府设立一个雨天贷款基金，航空公司可以动用该基金，类似于美国最大的银行可以使用的所谓“贴现窗口”。

现在的问题是，他们能以什么作为回报？该小组尤其反对对高管薪酬设置上限。他们认为，2008 年金融危机是由银行肆无忌惮地赌博造成的，而这次危机并不是金融业造成的。首席执行官们对限制股票回购和派息持更开放的态度，反正他们也没钱。航空业还同意继续为其停运前服务过的机场提供服务。

帕克不想解雇任何人。他花了很多年的时间，终于可以坦诚地告诉员工，他们可以来这里期待一份稳定的职业，摆脱过去的破产和萧条。他已经习惯了参加美国航空空乘人员的毕业典礼，在那里他会告诉他们："如果你想在这份工作上干上 50 年，我们会一直支持你。"

他建议各公司同意不裁员，前提是政府的援助能够支付他们的工资。让员工接受最新的培训具有商业意义，这样当需求回升时，他们能更容易重返岗位。他也知道这是一个很好的政治选择。众议院民主党人正在牵头起草该法案，他知道有组织劳工会听取他们的意见。

帕克试图说服包括海斯在内的其他首席执行官，但海斯暗示他并不愿意。海斯说，捷蓝航空的财务状况较好，不一定需要这笔钱，而且附加的经济和政治条件越多，他就越不想要。穆诺兹和凯利告诉他，他们同意了。但他担心巴斯蒂安，因为他没有和其他首席执行官一起去华盛顿，而是派达美航空的政府事务主管希瑟·温盖特代替他。

达美航空与游说团体的关系很复杂，它已经退出了该团体好几年，因为它认为每年 500 万美元的会费可以让它在华盛顿获得更多利益，直到2019年底才重新加入。此外，达美航空和美国西南航空的财务状况也强于美国航空和美国联合航空等竞争对手。帕克担心巴斯蒂安可能不愿意接受政府的资金，因为这将使竞争对手比自己的公司受益更多。

帕克勉强停下来听温盖特说话。“巴斯蒂安能接受这种措辞吗？”他可不想和下属谈判，结果老板在最后一刻说不同意。她向他保证巴斯蒂安已经同意了。

与此同时，帕克正在努力扑灭离家更近的大火。一个多星期以来，美国航空一直在与华尔街的4家银行就10亿美元的贷款进行谈判，这是它急需的资金。公司的首席财务官德里克·克尔当天下午打电话给帕克，告诉他进展并不顺利。美国银行以评级机构出了问题为由放了鸽子，对于像克尔这样经验丰富的高管来说，这听起来就像银行家不想借钱时说的那种话。现在高盛却摇摆不定。那是5亿美元，就这么没了。克尔曾希望德意志银行能再提供2.5亿美元，但他们现在也犹豫不决。帕克躲进储藏室，拨通了高盛总裁兼首席运营官约翰·沃尔德伦的电话。帕克已经想好了他的谈话要点，并准备好了他的理由。但就在这时，沃尔德伦首先发难了，这表明世界是多么混乱。

“告诉我那里发生了什么事？”他问道，希望了解援助谈判的详细情况。帕克不确定他的回答是否会影响高盛的贷款决定（银行可能更愿意贷款给一家有政府支持的公司，或者不太愿意贷款给一家急需政府支持的公司），或者沃尔德伦只是在四处打探华尔街赖以繁荣的那种市场情报。在更广泛的救助计划中，航空公司谈判已成为一个公开的症结。高盛的资产负债表上有 1 万亿美元的投资，这些投资的价值随着法案通过的概率的增减而剧烈波动。

帕克相信，两党会支持某种方案，并把这一点告诉了沃尔德伦。然后，他巧妙地提出了贷款的问题。沃尔德伦向他保证，高盛已经回到了他的阵营。这位银行家说："我们支持你。"帕克打电话给美国银行首席执行官莫伊尼汉后，美国银行也被拉上了船。（反过来，莫伊尼汉给一位高级投资银行家打了电话，为他开了绿灯——一位首席执行官如此直接地参与一笔交易，这是一个不寻常的举动。）

当天下午，航空公司的首席执行官们拿着手机贴在耳边进进出出，游说那些对支持援助至关重要的国会议员。凯利因与参议员玛丽亚·坎特韦尔通话而失踪。巴斯蒂安在亚特兰大的办公室游说参议员约翰·图恩和谢利·穆尔·卡皮托，他们都是参议院商务委员会的共和党成员，该委员会负责监督交通运输事务。

与此同时，电视机被调到了美国消费者新闻与商业频道，该频道正在播放越来越多有关金融市场的可怕报道。新闻频道的航空记者菲尔·勒博上场了。他说，"我刚和加里·凯利谈过"，他分享了业界、劳工和国会之间谈判的最新情况。在场的高管们不约而同地转向美国西南航空的首席执行官，他羞涩地耸了耸肩。几分钟前，他为了接听记者的电话而躲了出去。

事情进展得很快。

当晚 7：30 左右，尼克·卡利奥走进会议室，气得直跳脚。他对大家说："你们肯定不会相信。"他刚刚收到国会民主党人正在研究的航空线路援助提案，上面到处都是纳尔逊的修改。

这一计划的大致内容与航空公司的计划相似——事实上如此相似，以至一些首席执行官在数周内都怀疑有人泄露了 A4A 计划，让该计划最终落入工会之手。但该计划还包括几项似乎与危机无关的提案，而这些提案都是劳工和政治左派的心头好，其中包括为工会代表指定董事会席位、禁止使用联邦资金打击组织活动，以及严格限制高管薪酬。当卡利奥分享这些细节时，全场鸦雀无声。

航空公司首席执行官对工会纷争并不陌生，但谈判通常由律师和政府事务人员负责。通常情况下，只有少数几个症结可能会提交到首席执行官的办公桌上。而现在，他们要面对数十项要求，其中一些要求让他们觉得是无耻的夺权行为，他们绝对不会同意。

人们的情绪迅速从失败主义转为战斗。首席执行官们将争取国会中的共和党人的支持，与国会山的盟友合作，争取他们所能争取到的。古老的战线正在形成，工业界和劳工都退守各自的角落。卡利奥是一位葡萄酒鉴赏家，他从自己的房间里拿出几瓶红酒。当晚，疲惫不堪的高管和员工们品尝了卡利奥餐厅 2016 年的波尔多红酒。

萨拉·纳尔逊在华盛顿特区的家中躺在床上工作，笔记本电脑放在膝盖上，这时她的手机响了，电话是帕克打来的。帕克放下酒杯，走出了尼克·卡利奥的办公室。

“你们到底在想什么？”帕克气愤地说，“我们在这里试图拯救这个行业，而我们得到的这个说法却让在场3/4的人说‘见鬼去吧’。”他告诉她，工会的建议，包括一些似乎与解决当前危机关系不大的要求，对首席执行官们来说是不可能成功的建议。

纳尔逊以一名经验丰富的劳工倡导者应有的气势回应，她反问道：“难道他们没听说过谈判吗？”

帕克叹了口气。“萨拉，现在不是谈判的时候。”他说。他知道，航空公司首席执行官的联盟一开始就很脆弱，但现在正在迅速瓦解。“这儿已经开始分崩离析了，你能过来一下吗？”

纳尔逊把头发梳成马尾，穿上印有“为我们的生命游行”控枪运动标志的运动衫，在牛仔裤外面套上一双及膝长靴。当坐到汽车方向盘后面时，她哽咽了。她没有咨询任何人，没有律师，没有工会工作人员。工会谈判通常都是按部就班进行的，官方备忘录会在一众律师之间来回发送。她是在单飞。

她给彼得·德法齐奥打了电话。两人非常熟悉：德法齐奥1987年进入国会，代表纳尔逊家乡俄勒冈州的选区。20世纪90年代，纳尔逊申请担任从俄勒冈州飞往华盛顿特区的美国联合航空航班机组人员，以便可以探望父母。在她被任命为工会主席后，他们的关系变得更加亲密。（21世纪初的一段插曲让他受到了各地空乘人员的喜爱：国会举行听证会，调查在飞机机舱内喷洒杀虫剂的问题，在一位行业代表做证说调试是安全的之后，德法齐奥拿出一罐雷达强力杀虫剂，说他确信这位代表不会介意他把杀虫剂喷洒在听证室的座位上。）他曾于2015年被评为工会荣誉会员。

纳尔逊告诉他，她正准备去见航空公司的首席执行官们，并试图促成一个业界和劳工都能支持的妥协方案。“你一个人去？”他问她，得到她的确认，然后祝她好运。“有消息通知我，我会去的。”

她驱车穿过冷清的华盛顿街道，来到白宫东面两个街区外的A4A总部。保安人员已经离开，美国联合航空首席执行官穆诺兹在门口迎接她。由于纳尔逊过去曾是美国联合航空的空乘人员，该组织认为她曾经的雇主的首席执行官在场可能有助于促成和平。她被感动了。关于新冠病毒的科学研究还很粗略，但公共卫生官员警告说，有潜在健康问题的人面临的风险更高。

这种热烈的气氛并没有持续多久，一个多小时的会议室循环讨论毫无进展。航空公司首席执行官们拒绝了让工会代表进入董事会的要求，也不愿承诺在工会合同上寻求让步。

纳尔逊受够了。休息时，她向帕克和穆诺兹示意，把他们领进一个小房间。这两位航空公司的高管穿着皱巴巴的西装，眼袋很深，看起来很糟糕。她说：“公众讨厌你们，你们没有任何政治善意。”她警告说，任何关于救助的提法都会让公众和国会反对该行业。纳尔逊认为自己是他们最大的希望。她说：“如果我们把它塑造成一个工人优先的方案，我们就能完成它。”即使是在分歧严重的国会中，保持就业也是一个普遍受欢迎的观念。美国有 200 万航空工人，几乎每个人都认识一个人，或者认识一个生计受到威胁的人。她点开 iPhone，想调出一份工会的提案清单，却发现自己拿到的版本已经过时了，于是她迅速拨通一个电话。

“你给我发错了！”她对着听筒吼道，“把另一个发给我。”帕克听到了她的对话，猜想她是在训斥一个发错附件的工会下属。“好的，彼得，谢谢。”纳尔逊用简短的语气说完就挂断了电话。直到这时，这位首席执行官才意识到，她正在和德法齐奥通话，他是现任美国国会议员，也是肩负着众人希望的委员会主席。他现在明白了，纳尔逊听取了国会民主党人的意见，正在发号施令。她拿着最新的版本，向两位首席执行官逐一提出要求。穆诺兹不时把头埋在手里。

理智和疲劳的结合最终战胜了一切，双方在接近午夜时达成了暂时休战的协议。以首席执行官和卡利奥为代表的航空公司和以纳尔逊为代表的劳工组织达成一致，同意共同向国会游说，争取 250 亿美元的工资补助。只要国会能支付劳动力成本，那就不会有人被解雇。他们同意在其他问题上保留不同意见。

凌晨 1 点多，帕克拖着沉重的脚步穿过前门，来到坟墓般的城市街道上。他转向他的政府事务主管纳特·加滕。他说：“也许够了。”

容尼·法恩的电话响个不停。作为资本债券市场的老手，

他负责管理高盛投资级订单聚合和定价部门，管理着一支帮助蓝筹公司向投资者出售债券的银行家队伍。在过去的几周里，销售工作一直很艰难。由于市场动荡，即使是评级很高的公司也几乎不可能找到愿意购买新发行债券的投资者。在美联储星期日晚间宣布这一消息的前一周，仅有少数新交易被完成。最近的一天，即 3 月 9 日，仅有一家投资级借款人完成了债券发行——约翰斯·霍普金斯大学，该校作为疫情数据的交换中心，正迅速成为家喻户晓的名字。

但现在，在新泽西郊区的庭院里踱步时，法恩看到了好转的迹象。星期二上午，这位 45 岁的银行家正在评估投资者对包括威瑞森和百事可乐在内的蓝筹公司新发行债券的兴趣，并得到了热烈的回应。不仅如此，与他交谈过的几位投资者还提出了建议：如果高盛有兴趣为自己筹集一些现金，他们也会有兴趣购买高盛的债券。法恩是个快言快语、剃着光头的英国人，对他来说，这是市场回归的一个迹象。

高盛对此非常感兴趣。哈马克的团队花了一个周末的时间做了一件相当于大银行的事情，比如在沙发垫上翻来翻去，追查停滞不前的电汇，并将某些交易转移到可以更便宜地获得资金的子公司。他们获得了一些流动资金，但显然他们需要更多。法恩向哈马克转述了他与投资者谈话的要点，哈马克一眼就看出了其中的商机。她对法恩和另一位资深银行家高拉夫·马瑟说："你们也是我的银行家，去看看你们能做些什么吧。"

哈马克仍然担心银行的流动性水平会下降到监管机构要求

的最低水平以下。即使这只是暂时的故障，也会给银行的文书工作带来麻烦，因为银行必须迅速向美联储提交计划，解释如何弥补资金缺口。如果消息被泄露，客户和投资者会受到惊吓，他们可能会将业务和现金转移到其他地方，而现金对高盛的日常运营至关重要。

但让哈马克倾向于筹集新资金的不仅仅是恐惧。高盛曾经在危机时期、在其他公司都退缩时大举进军。该公司有史以来业绩最好的一年并不是危机前华尔街最繁荣的2007年，而是在竞争对手纷纷撤退舔舐伤口的2009年。该银行2009年的利润为208亿美元，几乎全部来自证券交易业务。

高盛的领导人现在看到了类似的机会。现在不是后退的时候，而是应向前一步——抓住盈利机会，向市场证明，当形势变得艰难时，高盛会挺身而出，但要做到这一点需要现金。有了从法恩及其他银行家和交易员那里搜集到的重要情报，即投资者正在悄悄地重返市场，高盛决定发行债券。

公司通常会发布新闻稿，表明出售新债券的意图，以激发投资者的兴趣，并软化局面。但如果高盛试图筹集现金的消息被传出去，那就会被视为疲软的迹象。于是，马瑟和法恩接到命令：悄悄地评估投资者的兴趣。尽可能多地筹集资金，别太在意成本。谢尔正在通过电话向高盛董事会汇报银行计划的最新情况，他多次给哈马克发短信，询问交易大厅的最新情况。

到当天结束时，高盛已售出25亿美元的30年期债券，利率比政府基准利率高3个百分点，加入了蓝筹公司的淘金大军，抓住了机会。债券的价格比哈马克希望的要高，但交易进行得很顺利，债券在初期的交易中表现良好。要赢，尤其是在这个世界上赢的人很少的情况下。疲惫的债券投资者也有同样的矛盾心理[3]，投资管理公司 Columbia Threadneedle 的汤姆·墨菲在《华尔街日报》上的一段话也反映了这一点："市场运作的任何一天都是好日子。"

至少到那时为止，数十家美国蓝筹公司和它们最常用的投资银行的沙袋都被塞满了。

第 13 章

真的太有意思了

格雷格·莱姆考在夏威夷库基奥高尔夫海滩俱乐部，眺望着波光粼粼的大海。这个私人社区被建在主岛科纳海岸的熔岩中，实际上是邻近的华拉莱度假村的一个分隔点，其业主认为他们需要一个专属的飞地。华拉莱度假村有一家四季酒店，向一日游游客开放；而在库基奥，会员每年支付 6.6 万美元的会费，以获得在房产上再投入数百万美元的特权。它受到硅谷精英的青睐，他们中的许多人搭乘名为“科纳快车”的私人班车，每周两次从奥克兰出发。但它并不歧视亿万富翁，华尔街的一些重量级人物也是它的会员。私募股权投资公司 KKR 集团的联合创始人乔治·罗伯茨在那里有一处住所。沃伦·巴菲特的妹妹也在那里安了家。对冲基金和交易巨头美国城堡投资集团的掌门人肯·格里芬在那里曾经有两处房产。

莱姆考是高盛投资银行的联席主管，2016 年他在那里买了一套房子。2020 年 3 月底的那个早晨，就像他带着妻儿离开阴森恐怖的纽约后一周内的每个早晨一样，他在凌晨 2 点醒来，试图与员工保持联系。不远处是浮潜海滩，平时游客络绎不绝的海滩已变得冷冷清清。他给埃贡·杜尔班打了电话，他是私人股权投资公司银湖资本的高级主管，当时他就在岛上社区几百米外自己的家中。

过去，两人会在沙滩上漫步，讨论投资理念——莱姆考是一位完美的华尔街银行家，充满想法和活力，杜尔班则是一位经验丰富的投资家，喜欢冒险。但现在这已经不可能了。莱姆考或许可以投掷棒球击中杜尔班家的屋顶，但健康专家警告他不要面对面接触，所以他通过电话进行推销。

“你们看过爱彼迎吗？”莱姆考问。

爱彼迎的估值一度达到310亿美元，年轻的首席执行官布莱恩·切斯基也因此成为明星。但现在它遇到了麻烦，由于度假者取消了旅行，预订量大幅减少。和其他科技初创公司一样，它也没有盈利，在营销、人才和为客户提供补贴服务方面花费巨大。它所依赖的源源不断的现金流现在面临枯竭的风险。莱姆考暗示该公司正在寻求融资，并温和地试探拥有数十亿美元资金的银湖资本是否有兴趣。

事实上，他是在故弄玄虚。就在一周前，爱彼迎还聘请了高盛和另一家投资银行摩根士丹利来帮助它筹集资金。切斯基已经证明了自己在管理华尔街方面的娴熟技巧，在为爱彼迎寻找其急需资金的竞争中，他有效地让华尔街的两家重量级公司互相竞争。他让高盛负责寻找愿意购买公司私人股票的股权投资者，而摩根士丹利负责牵头与持有爱彼迎现有10亿美元循环贷款的一批银行进行谈判，并制订必要时的增债计划。这两家银行多年来一直是爱彼迎的首选顾问，并在 2019 年受聘帮助规划 2020 年中期或后期的首次公开募股。但新冠病毒改变了两家银行的任务。切斯基一直在监测令人担忧的迹象，这些迹象表明，该公司在中国的业务正在萎缩，而且麻烦已经蔓延到欧洲和美国的业务——这是该公司迄今为止最大的市场，这与病毒的传播方式如出一辙。他不得不推迟在圣诞节期间草拟的首次公开募股计划。

爱彼迎的金库里有大约 30 亿美元的现金，以大多数标准来看，这是一笔巨款，但切斯基知道这笔钱撑不了多久。他的公司在新冠病毒肆虐之前就已经开始烧钱，退款申请堆积如山。于是，他向这两家银行求助，希望它们能帮助打包金融沙袋。

高盛团队已经与财力雄厚的投资者进行了接触，有 3 家私人股本公司对此很感兴趣：德太资本、Dragoneer 和美国泛大西洋投资集团。这 3 家公司都是现有投资者，德太资本在 2014 年主导了一轮融资，该轮融资对爱彼迎的估值为 100 亿美元，这让它跻身硅谷“独角兽”俱乐部的精英行列。现在，它似乎有意加倍努力。Dragoneer 入选的主要凭证是 2016 年对音乐流媒体服务声田的投资，其结构与爱彼迎现在寻求的结构类似：一笔债务投资，在最终上市时以折扣价转换成该公司股份。

但任何一位优秀的银行家都知道，华尔街交易的关键在于制造一场竞购战。杜尔班的银湖资本就是一个很好的选择。该公司以精明的科技公司投资者而闻名。它不是一家传统的风险投资公司，投资于早期初创企业，希望获得巨额回报；相反，它更青睐像戴尔这样更成熟、更可靠的公司，戴尔是一家计算机巨头，它在2013年的一次收购中将戴尔私有化，那次收购被证明是华尔街数十年来最成功的交易之一。银湖资本在新冠病毒感染疫情初期也扮演了白衣骑士的角色。就在几周前，银湖资本向推特投资了10亿美元，并在3月结束前向旅游预订网站Expedia提供了资金支持。他们会考虑爱彼迎吗？莱姆考问他的老朋友。

“布莱恩·切斯基是那种你想支持的人。”莱姆考说。他提醒杜尔班，银湖资本最好的一些投资都是支持有远见的创始人，比如迈克尔·戴尔和杰克·多尔西。“他是真正的高手。”

杜尔班婉言谢绝。“我只是不懂这一行，”他回答说，“在这种情况下，我没有足够的能力发表意见。”事实上，就在当天上午，他在一次内部会议上警告银湖资本的顶级交易者要小心行事。急需现金的好公司可以被低价收购，但“不要向爱彼迎这样的公司砸钱”，他指名道姓地说。

但他相信莱姆考的意见。两人除了是夏威夷的邻居，还是朋友。多年来，他们已经做了几十笔交易，其中很多交易，比如收购戴尔，为银湖资本赚了数十亿美元。他答应考虑一下。

在不到1英里之外，另一块烙铁也已经被放在火上。投资公司第六街的负责人艾伦·韦克斯曼是库基奥岛的另一位居民，他在岛上的度假屋与莱姆考取得了联系。两人彼此非常熟悉。韦克斯曼是个44岁的得克萨斯人，精力充沛，带着冲浪者的气质。他在高盛工作了十多年，2009年离开高盛，在德太资本的资金支持下创办了第六街，从那以后，他一直在老公司稳定地工作——有时，当看到自己的银行家被挖走时，莱姆考会感到很懊恼。不过，第六街是个精明的投资者：自成立以来的 10 年间，该公司一直为投资者带来高额回报，主要是通过关注利基投资，构建复杂的交易，这些交易提供了可观的收益，但更重要的是，保护了公司免受重大损失。即使对华尔街来说，该公司的交易也往往非常复杂，其复杂的条款是公司在其他地方无法轻易获得的，但能为第六街带来可靠的回报。

韦克斯曼通过硅谷的秘密网络听说爱彼迎正在考虑融资。“周三开董事会，”3 月中旬的一天，一位风险投资人给他发了一条短信，“最近的表现很糟糕。没有新的预订，却有很多新的退款。还不清楚何时会触底，或者我们是否已经触底。”爆料者说，爱彼迎正在寻找“类似于声田的交易”，这指的是 Dragoneer 在 2016 年进行的一笔可转换债务交易。这足以引起韦克斯曼的兴趣。在声田后来上市时，这笔交易曾让投资者赚得盆满钵满。

“我们很感兴趣。”韦克斯曼回了一条短信。第六街并不是一家风险投资公司，事实上，一年多来，韦克斯曼一直在警告说，硅谷即将发生一场灾难，因为投资者对无利可图的初创公司的估值一个比一个高。韦克斯曼认为，爱彼迎最近 310 亿美元的估值太高了。但他认为切斯基建立的公司有足够的价值，不管是不是硅谷的炒作，都值得投资。第六街可以借给爱彼迎一大笔钱，还可以获得认股权证，在未来购买股票。他很快打电话给德太资本的联席首席执行官乔恩·温克尔里德，这家公司正在与第六街分拆。他知道德太资本是爱彼迎的投资者，他想确保如果第六街出价，不会惹恼德太资本。温克尔里德告诉他："没问题。"

韦克斯曼的下一个电话打给了杜尔班。他不知道莱姆考就在前一天向这位银湖资本的高管提出了建议。但韦克斯曼正在考虑向爱彼迎提供20亿美元的投资，这对第六街这样一家拥有340亿美元资产的公司来说，是一笔不小的投资。银湖资本资金雄厚，在科技公司中享有盛誉，可以成为一个很好的合作伙伴。"你知道，我刚接到一个电话，"杜尔班告诉他，"我说我不感兴趣。""嗯，我觉得这真的太有意思了，"韦克斯曼说，"让我告诉你我们在想什么。"

他向杜尔班介绍了第六街正在考虑的交易。该公司将提供15亿美元的贷款，每年收取约11%的利息，并将获得认股权证，在未来以高价购买爱彼迎约1.75%的股票。这些认股权证的价格为爱彼迎带来了约150亿美元的估值，不到该公司之前估值的一半。他说："最好的公司都是从危机中诞生的。"

杜尔班对此印象深刻。莱姆考对切斯基的支持仍在他脑海中回响。而韦克斯曼提出的交易足够保守，银湖资本不太可能亏损。如果爱彼迎以接近其最近310亿美元的估值上市，这些认股权证就相当于捡到了黄金。即使以较低的数字计算，银湖资本和第六街的投资也足够优先，也就是说，他们将比风险投资公司和其他拥有爱彼迎股票的公司更早获得现金支付，因此他们仍有可能赚钱。

此外，华尔街对交易的嫉妒根深蒂固。如果交易足够好，能让第六街这家以赢家著称的公司感兴趣，那就值得关注。如果杜尔班能向长期竞争对手德太资本施压，那就更好了。他挂了电话，又给莱姆考打了电话。他说："实际上，我可能对这件事感兴趣。"他补充说，他很乐意与第六街合作："我们懂技术，他们懂结构设计。"

3 月 27 日，第六街向爱彼迎提出了收购要约——10 亿美元贷款，外加 5 亿美元债务，这些债务将转换为该公司的股票。

这是一次大胆的冒险。很多精明的投资者和电视评论员都对爱彼迎望而却步。谁会愿意在疫情期间去住陌生人的房子呢？美国许多大城市都颁布了"待在家里"的命令，这样做甚至可能是违法的。但对银湖资本和第六街来说，这笔交易体现了沃伦·巴菲特那句老话：在别人恐惧的时候贪婪，在别人贪婪的时候恐惧。华尔街的大多数人都害怕了，杜尔班和韦克斯曼可以贪婪了。

爱彼迎反驳了这一提议，但只是稍稍反驳了一下。爱彼迎并没有因贷款利率高达 11% 而退缩——这是一笔不小的开支，但世界正变得越来越糟，危机时期的债务是昂贵的。这笔交易看起来比德太资本提出的竞争性股权投资方案更有吸引力，德太资本的方案将大大降低公司早期投资者、创始人和员工持有的公司现有股份的价值。最终，爱彼迎只获得了公司 1.5% 的认股权证，而不是投资者所要求的 1.75%。

与此同时，一个新问题出现了。摩根士丹利的银行家们一直在为爱彼迎与多家银行的谈判提供咨询，以修改该公司现有的 10 亿美元贷款，该贷款需要延期以允许新的投资。3 月 25

日，与这些银行的通话并不顺利。整个华尔街的银行都面临客户使用信贷额度和乞求新贷款的问题，许多银行都处于紧张状态。爱彼迎的现有贷款人之一美国银行拒绝在不大幅提高利率的情况下增加或延长贷款。

摩根士丹利的银行家们看到了商机。该公司在硅谷的顶级银行家迈克尔·格兰姆斯在谈到银行贷款时建议说："让我们放弃左轮手枪吧。"这是一个优雅的解决方案，可以同时解决两个问题。作为银湖资本交易的一部分，它可以避免美国银行的畏缩，还可以清理爱彼迎的资产负债表以承担新的债务。大多数公司都限制自己的负债额，一是出于实际考虑——债务每年都需要现金支付利息；二是为了避免股东感到不安，因为股东的资金在优先级上排在债权人之后。爱彼迎的一位高管后来称这是"胡迪尼"之举，看似简单地摆脱了复杂的问题。

问题是，杜尔班从未见过爱彼迎的首席执行官切斯基，而韦克斯曼也只是几年前见过他几次。现在，他们被要求在短短几天内拿出多达 20 亿美元的资金，而他们对将要支持的首席执行官的了解和对爱彼迎内部财务和运作的了解一样少。他们通过一系列 Zoom 会议进行了尽职调查——华尔街的说法是与潜在投资者共享内部信息。

这项交易的消息于 4 月 6 日见诸报端。银湖资本和第六街分别向爱彼迎投资 5 亿美元，该交易使该公司的估值为 180 亿美元，与上一次的估值 310 亿美元相去甚远。与此同时，爱彼迎表示，将要求其房东转向更长期的住宿，希望利用当初让莱姆考、韦克斯曼和杜尔班去夏威夷长期住宿的那种冲动，尤其是城市居民的冲动。

消息刚一传出，韦克斯曼的电话几乎立刻就响了。“你在想什么？”领英前首席执行官、硅谷资深人士杰夫·韦纳发出洪亮的声音。

韦克斯曼叹了口气。在宣布投资爱彼迎后的几个小时里，他一直受到来自各方面的批评。投资者和经验丰富的高管都对现在有人投资旅游公司感到困惑，这些人中有很多是他很尊敬的人。没有人会为了买一盒牛奶离开家，更不用说旅行了。

但韦克斯曼准备为他的交易辩护。他对韦纳说，人们最终会变得疯狂。当他们这样做的时候，他们会更喜欢爱彼迎出租房源的私人环境，而不是酒店的喧嚣、拥挤的电梯和进进出出的服务员。另外，他告诉这位技术资深人士，从交易结构来看，第六街和银湖资本几乎不可能亏损。他们的钱处于最优先位置。只要爱彼迎值 20 亿美元左右，他们就会受到保护。他们刚刚达成的交易对公司的估值为 180 亿美元。韦克斯曼能想到的唯一情况是 160 亿美元化为乌有是另一场大萧条。

“杰夫，听着，”他说，“如果爱彼迎不值 20 亿美元，我们就有更大的问题了。”

道格·帕克办公室上空一片宁静。他想，是太安静了。曾经，每天有近千架航班从他的头顶上飞过。现在，这样的航班已经很少了，以至他甚至不需要检查就能知道下午 2：35 从

夏洛特飞来的航班的声音。在新冠病毒感染疫情之前，每天有200多万美国人乘坐飞机。当他和其他的首席执行官聚集在华盛顿时，这个数字是60万。到4月的第二个星期，这个数字还不到1 000，是几个月前峰值的5%。

对航空旅行的需求从未下降得如此之大、如此之快、如此之久。完全有可能的是，对任何产品的需求都从未像美国人不再想乘坐飞机那样迅速和全面地崩溃了。

第 14 章

地狱即将来临

比尔·阿克曼告诉他的妻子:“这个问题有答案了。”那是 3 月 18 日早晨，两人在布里奇汉普顿的周末家中躺在床上。在过去的 3 天里，被确诊感染新冠病毒的美国人增加了两倍，达到了 9 200 人，阿克曼知道如何读懂这条趋势线。“这很简单，”他对妻子说，“我有义务说点儿什么。我应该在屋顶上大声喊出来。”

救世主情结是阿克曼的典型特征。他像华尔街的任何人一样深入研究公司的数据，但在推出这些数据的过程中，他的投资理念往往会从深入研究的金融赌注演变成为代表社会发动的圣战。他曾花了数年时间反对维生素供应商康宝莱，指责该公司是一个传销骗局，以西班牙裔移民为猎物，让他们向自己的朋友和邻居推销蛋白粉和维生素奶昔，并招募他们加入公司的销售队伍。2014 年，在一场长达 3.5 个小时的演讲中，为了让投资者和监管机构相信他是正确的，他在谈到自己的祖父时哽咽了，他的祖父是一名裁缝，19 世纪来到美国。阿克曼曾押

注10亿美元认为康宝莱公司的股票会崩盘，但其股价持续上涨。5年后，阿克曼认输并出售了公司，结束了这场他曾说要“打到天涯海角”的战斗。

2009年，他在塔吉特公司董事会控制权争夺战中败下阵来[1]，他在引用约翰·肯尼迪的话时热泪盈眶。他对一屋子塔吉特股东说：“我们将付出任何代价，承担任何负担，面对任何困难。”这段经历让他的名声大噪，因为他将情感和自我而不仅仅是金钱融入自己的想法。批评者会说，这让他看不到现实，导致他在失败的赌局上坚持的时间比明智的时间更长。支持者说，逆向思维需要真正的信徒支持。

到3月中旬，新冠病毒将导致美国经济衰退的观点也引发了同样的狂热。因此，近年来因一系列灾难性的糟糕投资而在网上保持低调的阿克曼，一年多来首次在推特上发声。他在推特上写道：“总统先生，唯一的答案就是在未来30天内关闭边境。我们现在就可以结束这一切。世界其他国家也将效仿您的做法。”

这不仅仅是利他主义在起作用。对阿克曼来说，迅速在短期内关闭美国是如此显而易见的解决方案，以至必然会发生。他完全相信，特朗普在面对科学问题时，会在全国范围内实施封控以遏制病毒，从而引发一场丑陋但快速的经济衰退。科学将占上风，市场的溃败将被逆转，这一切将在几周内结束。

这就是为什么他告诉他的交易员将巨额掉期交易的大部分利润投入股票。潘兴广场增持了希尔顿酒店、汉堡王母公司餐饮品牌国际公司和室内装饰材料零售商劳氏的股票，并买入了公园酒店和谷歌的股票。在过去的 6 天里，潘兴广场又买入了 20.5 亿美元的股票，理由是政府将不得不关闭经济。病毒会过去，市场会反弹。这是阿克曼的经典之作，一部以公共意识高尚为主题的投资论文。

阿克曼在推特上按下发送键后不久，他的电话响了。是美国消费者新闻与商业频道的主播斯科特·韦普纳。他希望阿克曼在午餐时间做客他的节目，讨论他的号召力。

这是阿克曼两年多来第一次在电视上露面。他能听到他年迈的父母正在地下室观看电视的声音，他不禁哽咽起来。当时 Zoom 还没有普及，他只能通过电话而不是视频进行直播，而且演播室的音频信号断断续续，有时他都不确定主播是否能听到他的声音。他自己填补了这些空白，完成了长达 29 分钟的采访——在一个充斥着声音片段的时代，这是一段名副其实的独白，让华尔街为之沸腾。

“地狱即将来临，”他对美国消费者新闻与商业频道的观众说，“我们现在就得关闭它。”他说，“除非我们做出这个选择”，否则美国“就会像我们所知的那样灭亡”。他在后半部分说他看好股票，正在积极加仓，但这段言论被大众忽视了。甚至在阿克曼结束美国消费者新闻与商业频道的直播发言之前，道琼斯工业平均指数就开始大幅下跌。在节目播出时，道琼斯工业平均指数已经下跌了 1 000 多点，在他讲话时，道琼斯工业平均指数也下跌了很多，以至触发了另一次自动交易暂停。同为对冲基金投资者的迈克·诺沃格拉茨在推特上写道：“在人们开始跳桥之前，请让阿克曼离开美国消费者新闻与商业频道。”

道琼斯指数当天收盘将下跌 6.3%，抹去了 3 年多来的涨幅。

在接下来的几天里，阿克曼因引发恐慌而备受指责。持阴谋论观点的批评者指责他用世界末日的立场煽风点火，以增加他的掉期合约的价值，而随着市场的下跌，他的掉期合约将变得更有价值。事实上，他已经卖出了这一头寸，并做多美国股票。在他接受美国消费者新闻与商业频道采访的同时，其他一些令人担忧的消息也令投资者感到恐慌：达美航空宣布其月收入下降 20 亿美元，底特律三大汽车制造商将关闭其在美国的工厂，纽约市官员表示，他们正在制订将酒店改建成医院的计划。

当挂断与美国消费者新闻与商业频道主播韦普纳的电话时，阿克曼自信满满，认为自己已经敲响了警钟，并制订了一个避免灾难的明确计划，但他并没有意识到自己反而把一个球从篮筐上摔了下来。很快，他就不得不在电视上为自己的“火药味”辩护，因为有人批评他故意唱衰市场，同时持有“空头”头寸，一旦市场下跌，他就能从中获益。在随后一周写给投资者的一系列信件中，他解释说他已经卖出了看跌头寸，实际上一直在买入股票。

阿克曼的父亲是一位肺癌幸存者，他从隔壁房间走了进来，给了阿克曼一个空中拥抱。

纽约市被封控一周后，大卫·所罗门成了自己的咖啡师。

平时，这位高盛集团首席执行官在去办公室的路上会顺便去曼哈顿市中心高盛总部附近的星巴克。但由于纽约市大部分地区都处于封控状态，他现在只能在自己的 SoHo 别墅里调制自己喜欢的饮料。这位华尔街资深人士将 4 杯无咖啡因浓缩咖啡和杏仁牛奶加上冰块，倒入一个 Yeti 超冷杯中。他拨通了首席财务官斯蒂芬·谢尔的电话。他说："就这么办，向联邦政府借款 10 亿美元。"

前一天，所罗门和其他 8 家美国最大银行的首席执行官参加了由他们的行业组织美国金融服务业论坛组织的电话会议，讨论从美联储贴现窗口获得资金的问题。

这个窗口最清晰地体现了美联储作为经济最后贷款人的角色。这个名称是历史的遗留物，过去银行在面临客户挤兑或遇到类似困难时会派一名代表到美联储的出纳窗口寻求帮助。如今，整个过程都是电子化的，但目标是相同的：通过向存款机构提供廉价贷款来防止银行挤兑，确保它们有足够的现金来履行金融义务，如兑付客户取款。（银行能做的最糟糕的事情就是将试图提取现金的储户拒之门外。恐慌蔓延，客户蜂拥而至。事实上，这也是许多老式银行大楼设计成大厅的原因：以避免出现出纳窗口前排起长队并引发恐慌的情况。）

贴现窗口最后一次成为焦点是在 2008 年，当时它挽救了包括高盛和摩根士丹利在内的几家陷入困境的银行。此举安抚了投资者，将两家公司从破产边缘拉了回来。该窗口挽救了美国的银行系统，但同时也强化了其"万福玛利亚通行证"的声誉。随着美国银行系统蹒跚地走出 2008 年的危机，贴现窗口也背上了明显的污名。

现在，美国最大的银行又面临新的危机。经济停滞，没有人外出旅游，没有人在餐馆吃饭，也没有人买房，而正是这些日常的商业活动充实着银行的金库。银行正面临企业贷款可能出现的巨额违约。

当时没有人需要这笔钱，但在这一切结束之前，他们可能会需要。银行的想法是，如果现在就把钱拿出来，而且是一致地拿出来，它们就能摆脱这种污名。高盛借了10亿美元，其他银行也借了类似的整数——这对普通人来说是个很大的数字，但在这些价值万亿美元的机构的账簿上只是四舍五入的误差。

纽约证券交易所的交易大厅是美国资本主义的标志。它始于1792年，在一棵梧桐树下，20多名经纪人聚集在一起，组织银行股票和战争债券的交易。不久，他们在街角建起了一家咖啡馆，为他们的新事业提供舒适的室内环境。在接下来的70年里，该交易所一直在一系列商店和租用的办公场所内运营，直到1903年才搬入位于华尔街和宽街交会处的一幢新建的新古典主义建筑，其白色佐治亚州大理石外墙和50英尺的凹槽圆柱在接下来的一个半世纪里成为美国金融力量的象征。当时的一位建筑评论家说，它抓住了“20世纪拼搏精神的精髓”。

3月初，新冠病毒悄无声息地传播开来，这里也成了一个培养皿。每天早上，数百名经纪人和技术人员从狭窄的楼梯进入宽街2号，然后来到一个巨大的交易大厅，他们挤在屏幕周围，大声喊着指令，以表演的方式向那个交易基本上没有电子化的时代致敬。

3 月 13 日，该交易所已将大部分员工遣散回家，但仍有数百名场内经纪人和指定做市商（即挤在交易大厅里进行股票交易的人）在这里工作。他们不是为纽约证券交易所工作，而是为数十家被称为专家的利基公司工作。他们希望在那里工作，让场内人员满意非常重要。

纽约证券交易所副主席约翰·塔特尔的任务是联系州卫生部门采购检测试剂，并由卫生工作者对前来的员工进行检测。塔特尔的妻子怀孕了，他在萨格港租了一套房子，租期两周，3 月 15 日星期天，他给卫生部门的联系人打了电话。当时州政府人手紧张，唯一可用的检测方法不是最终会被更广泛使用的快速自测法，而是需要由持证技术人员完成、安全储存并送去处理的实验室级检测。该部门官员说，他们可以在星期二派人到现场。塔特尔说："市场星期一开张盘，星期一我需要你们。"

第二天早上，宽街 2 号的入口已被一群护士占领，他们坐在保安台后面，戴着鸭嘴 KN95 口罩，手里拿着写字板。当员工从楼梯进入时，他们被问及一系列问题：近期是否出境？身体是否有不适症状？是否有家人确诊？第一天，有 13 人接受了测试。

星期二上午 11 点，结果已经发到了塔特尔的收件箱里。其中两人的检测结果呈阳性：一名是交易所工作人员，另一名是纽约证券交易所的公司雇员。

第二天早上，坎宁安、塔特尔、布劳格兰德、首席财务官斯科特·希尔和总法律顾问伊丽莎白·金打电话讨论是否关闭交易大厅。布劳格兰德从韦斯特切斯特的一家医院赶来，他的儿子在那里住院，医生们正在努力找出导致他低氧和呼吸急促的原因。

费城和芝加哥的交易所已经被关闭。[2]芝加哥商业交易所集团是芝加哥交易所的巨头，交易商在这里进行小麦和生猪等商品以及金融期权的交易。上周，该集团决定关闭其交易大厅。该公司首席执行官泰伦斯·达菲[3]是一名肺癌幸存者，对新冠病毒的担忧格外强烈，他曾对一名客户大打出手，并对《华尔街日报》说："我觉得纽约证券交易所的交易大厅仍然开放有点儿不可思议。我认为我们不应该在一个地方聚集 50 个甚至更多的人。"

对坎宁安来说，这个决定并不容易。她坚信人类经纪人的价值，认为他们可以在紧张时期介入，使交易顺利进行。至于人类是否真的比超级计算机和软件更好，市场学者仍在争论不休，但不可否认的是，真人交易员和他们所在的宽敞大厅是纽约证券交易所形象的核心。纳斯达克已经占据了高科技领域的一席之地，坎宁安告诉她的副手们，纽约证券交易所的声誉建立在高接触度的怀旧感上，如果交易大厅空无一人，那将是一个巨大的打击——不仅是对交易所，对整个国家也是如此。就在几天前，她还对记者说："纽约证券交易所是美国力量和韧性的象征。场内的人都想去那里。"另外，即将到来的 3 月 20 日星期五对市场来说是一个复杂的交易日。这是一个被称为

“四巫日”的季度性事件，即股指期货、股指期权、股票期权和单一股票期货在同一天到期。结果通常是交易混乱的一天，坎宁安认为，有经纪人在场内帮助平息波动是很重要的。

纽约证券交易所只对体温检查不合格或报告身体不适的员工进行检测。鉴于专家已经了解病毒在无症状人群中的传播能力，这种筛查程序已经行不通了。

纽约的检测能力不足。为了保证交易大厅的正常运作，每天都需要进行大范围的检测，即使能够做到这一点，医院和其他机构的资源也会被耗尽。坎宁安做出了一个判断，使用了一个在未来几周内将成为常用语的短语，这也是疫情遗留下来的众多语言遗产之一。当时，纽约证券交易所的交易大厅根本不是一个重要的工作场所。

他们达成了一个奇怪的折中方案：纽约证券交易所将在早上宣布关闭大厅，但要等到下个星期一，也就是 3 个交易日之后。这是一个奇怪的立场，既承认现场聚会的风险，又允许聚会继续下去。

在新冠病毒感染疫情暴发的最初几周，高管们不得不临时做出无数艰难的决定，而这只是其中之一。面对时时改变的公共卫生指导方针，以及个人安全和企业生存这两个直接竞争的优先事项，他们从一系列不完美的方案中做出了选择。过于偏向前者有可能在病毒最终得到控制时造成一个深不见底的财务漏洞；过于偏重后者会有生命危险，更不用说公共关系灾难了。有些人，比如坎宁安，肩负着额外的重担，他们所经营的公司是如此具有标志性，如此至关重要，以至公司一旦停业，公众对全球经济的信心就会动摇。

他们希望他们所做的决定能够拯救他们的公司，并在病毒最终得到控制时保住美国经济的引擎。但现在，他们只想熬过这一周。

3 月 15 日，美联储采取了包括将利率降至接近零在内的一系列措施，使数十家蓝筹股公司得以通过发债筹集资金，但这一短暂的市场反弹仅持续了一天。3 月 17 日星期二，各公司发行了价值 280 亿美元的债券。[4] 埃克森美孚筹集了 85 亿美元，百事可乐筹集了 65 亿美元，两家公司都用这笔钱偿还了已变得非常昂贵的短期债务，即商业票据。但事实证明，这些交易都是通过一个狭窄的窗口进行的。两天后，窗口被关闭了。

星期二，投资者愿意以高于政府利率 2.25 个百分点的价格购买埃克森美孚新发行的债券。但到了星期三，他们要求在该利率的基础上再提高 2.39 个百分点，才能在市场上交易这些债券。百事可乐的债券在发行后也出现了类似的下跌。这重新设定了第二天新债券发行的条件，要求公司以越来越高的利率寻找愿意购买它们的投资者。这是一个恶性循环，反映了金融市场的危险状况。

华尔街是一个巨大的自我实现的世界末日循环。数十亿美元从共同基金中流出，这意味着这些基金不得不抛售所持股票以满足赎回要求，这压低了股票的价格。3 月 20 日，星期五，容尼 · 法恩对他的老板、高盛投资银行联席主管丹 · 迪斯说："这真的很糟糕。"除非尽快出台一些严肃的政策干预措施，否则市场就要崩溃了。

第 15 章

摆脱困境

3 月 21 日星期六，当史蒂文·姆努钦打来电话时，道格·帕克正回到达拉斯，站在他位于公园城市富人区家中的餐厅里。自从航空公司与工会在深夜达成令人不安的休战协议以来，这位美国航空的首席执行官和财政部长几乎一直保持着联系。在此期间，航空公司的财务状况每况愈下。前一天，美国航空的客运量下降到 50 万人次以下，仅为一周前的 1/3。[1] 航空公司每天都要烧掉数百万美元。几天前，帕克躲在游说总部的一个房间里，说服银行高管们拿出 10 亿美元，但这笔钱看起来少得可笑。美国人需要的是那种只能来自华盛顿的资金。

姆努钦再次表示反对拨款，并告诉帕克，他只支持航空公司必须偿还的联邦贷款。这位财政部长在国会中拥有强大的盟友，其中最有力的是来自宾夕法尼亚州资历较浅的参议员帕特·图米。帕克现在是航空业的实际发言人，他试图提出航空公司可以给予的其他优惠条件，比如延长航空公司的承诺，保留那些服务于小城市、利润较低的航线。

“道格，你必须明白。”姆努钦说。过去一周，经济形势从糟糕变成了灾难性的。面临财务困境的不仅仅是航空公司。底特律的汽车工厂已经被关闭。债券市场的流动性完全枯竭。特朗普援引了朝鲜战争时期的法律《国防生产法》，迫使私营制造商生产呼吸机和口罩。[2]朝鲜试射了两枚弹道导弹，这是一个极其不利的事态发展。姆努钦甚至受到了《华尔街日报》极端保守派社论版的抨击[3]，该报当天发表了一篇文章，批评姆努钦的政府应对措施迟缓、糊涂，并将他与2008年汉克·保尔森（在该报看来）稳健的领导进行了对比。简言之，与政府将给予航空公司500亿美元的确切形式相比，姆努钦有更重要的事情要做。联邦政府需要防止整个经济崩溃。

他对帕克说：“我们会把这件事办好的，你应该知道你做得很好，你已经融入其中。没有其他行业加入。但这是500亿美元，而且都是贷款，根本不可能拨款”。

姆努钦的强硬态度并不完全出乎帕克的意料，但他还是感觉受到当头一棒。就在前一天，当数十亿美元的拨款得不到政治支持的信号变得越来越清晰时，他问公司政府事务主管纳特·加滕是否还有其他办法。加滕提出了一个政治上的“万福玛利亚”计划。他说：“我们需要查克·舒默告诉麦康奈尔，他将扣留民主党的选票，除非这项拨款到位。”换句话说，参议院民主党领袖舒默需要公开表示，为了帮助航空公司，他愿意放弃一项价值2万亿美元的立法，而这项立法本应拯救整个美国经济免于崩溃。这是一个可笑的远射。就在几天前，舒默还在参议院发言，反对为特定行业提供救助，主张为州失业办公室、小型企业和公立医院提供更多资金。“我们的主要关注点不能建立在救助航空公司、邮轮和其他行业的基础上，让我们记住，公司不是人，人就是人。”[4]

帕克认为只有一个选择。劳工是舒默的核心支持者，航空公司则不是。他叹了口气，拿起电话拨通了美国空乘服务人员协会负责人萨拉·纳尔逊的电话。他告诉她：“他不会为我们这么做的，他也许会为你做这件事。”纳尔逊答应试试看。

挂断电话后，帕克看了看表，发现自己迟到了。那天是他妻子的生日，夫妻俩本该在美国航空总裁罗伯特·伊索姆的家里共进晚餐，伊索姆的家位于高档的公园城市社区，距离他自己那座占地 1 000 多平方米的家只有几个街区，距离达拉斯市中心以北几英里，开车到公司总部只需 20 分钟。

帕克在主菜和甜点之间溜了出来，给卡利奥打了电话。两人通话的频率非常高，以至卡利奥十几岁的女儿已经习惯了在晚上手机响起时大声喊：“道格叔叔打电话来了。”现在，卡利奥正在召集业内首席执行官们的紧急电话会议。

卡利奥证实了帕克已经知道的事情，这要归功于他与姆努钦的私下沟通：他们几天前在华盛顿讨论好的拨款申请在抵达国会时就夭折了。他试图壮大这个团体。他们没有得到拨款，但有一个创纪录的贷款方案摆在桌面上，财务条款他们都能接受。他说：“是时候取得胜利，停止争斗，去经营航空公司了。”

帕克并没有完全放弃政府救助。纳尔逊给了他南希·佩洛西的手机号码，并敦促他与佩洛西联系。当拿起手机时，那一刻的陌生感突然涌上他的心头。在他的职业生涯中，虽然危机重重，但他很少有机会游说国会议员。

“议长女士，我是美国航空的道格·帕克，”他在当晚10点发来短信，“彼得·德法齐奥建议我联系您，向您提供航空公司首席执行官对该法案的看法以及其他结果的影响。我希望在您方便的时候与您谈一谈。这是我的手机。”他一直盯着手机上那3个圆点的泡泡，那是打出回复的信号，但没有回音。他爬上床，心想，我们完蛋了。

党派僵局拯救了他。3月22日星期日，国会民主党人拒绝将《关怀法案》提交议会表决，理由是该法案在扩大失业保险和帮助陷入困境的州和地方政府方面做得不够。经过数天反反复复的谈判，这次投票结果是一个令人震惊的挫折，谈判产生了历史上最大的政府援助计划。这是一个令人担忧的党派纷争的信号——国会甚至无法就一项几乎所有人都认为必要的援助方案达成一致，这也让经验丰富的政策制定者回想起2008年问题资产救助计划在众议院的最初失败，这一挫折推迟了对衰退的金融市场的援助，并可能加深华尔街的危机。

不过，对帕克来说，这是一线希望，也许航空公司还在游戏中。

帕克的好心情并没有持续多久。他的妻子感觉不舒服，她和女儿在周日下午接受了检测，两天后检测结果均呈阳性。帕克感觉很好，但他知道，在几十个人挤在狭小的会议室里的两天里，其他首席执行官和工作人员都有可能接触病毒。

3月24日下午4：20，他向他们发送了一封电子邮件。“我感觉很好，”他在分享了家人确诊的消息后说，“在 3 月 16 日离开家之前，我和女儿在一起待了两天，直到 19 日离开你们之前，我都没有和她或我的妻子在一起。所以，如果我感染了病毒，希望 17 日我们开始共享办公空间时我没有被传染（幸好它不会通过电话会议传播！）。”

帕克也通知了他的高级副手们，但他不想惊动其他员工，也不想惊动潜在的市场，因为市场会对他有可能感染新冠病毒并正在等待检测结果的消息做出负面反应。他在信中写道：“我希望这不会成为行业新闻。”他要求其他首席执行官谨慎行事。

他得到了想要的结果。5 天后，当他的新冠病毒检测结果呈阴性时，他给大家发了邮件，并感谢他们没有泄露消息。他在邮件中写道：“考虑到我不得不告诉我们的每个竞争对手，这已经非常了不起了。你们都是一流的演员。”

几天后，3 月 25 日从下午直到深夜，他每隔几分钟就会与姆努钦通上一次电话，而姆努钦与一群核心共和党参议员一起蜷缩在国会大厦的一间休息室里。他们的投票对新冠病毒救援方案获得足够的支持至关重要，其中包括数十亿美元的航空援助。多数党领袖米奇·麦康奈尔和参议员帕特·图米、迈克·克拉波和罗杰·威克也在那里。

在长达两周的谈判过程中，政治分歧加剧，当天深夜，在多数党领袖的木板办公室里，5 位政治人物争执不休。姆努钦一直坚持贷款而非拨款，原因有二。第一，他必须为美国纳税人着想，贷款需要连本带利偿还。第二，通过成为这些公司的债权人，政府将有更多的筹码迫使公司做出改变，比如限制高管薪酬和附带认股权证，如果这些公司的股价反弹，财政部就能从中获利。他有一个坚定的盟友，那就是来自宾夕法尼亚州资历较浅的参议员图米，他是一个小政府的共和党人，从意识形态上反对救助。另一派则是一对共和党同僚，他们游说以拨款形式提供更高比例的资金：运输委员会的关键投票人威克，以及参议院银行委员会主席克拉波。姆努钦和图米一度致电总统，请他参与进来。总统回答说："你们自己解决吧。"

姆努钦凭借在高盛的工作背景，不断抛出各种想法，他曾在 20 世纪 80 年代末和 90 年代初在高盛的交易大厅工作过，那个时代崇尚复杂性，并催生了一代全新的金融产品。如果投资者持有股票但又想投资债券，或者拥有浮动利率债务但又想获得固定利率的确定性，华尔街就有相应的产品。那个时代的交易员对风险进行切分和切割，为客户提供他们想要的服务，并确保自己获得丰厚的利润。

这就是姆努钦现在的处境。他需要制定一个既像拨款又像贷款的方案，既要让航空公司及其在国会的民主党盟友同意，又要让他和反救助阵营能够接受。这个方案还必须确保财政部本身，乃至美国纳税人不会面临严重损失的风险。

他向帕克提出的一个想法是，让航空公司在贷款的同时向财政部提供认股权证。如果在贷款到期时公司的股票价格有了足够的提高，认股权证的收益足以支付贷款金额，航空公司就不必偿还贷款了。但如果没有，航空公司就必须向财政部补足差额。

“那是贷款，”帕克反驳道，“你得到的是有保证的回报。”任何理智的审计师都会将这笔钱视为美国航空资产负债表上的债务，而美国航空的资产负债表在疫情之前就已经摇摇欲坠，现在又增加了数十亿美元的贷款和债券。

帕克说：“如果你把这件事弄得太难，有的航空公司就不会接受，最终会解雇员工。”他的公司可能会不顾一切地接受任何可以得到的资金，但那些财务状况较好的公司，特别是达美航空和美国西南航空，几乎肯定会对姆努钦提出的条件嗤之以鼻。帕克也不确定，如果没有这些条件，他们是否能度过长达数月的停摆期。

“好吧，我再打给你。”姆努钦说。几分钟后，电话再次响起，是另一个复杂的结构，姆努钦希望它能促成妥协。帕克再次表示，他无法说服其他首席执行官接受这个方案。电话一直打到深夜。图米也给帕克打来电话，提出了一些同样的想法。帕克怀疑这是在玩一个唱红脸一个唱白脸的游戏，他担心这位来自宾夕法尼亚州的参议员是在敦促行业统一战线找到一个薄弱环节——一个可能会同意并能按他的建议行事的首席执行官。

随着午夜钟声的敲响，麦康奈尔插话了。他在很大程度上没有参与法案的政治力量，而是将其交给了姆努钦和南希·佩洛西，当试图管住一个不守规矩的党团时，他在关键问题上持中立态度。他说，500亿美元应平均分配为拨款和贷款。姆努钦走进一间侧厅，拨通了白宫的电话，联系上了特朗普，而特朗普经常熬夜看电视。早些时候，特朗普在肖恩·哈尼蒂的福克斯新闻台的电视节目中露面。现在他就在官邸里。姆努钦向特朗普介绍了妥协方案，告诉总统这将为更广泛的法案的通过铺平道路。特朗普对他的财政部长说："好吧，只要你认为是最好的，史蒂夫。"

姆努钦重返会议，做了一处小小的调整，就结束了会议。他坚持要在法案中加入一行字，让他能够控制250亿美元的拨款——他后来利用这一权力将大部分资金转为可偿还贷款。

第二天，《关怀法案》获得通过，这是一场旨在防止经济崩溃的2万亿美元的资金海啸。该法案包括为小企业和不堪重负的医院提供数十亿美元的援助，为失业者提供额外的失业保险，以及将支票直接寄给数百万美国人，其中包括为美国的航空公司和相关企业提供500亿美元。

保尔森曾在2008年金融危机期间担任美国财政部长，当时财政部因向华尔街银行注入数百亿美元而受到公众和国会的广泛批评。姆努钦并不急于被贴上同样的标签。

这样够吗？

这幅图表像刀子一样划过《纽约时报》的头版。3月27日星期五，该报将印刷新闻业中最有价值的版面右栏让给了一张图表，上面显示新冠病毒对美国经济的影响导致失业救济申请人数激增。此前每周失业救济申请人数的最高纪录是1982年的69.5万人[5]，在大衰退期间，失业救济申请人数曾达到66.5万人的峰值。现在，每周申请失业救济的人数已经达到了头版头条的高度：330万。新闻标题体现了两个严峻的里程碑：失业人数飙升；美国新冠病毒病例居世界首位。

随着新冠病毒席卷全球，数百万人被感染，企业停工，销售额受到重创，美国企业纷纷裁员。到 3 月底，1 000 万美国人因病毒造成的经济损失而失业。7 000 人死亡，这个数字在当时看来令人震惊，但最终将超过 100 万。道琼斯工业平均指数在 2 月下旬突破了 30 000 点，当月收于 21 917 点。美国商业的标志性企业纷纷倒闭、寻求政府援助、裁员，并怀疑自己的业务是否还有意义。数百万家小企业倒闭了。

世界上最大的经济体的解体令人震惊。与生命损失相比，当时尚不清楚的死亡人数也显得微不足道。全世界有近 4 万人死亡，医院人满为患。纽约仍然是美国疫情的中心，也是当时全球死亡人数最多的新冠病毒感染城市，已超过意大利北部地区，救护车的警笛声不绝于耳。每天晚上 7 点，居民都会从窗户探出头来，用勺子敲打盆子，表达对医护人员的感激之情。

3 月的最后一天，高盛首席执行官大卫·所罗门在他位于 41 楼的办公室里目睹了美国海军医疗船“舒适号”驶入纽约港。这艘船在那里为数千名新冠病毒感染患者提供了一个浮动医院，美国公共卫生官员预计，这些患者将很快挤满纽约的医院。

“骑兵来了。”所罗门对谁也没说，然后拍了一张照片。

第 16 章

大胆试验

3 月 17 日星期二，福特公司首席执行官韩恺特在密歇根州西部家中的书房里拿起电话，给白宫打了过去。他对特朗普的高级经济顾问拉里·库德洛说："我想提醒你一下，我们将关闭工厂。"

底特律三大汽车制造商在周末与全美汽车工人联合会主席罗里·甘布尔的通话中要求的 48 小时期限已过。他们在内部激烈地争论是否关闭工厂，权衡利弊。但是没有人知道该怎么做。工业公司有关闭单个工厂进行维护或改造的应急计划，但同时关闭数百家工厂完全是另一回事。韩恺特认为，当危机结束时重启这些工厂最多也就几个星期的时间。

但当天上午传来的一则消息让他确信这是一个正确的决定。在密歇根州斯特灵高地加入工会的克莱斯勒工厂，一名负责组装道奇公羊皮卡的小时工检测出新冠病毒呈阳性。这名员工已经有一个多星期没有进过工厂了，但在 3 月中旬这个突然变得紧张的环境中，这并不重要。病毒在全美范围内散播着恐惧，企业高管处于守势，因为他们不想被指控重利润而轻工人安全。克莱斯勒匆忙宣布了一系列安全措施，包括错开休息时间以避免员工挤在休息室里，并在每班开始时为工人提供消毒剂、抹布和手套，以便他们可以对自己的工作岗位进行消毒。但韩恺特知道，关闭公司所有的工厂只是时间问题，拖延是没有意义的。

底特律作为全球汽车工业的引擎（字面意义上的）也许已经过去了几十年，但它仍然是全球汽车工业的象征性心脏。这一决定一旦被宣布，很可能会在股市引发冲击波。他担心特朗普会在推特上抨击汽车行业，正如他对最近升任韩恺特最高副手的吉姆·法利所说的，“不相信美国”。他希望能通过直接向这位好战的总统的首席经济顾问解释自己的想法，从而避免这种情况的发生。他说，“我不能代表玛丽发言”，他指的是通用汽车公司的首席执行官玛丽·巴拉。但是，作为美国第一个工业时代的标志的福特公司，第二天就要关门大吉了。至少在当时，工人将大致获得全额工资，合同中还规定了补充工资，以补充国家失业保险所覆盖的工资。

库德洛重重地叹了一口气。经济一直在下滑，这提振了他的老板在秋季连任的前景，库德洛告诉韩恺特，他曾希望美国经济能在生产率不会大幅下降的情况下渡过难关。韩恺特说：“我知道，我们会挺过去的。”但我们现在不能让人们待在那里。库德洛表示理解，但他补充说：“我只是担心，如果他们靠失业救济金生活，我将无法让他们重返工作岗位。”

在经济刺激支票和额外的失业保险金向许多美国工人表明

待在家里同样有利可图之后，这场经济辩论才初露端倪。这也预示着几个月后将会出现的挑战，因为商店、酒店和餐馆重新开业，却发现许多被解雇或停工的员工不愿意回来——有些人觉得靠政府补助也能过得很舒服，有些人因为学校仍然停课几乎找不到托儿服务，还有些人担心感染新冠病毒。

韩恺特说："谁知道呢，也许我们会制造呼吸机。"他想找点儿轻松的话题。

事实上，自从英国首相鲍里斯·约翰逊敦促英国的工业制造商将装配线转为生产口罩和呼吸机等救生医疗设备以来，这位首席执行官就一直在琢磨这个想法，因为英国已经报告了约1 500例新冠病毒确诊病例和55例死亡病例。韩恺特已经考虑了两天，现在几乎是脱口而出。

库德洛回答："好的，这将很有帮助。"他承诺将尽其所能帮助华盛顿扫清障碍。

韩恺特迅速打电话给福特企业产品线管理负责人吉姆·鲍姆比克，让他着手制订一项计划。他让鲍姆比克联系了梅奥诊所的医学主任尼克·拉鲁索和医疗设备领域的企业家约翰·肯尼迪。鲍姆比克已经在考虑福特能否提供帮助。一周前他与一位副手的谈话让他记忆犹新，这位副手的嫂子是芝加哥莱斯大学医学中心的医生，她告诉他，医院的工作人员正在重复使用一次性手套和手术服，并把餐巾和围巾当成简易口罩。

上星期四，3月12日，鲍姆比克被告知作为远程工作试点的一部分留在家里。公司一直在研究一种团队A/团队B的方法，这种方法可以降低办公室的人员密度，在有人患病的情况下更容易追踪接触者，并允许与他们没有接触的增援人员填补他们的空缺。他对他的团队说：“当你们回家时，带上你们需要的东西，因为你们很可能不会再回来了。”与高盛一样，该计划从未被实施。到3月16日（星期一），公司所有非工厂员工都被告知待在家中，工厂将在两天后被关闭。

现在，鲍姆比克在底特律郊区密歇根州诺维的家中，召集了一支由十几名副手组成的核心团队，他们管理着数百名工程师。直到最近，他们还在为福特公司正在进行的一个必须完成的秘密项目而努力工作：大力发展新型电动汽车，包括其标志性皮卡F–150的纯电动版，他们希望在2021年推出该车型。这对福特来说是一个转折点，因为福特和美国汽车行业的大部分企业一样，在放弃汽油动力汽车的竞争中败给了硅谷的竞争对手和外国汽车制造商。现在他们面临一个新的挑战，鲍姆比克告诉他们，这个挑战关乎整个国家。

“福特制造轰炸机，我们制造铁肺，”鲍姆比克后来说，“我们一定能做些什么。”他很快就了解到，人们是多么迫切地需要帮助。

底特律的汽车工厂仍然处于关闭状态。3月17日，克莱斯勒一名工人在新冠病毒检测中首次呈阳性，很快又有更多人感染了新冠病毒：密歇根州沃伦市吉普车装配厂的一名克莱斯勒工人，以及韦恩市福特野马装配厂2 800名小时工中的一名。底特律一家生产道奇杜兰戈的克莱斯勒工厂，在装配线上一名工人呕吐后停工90分钟，维修工人因担心感染病毒而拒绝清理呕吐物。歇斯底里的情绪蔓延开来，工人拒绝返回生产线。

曾经每天生产成千上万辆汽车的工厂陷入停工状态，这是经济因恐惧而瘫痪的巨大象征。

没有去工厂车间里走动，也没有对模型计划进行微调，鲍姆比克在家中的办公室里与白宫制造业办公室初级职员克里斯托弗·阿博特通话，讨论需要什么样的医疗防护装备，供应链是什么样的，以及福特可能扮演的角色。早期的讨论围绕呼吸机展开，这种复杂而昂贵的机器用于维持肺部严重受损而无法自主呼吸的患者的生命。就在两人交谈时，一位正在为白宫提供危机咨询的医生走进阿博特的办公室，问他在和谁说话。阿博特打开免提，他开始描述一场正在酝酿中的医疗灾难。

他说，医生最担心的是医生和重症护理人员生病。如果没有人治疗病人，危机就会升级。更重要的是，医院很快就会不堪重负，许多医院都在依靠志愿工作人员，即退休的医护人员重新投入工作。如果觉得不安全，他们就不会来了。现在急需防护面罩和其他装备来保护医生和护理人员。美国国防部的一名工程师一直在研究一种新设计的设备，这种设备被称为"动力送风过滤式呼吸器"（PAPR），它可以吸入空气，过滤空气，然后将其送入头罩和防护罩，类似于危险防护服上的防护罩。这种呼吸器比让插管患者存活的复杂呼吸器简单得多，而且可以大规模生产。医生说："如果能解决这个问题，你就能拯救很多人。"

他话音刚落，鲍姆比克脑中灵光一闪。他从未听说过动力送风过滤式呼吸器，但其部件听起来很像汽车空调系统的部件。

他挂断电话，立即打电话给他的顶级气候控制工程师，问他福特有哪些大量可用的产品。

这通电话开启了历史上最大的公共服务企业登月计划之一，福特将因疫情而闲置的工厂改造成急需的防护装备和医疗设备的生产基地。该项目被称为“阿波罗计划”，以电影《阿波罗 13 号》命名，在这部电影中，美国国家航空航天局（NASA）的工程师想出了一个绝妙的办法，利用飞行手册封面、宇航服零件和袜子让 3 名缺氧的宇航员活了下来。这次的挑战也是呼吸问题，感染新冠病毒的美国人因窒息而死，而医院没有足够的设备来抢救他们。医护人员在治疗不断涌入的新冠病毒感染患者时没有必要的防护装备，只能呼吸被污染的空气。

鲍姆比克最终围绕 3 种产品组建了自己的团队。其中一个团队负责为紧急救援人员开发动力送风过滤式呼吸器。不到两天，他的工程师就带回了一份手绘的设备方案，该设备使用了 F-150 卡车空调机上的鼓风机电机和生产线上使用的得伟电动工具上的电池，并连接在空气过滤器和引擎盖上。密歇根州的一家福特工厂生产了 50 年的野马肌肉车，在短短几天内就完成了改造，并很快生产出亮黄色的引擎盖，引擎盖上的软管可以保持清洁空气的流通，他们称其为“拼凑的动力送风过滤式呼吸器”。

另一个团队专注于呼吸机。特朗普说需要 10 台呼吸机[1]，这个数量超出了年产量。防护面罩和呼吸器相对简单，而呼吸机由数千个部件组成，每个部件都经过精确校准，以取代人体的自主呼吸能力。即使能够生产出更多的呼吸机，一个严峻的问题也迫在眉睫。公共卫生官员开始讨论，甚至在一些地区已经着手建立军事化的野战医院，以处理医院爆满后的溢出患者。这些设施很可能没有多余的可用电源插座。鲍姆比克的团队在佛罗里达州找到了一家名为 Airon 的公司，该公司设计了一种气动系统，这种系统依靠气压而不是电力运行。如果福特能制造出这样一台呼吸机，它就可以在没有电力连接的情况下运行，仅靠氧气罐提供动力。

鲍姆比克向韩恺特汇报了他的进展。他估计该项目将花费约 6 亿美元。而福特在资金枯竭、背负巨额债务和股息的情况下，无法轻易拿出这笔钱。韩恺特告诉他："不要停下来，不要回头看。如果有人跟你废话，让他们给我打电话。"

这是一个"登月"的好时机。在批评福特的人看来，它已经故步自封太久了，在下一代汽车——未来主义、自动驾驶、电动、酷炫汽车——的研发上，福特已经让位于中国和硅谷的竞争对手。在硅谷，特斯拉正在生产安静得像耳语一样，但充满动力和精致的电动汽车。韩恺特一直试图推动公司加快发展，变得更加灵活，各部门不再各自为政。事实上，就在那时，福特正在设计其标志性 F-150 卡车的电动版（命名为"闪电"）。按照项目时间表，原型车将在不到两年的时间内被完成，这比公司以往设计和制造新车的速度快了两年多。但改变公司文化的过程缓慢而艰难：工程师倾向于管理福特，他们天生的渐进主义和对修修补补以及改进的热爱已经渗透到公司的文化中。

但是，福特或许比其他任何一家美国公司都更有意识、更深刻地认识到，在危急时刻，福特应该帮助国家。福特的创始家族通过超级投票权仍然控制着公司，他们长期以来一直认为，在国家危急时刻挺身而出是他们的责任。20 世纪 40 年代，福特为脊髓灰质炎患者制造了铁肺机。二战期间，福特停止了民用汽车的生产，将资源用于战争，生产了数以万计的飞机、发动机、滑翔机和发电机——尽管当时年近八旬的亨利·福特仍是公司的首席执行官，但他是一位热心的和平主义者[2]，反对美国参战。

在鲍姆比克最初与白宫通电话 40 天后，第一批动力送风过滤式呼吸器被运往纽约地区，那里已有 8 000 多人死亡。到 7 月底，福特将生产 4 万多台。西班牙的一家 3D 打印工厂曾生产出新转向系统和曲轴的快速周转原型，它每天生产 5 000 个防护面罩。福特的工程师从密歇根州总部驱车前往位于南达科他州的 3M 工厂，该工厂正在生产至关重要的 N95 口罩，以提高装配线的效率。

与此同时，它还在努力保证自己工人的安全，但有时却失败了。当时，全世界的上班族都缩在家中的办公室里和厨房的餐桌旁，数百万美国工人以及他们在世界各国的同行却没有这样的奢望。在致命病毒面前，他们继续出现在制造工厂和肉类加工厂，在货架上摆放货物，驾驶仓库叉车，驾驶喷气式飞机和城市公交车。

为解决医护人员所需的防护设备严重短缺的问题，世界各地的公司纷纷调整方向，重组装配线，并重新规划供应链。棒球队将其制服工厂变成生产口罩和病号服的工厂。中国电子商务巨头阿里巴巴当时的副董事长蔡崇信向纽约捐赠了260万只口罩，用一架喷气式飞机运送。可口可乐向巴尔的摩的一家小型装订厂捐赠了2.9万磅[①]塑料，该厂开始生产防护面罩。

与此同时，另一个雄心勃勃的项目正在华盛顿展开。由于数百万美国人失业，小企业濒临倒闭，姆努钦正在制订一个拯救计划。该计划最终被称为“工资保护计划”，从一开始的磕磕绊绊到后来成为政府计划的典范。那种经过精心设计和实施的、技术官僚式的、常识性的努力常常被政治打乱。

迈克·福尔肯德从美国财政部所在的巨石建筑内的办公室门后的挂钩上取下领带，他是负责经济政策的助理部长，领导着一小群经济学博士。他们的任务是把握美国经济的脉搏，美国是世界上最大的经济体，年产出达21万亿美元。姆努钦放宽了对财政部骨干员工的着装要求，3月中旬后，大部分员工被打发回家，他们仍留在办公室工作。除了在国会或白宫办公，领带是可有可无的。今天，他要去参议院解决一个问题。

他的老板姆努钦提出了一个救助计划的大纲，该计划将保证小企业工人8周的工资，其中6周由政府承担。据估计，美国小企业每周的薪资总额为500亿美元，所以姆努钦最初提出的方案是3 000亿美元。最终，他的提议被协商到了3 500亿美元。

但随后参议院拿到了该法案。由佛罗里达州共和党人马尔

① 1磅≈0.45千克。——编者注

科·卢比奥和马里兰州民主党人本·卡丁担任主席的小企业委员会在短短几天内就大幅扩充了该法案及其标价。他们的计划要求提供17周的工资，以及支付水电费、房租和抵押贷款。福尔肯德的团队对数字进行了计算，发现标价远远超过1万亿美元。1万亿美元，这比2008年的问题抵押贷款购买计划还要多；比2009年的经济刺激计划还要多，后者是减税、扩大食品援助和失业计划以及基础设施支出等措施的组合，旨在将经济从崩溃中拉出来。尽管人们对新冠病毒的经济影响的担忧在迅速增加，但一项万亿美元的计划似乎太高了，即使卢比奥和卡丁认为他们在国会得到了足够的支持。福尔肯德的任务就是陪他们算算这笔账。

国会大厦对访客和非必要人员关闭，那里成了一座鬼城。一名工作人员接见了福尔肯德，并陪同他前往一间听证室。卢比奥和卡丁，以及新罕布什尔州民主党人珍妮·沙欣和来自缅因州的共和党人苏珊·柯林斯在房间周围站成一排，保持社交距离。

福尔肯德告诉他们，这根本行不通。卡丁称他为“善于计算的人”。福尔肯德后来告诉朋友，这是他最自豪的时刻之一。

工资保护计划蹒跚起步。

美国国会批准了3 500亿美元的贷款，提供给员工人数少于500人的公司，如果受惠公司将至少75%的资金用于支付员工工资，政府就可以免除这些贷款。几个月前刚刚被任命为美国小企业管理局局长的霍薇塔·卡兰萨负责发放这笔钱。但对于负责处理申请和实际发放贷款的银行高管来说，该计划却是一团糟。

他们需要从借款人那里搜集什么样的信息？他们在为贷款提供资金后能否出售这些贷款？许多银行还没有被批准为美国小企业管理局的贷款人，它们能参与吗？美国小企业管理局的贷款系统在 2019 年全年只处理了 66 亿美元的贷款，它能处理即将到来的大量申请吗？ 4 月 2 日晚，也就是工资保护计划启动的前一天晚上，财政部仍未发布银行和借款人申请所需的许多表格的最终版本。

银行只被允许收取 0.5% 的贷款利息，低于许多小银行必须支付给储户和其他债权人的利息。这一利率太低了，无法吸引资金管理者从银行购买贷款。银行担心无利可图的贷款会堵塞其资产负债表。（在该计划启动的前一天晚上，姆努钦表示，应社区银行的要求，利率将上调至 1%。）一家发放美国小企业管理局贷款的贷款机构贸易组织首席执行官托尼·威尔金森[3]告诉《华尔街日报》，该计划的草案“并不像我们希望的那样简单”，而且随着贷款人对该计划的了解越来越多，“他们参与的可能性越来越小”。

摩根大通在一天前告诉其小企业客户，该行预计不会在广泛宣传的 4 月 3 日开始接受贷款申请，并告诉记者，在发放贷款之前，该行仍在等待美国小企业管理局和财政部的指导意见。截至 2 月中旬，美国银行只计划向在该行开立存款账户和贷款的小企业客户提供工资保护计划贷款。

全美的小型银行都面临着各自的不确定性。缅因州比迪福德的缅因社区银行[4]在开业前已经收到了300多个关于该计划的咨询，但几乎没有答案。首席执行官珍妮·胡里特4月2日告诉《华尔街日报》，“在得到美国小企业管理局的指导之前，我们将暂停行动”。

白宫安排了一次新闻发布会，试图平息这些担忧。前一天晚上，福尔肯德在办公室一直工作到凌晨2点，当时他已将指导意见交给了财政部的律师，后者仍在对措辞进行调整。

姆努钦说：“我相信，我们刚刚在联邦登记册上公布了针对贷款人的新的指导方针。”

财政部没有这样做。回到财政部总部，律师们还在为细节问题讨价还价。福尔肯德打电话给一位负责小企业计划的副总法律顾问。他说：“把这该死的东西贴出去。”到工资保护计划启动当天[5]下午4：30左右，9 779笔贷款获得批准，总价值约32亿美元。

在接下来的两个月里，5 250亿美元将被发放给500多万名借款人——几乎与财政部会计人员的预测完全一致。最终，大多数借款人（95%）将永远无法偿还贷款。这对美国的小企业来说是前所未有的救命稻草，而在政治上，这也是一个可以反驳即将到来的民粹主义批评的有力论据：12年来，政府第二次为大企业纾困。

随着新冠病毒感染疫情的消退，该计划的有效性备受争议。与任何规模的资金涌入一样，许多没有陷入困境的企业也利用了这一机会。布朗大学的研究人员[6]后来发现，该计划只挽救了大约150万个工作岗位，每个岗位的成本为37.7万美元。福尔肯德公开为该计划辩护[7]，财政部认为该计划挽救了1 800万个工作岗位。当然，它也使数百万工人免于失业，因为在疫情初期，失业保险制度已被大量失业申请淹没。获得贷款的企业比没有获得贷款的企业裁员更少，重新雇用的速度也更快，从而验证了政府的预测。

无论最终是否被视为成功，工资保护计划也许都是联邦政府决心不让经济崩溃的最明显的标志。虽然在危急时刻扶持大公司的历史比比皆是——看看“9·11”恐怖袭击事件后对航空公司的支持，或者2008年对汽车行业的救助，但华盛顿的慷慨从未惠及普通民众。

第 17 章

堕落天使

“联邦政府正试图拯救福特！”容尼·法恩对着电话大喊。那天是 4 月 9 日星期四，他刚刚看到一则新闻，这促使他拨通了自己老板、高盛投资银行联席主管丹·迪斯的电话。

美联储正在扩大 3 周前宣布的一项支持债券市场的计划，因为债券市场一直受到混乱交易的困扰，这使得企业几乎不可能筹集到现金，即使是评级很高的企业。3 月下旬，美国央行推出了一项购买高评级公司债券的计划，这些债券的评级至少为 BBB 级，反映了公司本身的潜在信用。（3 家最大的信用评级机构的具体信用评级各不相同，但一般从最高的 AAA 级到最低的 C 级。）

3 周前，当该计划（正式名称为“一级市场公司信贷便利”）被提出时，评级下调似乎是一个明智之举。美联储从来不会亏损，即使在危机加深的情况下，美联储也不会热衷于动用纳税人的钱购买垃圾债券。这些债券评级低是有原因的，反映了公司的财务压力或不断膨胀的债务负担。美国央行希望通过向评级最高的债券提供支持，从而平息整个市场。

但事实并非如此。债券市场陷入混乱。那天早上，美联储宣布对信贷机制的细则做了一个小小的调整。这对普通美国人来说意义不大，但法恩在俯瞰哈得孙河的家中露台踱步时，向他的老板解释了这一点。那些在疫情肆虐之前被评为投资级但后来被降为“垃圾”级的公司，现在都有资格获得该贷款。（“垃圾级”公司指被认为风险过高、大多数蓝筹股投资者都不愿意持有的公司。）

这是一个奇怪的变化。只有 20 多家公司符合标准。但美联储清楚地认识到，即使是那些管理谨慎、业务可行、在危机结束后仍有可能存活的健康公司也可能撑不了那么久。许多投资基金根本无法持有垃圾债券，无论其管理者多么相信这些公司的前景。当一家公司的评级被下调时，投资者就会大量抛售债券，从而压低债券价格，使其几乎不可能以可承受的利率发行新债券。在华尔街，这些公司被称为“堕落天使”。在新冠病毒感染疫情暴发的最初几周，就有几家公司成了“堕落天使”，其中包括达美航空、皇家加勒比邮轮公司和福特。2020 年 4 月，这个俱乐部大多数成员的共同点是，没人想要其出售的东西，没有人买飞机票或新车。

没有人比福特更岌岌可危了，因为它背负着 1 140 亿美元的评级债务，是达美航空的 25 倍。福特大约 370 亿美元的债券刚刚被毫不客气地踢出投资级俱乐部，沦为垃圾债券，这在华尔街相当于在家庭聚会上被挪到了孩子们的餐桌上。尽管福特首席执行官韩恺特和首席财务官蒂姆·斯通全力游说评级机构反对降级，并声称这种挫折只是暂时的，福特的资产负债表不会有问题，但其评级还是被下调了。

降级的时机再糟糕不过了，福特的现金流在不断流失，展厅和大部分装配线都被关闭了。即使它能让它们重新运转起来，也没有人买汽车。2020年第一季度，新车销量下降了1/3以上。3月19日，福特暂停分红，以囤积现金，并撤回了向华尔街投资者提供的关于2020年预期盈利的指导。该公司从银行现有的信贷额度中借款150亿美元，截至4月初，手头的现金约为300亿美元——在正常时期这是一笔可观的资金，但在工厂被关闭的情况下，这笔资金就成了一条不确定的生命线。

福特已悄悄开始与银行家商谈发行债券以筹集现金的事宜。3月25日标准普尔下调福特的评级后，投资者即使同意购买福特的债券，也会向福特收取高得多的利息。韩恺特在密歇根州西部的家中给鲍威尔打了个电话，鲍威尔刚好在美联储总部的办公室里。这位福特首席执行官在华盛顿时已经养成了与政府官员和政界人士接触的习惯，他以前也见过这位美联储主席，但对鲍威尔的接听还是感到有些意外。“我知道你很忙。”他说。他面临来自董事会、投资者和竞争对手的压力，他必须筹集现金，毫无疑问，福特需要现金。韩恺特最不想做的事情就是削减福特的股息，因为股息能给公司成千上万的退休人员提供稳定的收入，更不用说每年给他的恩人福特家族带来数百万美元的收入了。

他说，信贷市场一片混乱，在那里支付高利率借款只会给公司日益减少的现金状况带来更大的压力。他对鲍威尔说：“我不想为了筹集资金而制造太多噪声，我会把钱还回去的。”他近乎带着歉意地暗示了某种联邦援助。还有其他选择吗？

几天后，鲍威尔将宣布一项大规模的政府债券市场支持计划，这将是自2008年金融危机以来政府对金融市场最激进的干预。他守口如瓶，但让人放心，他重复了几天前在美联储讲台上说过的一句话，这一次没有使用央行的行话：“美国政府会在这里。”

韩恺特仍然惴惴不安，他的下一个电话打给了贝莱德集团首席执行官拉里·芬克。他以一位首席执行官对另一位首席执行官的口吻随意地说：“拉里，我不想让你陷入困境。”

事实上，芬克几周来一直处于非常尴尬的境地。贝莱德是全球最大的基金管理公司，受雇于美国财政部执行其债券购买计划，利用其庞大的证券交易业务，代表政府收购价值数千亿美元的公司债券、抵押债券和国库券。美国政府在3月初宣布，计划购买数千亿美元的资产，以疏通冻结和功能失调的信贷市场，并聘请贝莱德集团负责这项工作。

这项任务在很多方面都是一次成功，是对芬克于1988年创立的贝莱德成为美国最强大的金融公司之一的认可。但对贝莱德来说，这也是一个无法避免的利益冲突，因为该公司本身管理着数百只投资基金，这些基金拥有的债券正是美国政府现在聘请贝莱德购买的债券。购买哪种债券，以什么价格购买，这并不容易归结为市场科学，但它至少创造了一个自我交易的机会，芬克对此再清楚不过了。芬克也是由企业大佬组成的小圈子里的巨头，由他来分析其债券的许多公司都由他的朋友经营，人们有可能购买这些债券，从而支撑其价格，这样公司债券发行人的金融命脉就得以维系。一切都一团糟。

韩恺特说："我知道你必须保持独立，所以我只想告诉你，为什么我认为福特符合你的要求。我们正是你要找的那种确保不做傻事的公司，比如削减投资或外包工作以节省开支。""我要让工人继续就业，我是在保护他们。"他说。福特没有解雇任何工人，而是关闭了工厂——当然，这是在汽车工人工会的敦促下进行的，但也付出了巨大的代价。

"你说得对，"芬克说，"让我看看我能做些什么。"

这一消息传到了姆努钦的办公室，导致了令容尼·法恩欣喜若狂的消息的宣布：美联储正在施以援手。这位投资银行家与福特首席财务官斯通及其副手戴夫·韦布进行了一周左右的磋商，但警告他们说，市场对现有债券的胃口不大，更不用说公司为筹集现金而可能发行的新债券了。

现在，美国政府表示愿意购买福特的债券，法恩知道这将向华尔街的其他投资者传递一个信息：福特是安全的。就在这时，福特现有债券的价格因这一消息而飙升。就在一天前，福特的债券还以比面值低近 50% 的价格成交，而现在，它的价格是面值的近 80%。市场的另一个信心信号是，汽车制造商的债务违约保险成本下降了近 2 个百分点。这是一份可以保护投资者在 5 年内免受违约的合同，现在每 1 000 美元福特债务的成本约为 77 美元，低于前一天的近 100 美元。

债券市场投资者的这种新发现的乐观情绪为福特发行新债券以补充日益减少的资金打开了大门。挂断迪斯的电话后，法恩很快给福特的斯通打了电话。他的信息是：机不可失，时不再来。

福特是高盛最重要的客户之一。这家投资银行于 1956 年将福特汽车上市，这是当时美国历史上最大的一次股票发行，多年来一直是福特的首选顾问。西德尼·温伯格是高盛 20 世纪中期近 60 年的执行合伙人，他加入了福特董事会，这种关系一直是华尔街公司最重要的关系之一，温伯格每年的酬金高达数千万美元。现在，福特陷入了困境，如果想摆脱日益严重的财务问题，福特希望高盛能为其铺平道路。

法恩告诉斯通和韦布，不要担心那些传统的信用衡量标准。“唯一真正重要的是，”他告诉他们，“你们有多少现金，在现金被用完之前，你们还有多长时间？”如果不生产汽车，截至 4 月 9 日，福特拥有的 300 亿美元现金也撑不了多久。

在接下来的星期一，也就是 4 月 13 日，福特提交了一份证券备案文件，提前公布了原定于几天后公布的第一季度财务业绩，并表示正在考虑如何筹集现金。在截至 3 月 31 日的 3 个月里，新车销量比去年同期下降了 21%，这只包括北美地区受新冠病毒全面影响的几周时间，而北美地区的销量几乎占到福特全年销量的一半。该文件向市场发出了一个闪烁的霓虹灯信号：我们看到了你们所看到的。美联储的行动使福特有胆量涉足资本市场，并希望不会被淹没。

投资者表示对福特发行的债券不感兴趣，但愿意购买其融资子公司福特汽车信贷公司发行的债券，该公司向购买新车的消费者提供贷款，其信用度较高，因为理论上，投资者可以要求借钱的相关客户还款。

但福特向市场发出了警告。在接下来的 5 天里，福特成功发行了史上最大的垃圾债券。这笔交易清楚地表明，美联储的措施奏效了，尽管投资者感到害怕，但他们的行为与 2008 年时截然不同。开始发行的 30 亿美元债券最终达到 85 亿美元，投资者的认购总额接近 400 亿美元。

美国航空无担保债券的交易价格约为面值的 30%，这表明，投资者认为公司面临严重的财务问题。董事会的一些成员建议回购部分债券。就像公司可以回购股票一样，当股票价值被市场低估时，公司往往会回购股票，他们也可以回购债券，以低价偿还部分债务。公司首席财务官德里克·克尔知道，信用评级机构可能会下调该系列债券的评级，而这只是公司数十亿美元债务中很小的一部分。克尔认为，以较低的价格清偿债务是值得的，他要让穆迪、标准普尔和惠誉三大评级机构的官员知道，美国航空正在考虑这一举措。

标准普尔带来了一个重磅消息：他们威胁要下调整个公司的评级，而不仅仅是发行的那只债券。（公司通常有多只债券，由不同种类的抵押品支持，评级也不同。那些以飞机等硬资产为抵押的债券往往评级较高，与母公司本身的信用等级无关。无担保债券，如美国航空考虑回购的债券评级较低。）这种降级将是灾难性的。它将清楚地表明，美国航空是一家最弱的公司——尽管克尔并不急于指出这一点，但确实如此。这会让华尔街血流成河，美国公司所有未偿债务价格都会暴跌，任何重新借贷的计划都是不可能的。为这些债券投保的信用违约掉期（就像比尔·阿克曼在疫情早期赚得盆满钵满的那些掉期产品一样）也会暴涨，这可能会引发一种自我实现的说法，即公司正面临生存危机。一开始只是为了省点儿钱的聪明做法，可能会让航空公司丢掉性命。

克尔反悔了，他告诉标准普尔，美国航空不会回购这些债券，但评级机构并没有退缩。美国航空哪怕只是考虑采取这一行动，也足以成为下调其信用评级的理由。这超出了克尔的职权范围。他打电话给老板，告诉他这个坏消息。

帕克很快就与一群标准普尔分析师通了电话。“我是美国航空的董事长！”他吼道，“我可以告诉你们，我们没有考虑这个问题。”

危机暂时被解除了。

布莱恩·切斯基醒得很早。当他打开一份一直摆弄到深夜的谷歌文档时，天还没亮。爱彼迎将裁员 1/4，他希望员工能从他口中听到这个消息。他写道：“我们负担不起过去的一切。在这个新世界里，旅行将变得不同，我们需要相应地发展爱彼迎。”

被解雇的员工将获得 14 周的遣散费，在公司工作的员工每满一年还将获得一周的遣散费。他们被允许保留公司的笔记本电脑，以便在公司被关闭期间保持联系，爱彼迎还指派了一批内部招聘人员帮助员工寻找新工作，这一举动与硅谷通常冷酷无情的反挖墙脚风气背道而驰。切斯基后来在一个播客节目中说，“你应该按需削减”，让员工不至于陷入困境。

第 18 章

乞、借、偷

弗吉尼亚州泰森角希尔顿麦克莱恩酒店总经理斯科特·汉密尔顿需要洗手液。

汉密尔顿在一次善意的公司抢劫中，把他的业务主管派到了几百米外绿树成荫的街道上，这条街道穿过酒店所在的一个不起眼的办公园区。希尔顿的公司总部就在这条路上。15 分钟后，副手穆罕默德·哈利夫带着几箱清洁用品和湿纸巾回来了，并把它们带回了几乎空无一人的酒店。

汉密尔顿 46 岁，衣着得体，一头金发分得整整齐齐，他于 3 月 2 日开始担任泰森角希尔顿麦克莱恩酒店的经理，几天前，美国首次报告了新冠病毒感染死亡病例。他是从公司位于夏威夷怀基基滩的希尔顿夏威夷度假村调来的。不可否认，从瓦胡岛的白色海滩被调到泰森角没有灵魂的办公园区，这无疑是一种生活方式的降级，但从某些方面来说，他的职位却得到了提升：酒店就在希尔顿公司总部的街边，这意味着他有很多时间可以与公司首席执行官克里斯·纳塞塔面对面交流，而纳塞塔也习惯于停下来和员工闲聊几句。

但是，汉密尔顿上任一周后，世界就发生了变化。在这个没有人知道安全意味着什么的世界里，他竭力保证员工和旅客的安全。美国疾病控制与预防中心的指导意见时时都在变：先是病毒可以在物体表面存活（根据一些早期报告，病毒可以在物体表面存活 9 天），然后病毒又不能在物体表面存活。口罩是不必要的，但随后又变得至关重要。世界各地的管理人员都在寻找口罩和防护服等个人防护设备，但这些设备严重短缺。他从克里斯特尔城希尔顿逸林酒店的地下室里找到了一些防尘口罩，这是几年前装修时工人留下的，但他不知道这些口罩是否仍然有效。当得知 NBC 新闻要来报道酒店将被关闭的消息后，汉密尔顿打电话给为酒店提供制服和清洁用品的辛塔斯公司，告诉他们如果能在第二天之前将更多的洗手液送到酒店，他们的标志就有可能出现在晚间新闻上。

但现在，聚光灯变成了令人不舒服的强光。泰森角希尔顿酒店与美国首都仅隔着波托马克河，它的大部分收入都来自接待企业活动、游说者和行业会议。这些活动几乎都被取消了。旅游团也消失了。汉密尔顿还没来得及在华盛顿地区找房子，他和妻子以及两个孩子住在酒店里，他们使用服务电梯，以避免与使用主电梯的少数其他旅客接触。他们从酒店礼品店搜罗零食，吃餐饮公司每周 3 次送来的熟食。

为了节省开支，他停止了公司与外部清洁工的合同，自己清扫停车场和餐厅。每天，他都要在大厅里走一走，一边想着 1980 年那部关于闹鬼酒店的恐怖电影《闪灵》，然后敲敲门，看看旅客是否感觉还好。至少有一次，他护送一名有症状的旅客从消防通道走到一辆等候的救护车上。剩下的大多数旅客都是一个由 100 多名沙特阿拉伯外交官和商人组成的大团队中的一员，他们无法离开，被困在国家封锁的边界之外，现在只能用沙特的钱住在希尔顿酒店。（这是因疫情而对一个备受关注的事件的曲解，在这起事件中，数十名沙特王室成员和大臣被沙特王储挟持到利雅得丽思卡尔顿酒店，以显示这位年轻王子的权力。）

也许在航空公司之后，酒店业是受到疫情影响最严重的行业。商务和休闲旅行停止了，但它们的间接成本没有减少。位于泰森角的希尔顿酒店坐落在郊区的一个园区内，从那里可以看到华盛顿，这里很受附近国防部和美国中央情报局访客的欢迎。汉密尔顿曾在 2008 年经济低迷时在拉斯维加斯的一家酒店管理过一个大型餐饮部门，他见识过人们停止旅行时会发生什么。

他让酒店 80% 的员工暂时休假。他曾认真考虑过彻底关闭酒店，但他的财务团队告诉他，包括税收、水电费和其他固定成本，关闭酒店每月将花费 60 万美元。让一家死寂的酒店重新开张也要花钱。由于沙特代表团和一些政府客人循环进出，勉强维持酒店开业简直不值得。

4 月下旬，希尔顿宣布与来苏水生产商利洁时公司合作，为其酒店客房制定新的清洁协议，并在已消毒的房间门上贴上标签，告诉客人房间是安全的。（希尔顿酒店供应管理负责人阿努·萨克塞纳在领英上向利洁时公司首席执行官发出了一封冷淡的邮件，开始了这次名为“希尔顿清洁无忧住”的合作。她在 4 月 4 日写道：“我相信您正处于这个奇怪时期的阵痛之中。”她的语气就像之后几个月里常见的那样。）为了让协议获得医学上的认可，纳塞塔说服了梅奥诊所。1972 年，80 多岁的老人康拉德·希尔顿捐赠了 1 000 万美元，在梅奥诊所建立了一个以他的名字命名的实验室。基于这种关系，纳塞塔询问这家著名的医疗中心是否可以制订一些希尔顿可以遵循的清洁协议。这个想法是在希尔顿酒店的每一扇门上都贴上标签，向旅客保证酒店已经按照世界上最好的医生的标准进行了消毒。

整个希尔顿酒店的经营状况如此严峻，以至被困在那里超过 8 个星期的沙特阿拉伯人一度使汉密尔顿的酒店成为整个公司收入最高的酒店。公园度假酒店拥有麦克莱恩酒店和怀基基滩酒店，并从希尔顿那里获得了清洁协议的使用许可，该公司的一位高管对汉密尔顿开玩笑说，他现在管理着公司旗下两家收入最高的酒店。

另一个严峻的迹象表明，疫情将继续以直接或间接的方式给美国带来严重影响：2021 年 1 月，一群希望阻止总统选举认证的暴徒攻占了美国国会大厦，随后国民警卫队进驻酒店，酒店房间因此被预订一空。

这就是典型的安德鲁·科莫：直接到咄咄逼人的地步。

“我听说福特要生产呼吸机，我想要 1.5 万台。”纽约州州长在电话中告诉福特首席执行官韩恺特。纽约已成为美国疫情的中心，并迅速成为世界疫情的中心。

韩恺特对州长说："我们正在努力工作，但会起作用的。"机器很复杂，公司需要绕过现有的专利，并测试它想出的任何东西。这种呼吸机还需要美国食品和药物管理局的批准，证明它是有效和安全的。韩恺特告诉州长，福特最早也要到6月才能生产出可以工作的呼吸机。

"太晚了。"科莫说，然后挂断电话。

不仅仅是科莫，福特首席执行官听取了包括密歇根州、伊利诺伊州和俄亥俄州在内的6位州州长的意见，他们都在争相购买防护装备和医疗设备。韩恺特以前经历过危机，对与政治家打交道并不陌生。2008年，他曾是中西部巨型贷款机构五三银行的董事会成员，并曾在密歇根州西南部的三明治店里与乔治·布什总统讨论政府为支撑美国摇摇欲坠的银行所做的努力。但这次不同。

政治因素放大了病毒的挑战性和可怕性。联邦政府没有提供任何帮助，州政府和地方官员正在利用非正式的关系来保护他们的公民。其中一个例子就发生在科莫的后院。纽约市西奈山医院的呼吸机数量严重不足。该医院与中国电子商务公司阿里巴巴时任副董事长、纽约NBA球队之一布鲁克林篮网队的老板蔡崇信达成协议[1]，由其捐赠1 000台呼吸机和数千个急需的口罩。但问题是，特朗普一直在发表反华言论，将新冠病毒称为"中国病毒"。比尔·福特给纽约合作组织的凯西·怀尔德打了电话，说高盛前高管约翰·桑顿正在打电话，称科莫必须和中国大使谈谈。

“好消息！”凯西·怀尔德的收件箱里收到了这样一封邮件，“阿里巴巴捐赠的呼吸机已获得中国政府的批准，将被及时运往纽约市。”4月3日，该州刚刚经历了迄今为止疫情中死亡人数最多的一天。在此前的24小时里，562名纽约人死亡，死亡人数达到2 953人，是截至当时死亡人数最多的州。

约翰·桑顿、蔡崇信以及科莫与中国大使之间的一次通话，将为期一周的幕后地缘政治角力推向了高潮。

不只是安德鲁·科莫在为难韩恺特。总统于5月21日访问了位于伊普西兰蒂的福特工厂，该工厂已被阿波罗计划接管，总统的访问从一开始就令人不安。

福特极度不关心政治，尤其是在选举年。福特有一项政策，即在临近大选的时候不接待任何党派的候选人。更重要的是，密歇根州是一个关键的战场，无论此次访问的目的是什么，韩恺特都知道这将变成一场竞选活动。还有一个问题是，特朗普的公开声明和行动淡化了病毒的危险性。他不愿意在公共场合戴口罩，并否定了口罩有助于减少感染的证据。哥伦比亚大学的一项研究发现，政府如果早在一周前就采取行动，鼓励人们与病毒保持距离，而不是等到3月15日，就有可能挽救36名美国人的生命，但特朗普对此不予理睬，并称该大学“非常自由”。

尽管如此，这是福特基因中的爱国主义时刻，福特为展示自己的产品而感到自豪。韩恺特再次致电白宫的特朗普经济顾问拉里·库德洛，发出邀请，但他补充说，总统如果不戴口罩就不能来。福特正准备重开工厂，需要员工百分之百遵守戴口罩的规定。如果总统不戴口罩就来，韩恺特知道让工厂工人认真对待戴口罩的工作就更难了。

当总统第一次抵达罗森维尔工厂时，已经有记者问他是否会戴口罩，他敷衍了这个问题。“我会考虑的，”他说，“很多人都在问我这个问题。”比尔·福特和韩恺特在一间会议室会见了特朗普，两人都戴着口罩。韩恺特感谢特朗普政府帮助福特从美国食品和药物管理局获得了呼吸机所需的批准。

然后，特朗普转向比尔·福特说：“我想我得戴个口罩吧？”“是的，先生。”这位高管回答。特朗普闪出房间，拿着一个印有总统印章的海军口罩回来了，在戴上口罩之前他向高管们炫耀了一番。他说：“我看起来还不错吧？”他指出，在参观工厂时他会戴着它，但在接受媒体采访时可能会摘下它。“我不想让他们觉得我，你们知道的……”他拖长了语调说。

稍后他会在新闻摄影机前说完这句话，他说他之前一直戴着口罩，但“不想让媒体看到”。比尔·福特戴着口罩和护目镜，片刻之后，随行记者团的一名成员问他，他是否告诉过总统可以不戴口罩。他只是气愤地耸了耸肩。

韩恺特坐在密歇根州西部家中的书房里，他拿起一支笔，又放下，揉了揉眼睛。在过去的几周里，他和他的董事长比尔·福特已经达成了一项严谨的分工协议。当福特的一名员工

死于新冠病毒时，比尔会给死者家属打电话，韩恺特会写一封信，死者家属可以保留这封信。

6 月初，密歇根州迎来了晚春，两位高管已经如此操作了十几次。每封信对韩恺特来说都很艰难，但这一封是最糟糕的。这是一个家庭中的第三起死亡事件。第一个是一位 60 多岁的老人，他是工厂车间的老员工。他死后，韩恺特写信给他的两个儿子。几周后，其中一个儿子去世了，首席执行官又写信给幸存的兄弟，现在他也死了。

韩恺特无法再写信给谁了。

贾森·安布罗西机长从 8 楼办公室的窗户向外望去，看到了哈兹菲尔德–杰克逊亚特兰大国际机场广阔的区域，这里是达美航空的总部，他在这里已经工作了 20 年。平时，哈兹菲尔德机场是全美最繁忙的机场，2019 年的乘客吞吐量超过 1 亿人。今天，6 月的一个下午，天气晴朗，阳光普照，机场几乎空无一人。唯一的噪声震耳欲聋：一只爪子从起重机上落下，将一架飞机撕成碎片。

这是一架 MD–88，是达美航空在疫情期间为简化机队而退役的几百架飞机中的一架。MD–88 是安布罗西的座机，他在达美航空 20 年的职业生涯中大部分时间都在使用这架飞机。这是一种老式机型，是众所周知的主力机型，飞行非常安全，但油耗大，驾驶舱的自动化程度不如新机型，因此驾驶舱的性能很差。“波音造飞机，麦道（麦克唐纳·道格拉斯公司）造人品。”老飞行员这样说。

在疫情开始时，达美航空有47架这样的飞机在服役，现在正在陆续退役。由于没有足够的乘客乘坐较新的飞机，而且接受过老式MD–88型飞机培训的飞行员越来越少，这些飞机对公司的价值不大。大部分飞机被送往阿肯色州布莱斯维尔的飞机废料场，在那里它们将被拆卸成零件。但也有一些飞机需要维修才能适于飞行。修理飞机只是为了把它拆掉是没有意义的，所以公司雇用了拆机人员在跑道上进行维修。

第 19 章

一个人的空间

大卫·所罗门坐在蒙托克的杜里埃龙虾甲板餐厅里。高盛的老板在那个星期五起了个大早，早上他在长岛东部海滨小镇租住的房子的书房里工作，与从新泽西州来的朋友们一起在海鲜餐厅吃午饭，这家餐厅以前是当地一家提供自助龙虾卷的潜水餐厅，后来改成了一家提供酒水服务的坐式餐厅。

所罗门听到有人叫自己的名字，转过身来，发现是一位20岁出头的女性。她自我介绍说是高盛入职一年的员工，并向身后一桌其他的6名年轻同事示意，她没有一丝羞怯地告诉公司首席执行官，这些同事今天请假来海滩玩。所罗门感谢她的问候。他说："我相信你们的工作一定很出色。"

他转身回到客人身边，私下里怒火中烧。作为一名初级员工，他从来没有胆量接近首席执行官，更不用说是在工作日了，而且是在所罗门几周来一直耿耿于怀的远程工作的工作日了。他已经受够了。

2020年夏天，让人们足不出户、让曾经热闹非凡的城市变成鬼城的恐惧感已经消退，或者至少被人们的狂欢冲动压倒。纽约热闹非凡，人们可以喝到外带的鸡尾酒，还可以挤进无处不在的户外棚屋，这些棚屋占据了整个城市的人行道。在3个月的时间里，这里的气氛从悲哀变成了欢庆。每晚从窗子里传出的对医疗和急救人员表示集体支持的锅碗瓢盆敲击声早已停止，取而代之的是镇上更熟悉的狂欢声。所罗门周末在他所居住的纽约时尚中心 SoHo 商业区散步，发现露天酒吧和餐馆挤满了年轻人，但星期一早上来到高盛的办公室却发现里面空无一人。办公室已于6月下旬重新开放，员工是可以前来办公的。在他看来，员工可以放心地冒着感染病毒的风险去喝啤酒，却不愿意回到办公室，这证明远程工作已经失控。

他在这个问题上的纠结让许多下属觉得他有点儿虚伪，因为所罗门在疫情期间的大部分时间里都在自由旅行，周末——虽然很少是工作日——都在巴哈马和汉普顿的度假胜地度过。在汉普顿遇到初级员工几天后，他还将在南安普敦的一个电子音乐节上表演，该音乐节受到了公共卫生专家和该州州长安德鲁·科莫的严厉批评，称其是“严重违反社交距离的行为”。

所罗门后来向高盛董事会承认，那场音乐会是个错误。但随着夏天的过去，他的恼怒依然存在。所罗门属于较早一批勤奋的金融高管。他于20世纪80年代中期来到华尔街，早年在唯利是图的高收益债券世界中度过，先是在德崇证券，迈克尔·米尔肯在那里发明了垃圾债券市场，后因内幕交易罪被判刑；然后在贝尔斯登公司，为私募股权大亨筹集资金。1999年，高盛刚刚上市，他就加入其中，作为一位兢兢业业的老板，他一路晋升。他于 2019 年被任命为首席执行官，以大胆、独裁而著称，对公司有着清晰的愿景，很少有时间听取不同意见。

不过，他还是顺应了华尔街文化的变化和新一代员工的要求，实施了一些政策，确保高盛最年轻、工作最繁重的员工的周末生活得到保障。他经常说，既要努力工作，也要有个人生活。但新冠病毒感染疫情和随后的居家工作制度打破了这种平衡。高盛比其他华尔街公司更早让员工回家（值得注意的是，它避免了 5 月席卷摩根大通的那种交易大厅疫情，当时摩根大通仍在强迫员工上班），但这一切开始让所罗门感到不满。华尔街在某种程度上是一个学徒行业，这在其他行业很少见。成千上万的大学毕业生加入这个行业，他们脚踏实地地学习。（在高盛就是这样，暑期实习生在第一天上班时除了获得安全通行证，还会得到一张折叠椅，他们可以随身携带折叠椅，跟在更高级的管理人员身边流动办公。）

2020 年夏秋两季，随着纽约等一些热点地区疫情的减弱，企业高管们竭力想办法处理数月前被遣散回家的数千名员工，并思考如何与他们沟通。托儿所仍然稀缺，许多父母身兼两职，处于精神崩溃的边缘。新冠病毒仍在流行，早期关于疫苗的消息虽然听起来很有希望，但疫苗应用仍需数月时间。截至 7 月底，超过 15 万美国人、全球超过 65 万人死亡，在该月的最后一周，16.5 万人的病毒检测呈阳性。但是，在包括所罗门在内的许多商界领袖看来，漫长的夏季“土拨鼠日”似乎孕育了一种权利意识或自我放纵感。他们的员工纷纷逃离这座城市，到卡茨基尔或奥斯汀和迈阿密等新兴热门城市长期租房居住。那些留下来的人对几个月的隔离生活感到厌倦，开始利用户外聚会的机会。

美国居家工作的伟大试验正在进行。

1729年6月，一座巨大的石头建筑在伦敦落成。它被认为是第一个现代企业总部，是东印度公司的总部，这个准政府机构当时已经以王室和资本主义的名义占领了亚洲的大片土地。在乔治王时代的伦敦，东印度公司总部气势恢宏、威严庄重：3层楼高，5根大理石柱子，顶部是飞檐翘角——一位历史学家后来说，这种建筑风格是为了“激发信心，给股东留下深刻印象”。它甚至还有一间会议室，里面的大理石壁炉上刻着一个场景，深皮肤的当地人向不列颠尼亚献上珍珠、瓷器、茶叶和其他异国财富，不列颠尼亚是戴着头盔的女战士，是英国的化身。

在此后的3个世纪里，办公室变得越来越高，越来越宏伟，但其目的始终如一：一方面是为了后勤方便，另一方面是为了展示企业的实力。20世纪末期，随着互联网连接的速度越来越快，范围越来越广，许多人预言办公室将会消亡。包括IBM和雅虎在内的几家大公司已经开始接受远程办公，承诺给员工自由，并吹嘘可以在任何地方招聘到世界上最优秀的人才。2009年，IBM的一份报告称，在其分布于173个国家的约 38.6 万名员工中，有 40% 的人“根本没有办公室”。通过减少 5 800 万平方英尺的办公空间，该公司节省了 20 亿美元，其“在任何地方办公”的政策成为其他公司效仿的典范。

这种情况并没有持续多久。2013 年，雅虎新任首席执行官玛丽莎·梅耶尔命令员工回到办公室，称互动和人际关系对以最佳状态完成工作至关重要。（事实证明，雅虎最出色的阶段已经过去；梅耶尔于 2017 年离职，在接下来的几年里，该公司实际上已经被拆分。）4 年后，IBM 采取了同样的做法。

与此同时，各家公司投资数十亿美元打造光鲜亮丽的企业园区，用“创新休息室”和康普茶吧取代了饮水机，以吸引员工回来，并鼓励梅耶尔认为是企业成功关键的那种协作。有些公司则采取了更强硬的措施：财经新闻和数据公司彭博社记录员工早上几点上班，并以硅谷更常见的工作场所福利作为补偿，从午后冰激凌吧到流动花生酱车。21 世纪第二个 10 年末，在新冠病毒感染疫情暴发前夕，办公室文化牢牢扎根于物理上的接近。

布莱恩·切斯基也很孤独。这位性格外向的爱彼迎首席执行官已经在旧金山的家中躲了几个星期。平日里，他乐于拜访房东，经常用假名在爱彼迎网站上订房并前去试住，以测试旅行者的体验。现在，他已经被困在家里好几个星期了。

封锁可能会扼杀爱彼迎的发展，却激发了它的转型。在疫情暴发前，该公司有一个小部门，帮助旅行者预订体验而非住宿，比如纳帕的品酒之旅或伯利兹的树冠之旅。随着旅游业的停滞不前，爱彼迎将这一业务虚拟化，允许人们提供旅游或课程等虚拟体验。“切尔诺贝利的狗”是切斯基的最爱，这是一个价值 50 美元、长达一小时的视频之旅，主人戴上 GoPro 摄像机，在核事故现场的辐射区漫游，并喂养数百只野狗，它们是居民逃离时被遗弃的宠物的后代。（切斯基向他在摩根士丹利的银行家迈克尔·格兰姆斯推荐了这一活动，格兰姆斯与妻子和上大学的孩子们一起参加了这个活动。）

疫情也带来了另一个意想不到的机会。到了 5 月，切斯基注意到长期住宿的预订量开始上升。前往遥远目的地的周末度假被安排成几周或更长的时间，而且绝大多数都在距离旅客家乡几百英里的地方。城市居民开始寻找邻近城镇的度假公寓，这样他们就不用坐飞机了。

7 月 8 日，公司迎来了一个重要的里程碑。旅客预订量终于回升到疫情开始前的日均水平。切斯基在 2020 年初就计划进行首次公开募股，但由于疫情的暴发，计划被打乱了，而且在那年春天，爱彼迎向华尔街乞求资金并裁员 1/4，这看起来有些可笑。

摩根士丹利的银行家们在那一周起草了一份报告，旨在做两件事：说服爱彼迎可以上市，让其聘请摩根士丹利牵头首次公开募股。报告的标题是“一个人的空间”，这是一份精致的华尔街推介文稿，目的是让潜在客户听起来更顺耳。幻灯片的左侧有一栏标题为“通常”，列出了一家正常公司在正常时期向投资者定位的方式。右边一栏写着“一个人的空间”，逐行展示了爱彼迎上市的不同之处。大多数公司都是在短期业绩强劲时上市，爱彼迎将在“一个世纪以来最严重的旅游低迷时期”上市。大多数公司在应对危机时“只为股东保值”，爱彼迎则“从危机中拥抱变化，为所有利益相关者服务”。令切斯基尤为欣喜的是：“在短期不确定的情况下上市，显然只能吸引长期投资者。”换句话说，自疫情暴发以来，爱彼迎的财务结果非常糟糕，而危机的结束仍是模糊的，因此，任何愿意购买其股票的投资者都必须做好长期持有的准备。对任何企业高管来说，这都是悦耳的音乐，他们哀叹那些在首次公开募股时蜂拥而至却为了快速获利而抛售股票的股东的短视行为。

银行家们即将上演他们精心排练的最后一幕，这也是所有交易中锦上添花的部分。任何一家公司在首次公开募股之前向大投资者讲述的“成功故事”都基于它在前几轮融资中获得了多么高的估值。稳步攀升的估值会给投资者留下深刻印象，这表明机构投资者对该公司的信心与日俱增。但对爱彼迎来说这行不通，爱彼迎的估值一度高达 310 亿美元，但在 4 月银湖资本和第六街的投资中，估值已降至 180 亿美元。

银行家们表示，爱彼迎将扭转这一趋势。爱彼迎的故事将不会与稳步攀升的估值或令人瞠目的增长联系在一起。相反，它将“基于完成不可能的任务”——生存。

第 20 章

去开飞机

6 月初，道格·帕克在美国航空总部的大厅里散步，经过一间玻璃墙的会议室时，他的首席副手罗伯特·伊索姆和首席营收官瓦苏·拉贾正在那里翻阅文件。拉贾注意到这位首席执行官，并向他招手，让他进来听一个大胆的提议，在几周前这还是不可想象的。

飞行的经济效益发生了变化。联邦政府现在承担着美国航空 10.7 万名员工的工资。飞机是固定成本，即使它们停在地面上，航空公司也要支付租赁费。这样一来，基本上只剩下飞机燃料和着陆费了，而拉贾计算过，即使是满员率不到一半的航班也能支付这笔费用。拉贾对帕克说："大家都走错了路。"他建议帕克积极增加航班，以争夺市场份额。"你怎么看？"他问自己的老板。帕克说："听起来不错。这就是我们应该做的，去开飞机吧。"

在 3 月获得联邦政府的援助后，美国航空就开始积极行动。美国航空收回当年春天停在塔尔萨、匹兹堡和罗斯韦尔郊外新墨西哥沙漠跑道上的410架喷气式飞机中的一半。在竞争对手犹豫不决的时候[1]，美国航空增加了相当于整个航空公司的航班量——约400万个座位，与疫情前捷蓝航空的规模相当，到7月中旬，美国航空空中座位数是美国联合航空的两倍多，比达美航空多出一半。其总部达拉斯/沃思堡枢纽一度成为世界上最繁忙的机场。到月底，每天有近700架飞机起飞，比一年前的900架有所减少，高于春季最冷清时的200架飞机。机场休息室被重新开放，D航站楼的福来鸡偶尔也会排起长队。

竞争对手议论纷纷。在美国航空增加120万个座位的当月，美国联合航空仅增加了64万个座位，在6月发给员工的一份内部备忘录中，美国联合航空称，一些不知名的竞争对手正在实施“夸大的时间表”，最终将被证明是一个亏本的错误。巴斯蒂安向华尔街分析师承诺，达美航空将采取“业内最保守的运力策略”。

但帕克最近的赌博似乎奏效了。6月，美国航空国内航班的满座率接近70%，以至帕克在5月下旬去佛罗里达州的度假屋旅行时，在美国航空的航班上找不到座位，最后只能搭乘美国西南航空的航班，他曾把这家航空公司比作“牛车”。有一次，拉贾接到了美国疾病控制与预防中心一位高级官员愤怒的电话，他看到了美国航空飞往代托纳比奇的打折机票。看来，帕克的“坐飞机”策略在公共卫生界并不受欢迎。

不仅仅是航空旅行，美国经济在2020年夏季和初秋大幅复苏。美国人厌倦了封控，受到温暖天气的诱惑，摆脱了疫情的桎梏，关掉了网飞，把酵头放回冰箱。在第二季度经济萎缩31%之后[2]，美国经济在7月至10月间增长了38%。美国已经恢复了自疫情暴发以来3/4的工作岗位，失业率为5.4%。餐饮业的销售额也回升到疫情之前的80%。这还不足以弥补2020年春季的经济损失——美国的经济活动总量仍有约2 800亿美元的缺口，但已经很接近了。

这对克里斯·纳塞塔来说是个好消息。这位希尔顿酒店的首席执行官早在3月就堆起了金融沙袋，从华尔街借贷了15亿美元，并从与美国运通达成的信用卡积分交易中筹集了10亿美元。希尔顿第二季度的收入下降了2/3。到6月下旬，公司股价仍为每股70美元，比2月的高点下跌了近40%。

这位首席执行官在2019年有200多天在路上奔波——这样的日程安排让他不得不去卡布寻找喘息的机会，他因大部分时间都被困在阿灵顿的家中而感到不安。他很享受这段额外的家庭时光——5个大女儿已经搬回家，小女儿还在上高中，但他很想回到一个更正常的世界。他担心投资者和旅客会永远抛弃希尔顿。到2020年8月，希尔顿酒店在一个好日子里客满率为40%。商务旅行几乎没有回暖的迹象，休闲旅行者也放弃了周末在城市入住酒店，他们会在更多的农村地区长期旅游。

“他们以为我们死了，”他一边擦洗顽固的千层面锅一边对妻子佩奇说，“我们没死。”

仅仅增加飞机数量是不够的。即使采取了新战略，美国航空的财务状况也陷入困境。尽管公司削减了成本，包括冻结工资和将总部员工减少1/3，但公司在3月每天烧掉6 500万美元，4月每天烧掉8 600万美元，5月每天烧掉5 600万美元，6月每天烧掉3 000万美元。美国航空曾希望政府能提供250亿美元的贷款计划，其中48亿美元已拨给它，这将堵住其迅速加深的财务窟窿，但有关贷款细节的谈判仍被拖延着。华尔街精品公司PJT Partners的财政部银行家们希望有足够的抵押品来保护纳税人，而美国航空能提供的抵押品相对较少。美国航空的大部分飞机都是租赁或以其他方式融资的，而且它已经以其最赚钱的航线为抵押品了。

PJT Partners的首席银行家吉姆·默里建议美国航空以其光鲜亮丽的新总部作为抵押品。这个占地300英亩的园区于2019年竣工，是公司的骄傲。它拥有最先进的运营中心、现代艺术和充满阳光的小卖部，两侧是专门建造的自然保护区，山猫就潜伏在那里。公司耗资近10亿美元打造了这个园区，包括3.5亿美元的主楼，帕克不想把它卖掉。于是，美国航空首席财务官德里克·克尔提出了一个替代方案。一家外部公司给他们的常旅客计划估价250亿美元。航空业一个不可告人的秘密是，航空公司从与各大银行的信用卡合作中赚到的钱比从卖飞机票中赚到的钱还要多。克尔问默里："或许美国财政部会接受这个提议？"

政府的银行家们对此持怀疑态度。如果美国航空破产会发生什么？如果常旅客积累的里程被归零，该计划将一文不值，美国纳税人将蒙受巨大损失。克尔向 PJT Partners 保证，这种情况不会发生，即使在过去的航空公司破产案中，他们的常旅客计划也完好无损。他告诉他们："这是有价值的。"

作为《关怀法案》的一部分，航空公司在 3 月获得的 250 亿美元的工资支持将于 9 月 30 日到期，帕克已经和萨拉·纳尔逊讨论了几个星期，讨论他们在 3 月建立起来的政治联盟是否有可能获得第二轮援助。纳尔逊告诉帕克，她认为可以，但美国航空政府事务负责人纳特·加滕却不那么乐观。他告诉自己的老板，重新向航空公司提供援助的政治意愿不强。美国国会的大多数议员已经对第一次援助感到厌恶，而在即将进入秋季的第二轮经济刺激计划上的政治斗争也够棘手了。民主党人寻求为个人家庭提供更多的支票，为医院、州政府和地方政府提供更多的援助，而共和党人主张提供一个规模更小、更有针对性的方案。

政治上的不满情绪也在蔓延[3]，一些批评人士怀疑，继续支持航空公司是否等同于企业福利。酒店经营者或房地产所有者没有得到任何专项拨款，他们的房产被清空，租户开始寻求解约。尽管名厨们慷慨陈词，贸易团体也匆忙召集起来为他们进行游说，但被关闭的数十万家餐馆并没有得到特别的照顾。

6月中旬，航空公司首席执行官们再次聚在一起，这次是在Zoom上开会。他们在3月坚持的统一战线已经开始瓦解，当时他们的迫切需求基本相同。随着危机的持续，他们潜在的优势和劣势逐渐暴露出来：达美航空和美国西南航空在危机中债务较少，资产负债表更强劲，它们在争取第二轮援助的努力中开始后退，而其他航空公司，尤其是美国航空的帕克，比其竞争对手负债更多，正在全力以赴。游说组织的老板尼克·卡利奥曾私下告诉帕克，虽然巴斯蒂安和美国西南航空的加里·凯利没有采取任何公开的行动来阻挠当时在华盛顿刚刚开始的谈判，但他们也没有为此付出多大的努力。他将第二轮援助的话题排除在会议议程之外，而将重点放在了健康和安全方面，包括航空公司在春季委托哈佛大学陈曾熙公共卫生学院进行的一项研究的最新进展。

在高管们讨论议程项目时，帕克突然开口了。他说，“我还有一件事”，他提出了一个关于延长航空公司工资支持计划的想法。上次问题重重的贷款计划将不会成为这次计划的一部分。“这听起来像一个长推杆，”巴斯蒂安说，“但谁会不接受呢？”对帕克来说，这是一次信任投票，他一挂断电话就给加滕发了封电子邮件：“这是美国航空现在的首要任务。”但谈判被一拖再拖，到了6月，美国航空再也坚持不下去了。就在这时，高盛向德里克·克尔提出了一个想法，高盛以创造性甚至狡猾的创造性思维而闻名。美国航空的知识产权——标志、专利和其他松软但有潜在价值的资产——又如何呢？美国航空拥有标志性的“AA”标志、常旅客奖励计划信用卡，以及

aa.com 和其他资产的所有权。政府不愿意接受这些资产作为抵押品，但私人投资者也许愿意。

一位独立评估师认为商标的价值超过 70 亿美元，这足以让高盛的银行家们筹集 10 亿美元的优先债务。但投资人认为美国航空非常脆弱，利率高达 11.75%。早在 2 月，美国航空就以 3.75% 的利率出售了没有任何抵押的债券。换句话说，投资者非常担心美国航空无法偿还债务，因此收取了 3 倍的利息——尽管如果发生了这种情况，他们将成为价值数十亿美元的知识产权的新主人，并在全美各地刷上信用卡。（这并不是危机期间第一次有公司抵押知名品牌来筹集资金。早在 2020 年春天，摩根士丹利的银行家们为嘉年华邮轮公司完成一轮融资时，该公司就将其船只和经营许可证作为抵押品。在最后一刻，一位银行家建议将嘉年华的标志和商标也加入抵押品，他对一位同事说："我不认为'摩根士丹利邮轮'会有很多需求。"）

通过发行 IP（知识产权）债券，再加上大约同时发行的 21.5 亿美元股票和可转换债券，美国航空有足够的现金再支撑几个月。

因此，资金在 2020 年春季和夏季流向了一家又一家蓝筹股公司。与 2008 年不同的是，当时债券市场几乎被关闭了一年多，而现在有资金可用，尽管成本很高。

直到 2021 年 3 月，美国航空的每日现金损失才降至 1 000 万美元以下，直到危机开始整整一年后的 4 月才转为正值。在这 12 个月里，美国航空将筹集近 230 亿美元的新现金，其中约 2/3 来自联邦政府，其余部分则通过市场上的股票和债券交易获得。

克尔最终获胜了。代表财政部的 PJT Partners 银行家表示，他们愿意接受美国航空的信用卡计划作为抵押，以获得根据《关怀法案》分配给该公司的 48 亿美元贷款。

高盛的银行家嗅到了商机，提出了一个诱饵转换建议。为什么美国航空不把政府的批准印章带到市场上，看看投资者是否会接受？格雷格·李是高盛的资深投资银行家之一，他在盛夏，也就是高盛出售以知识产权为担保的债券的几周后，向克尔提出了这个想法。

这位银行家说，这样做对美国航空有两个好处。第一，这将使公司拥有更多的传统资产，如飞机、备件，如果有必要，还有总部。这些资产将来可以用来向私人投资者借款。第二，这将使美国航空保留某些商业细节。与其他航空公司只有一个信用卡合作伙伴不同，美国航空有两个：花旗集团和巴克莱银行。美国航空一直努力对这两笔交易的具体细节保密，以便在银行偶尔重新谈判时为了争取更好的条款相互博弈。如果财政部对其信用卡项目拥有所有权，那么这些合同就可能成为公开记录。克尔知道，如果公开忠诚度计划的细节，势必会激怒花旗集团或巴克莱银行，而现在可不是惹怒银行的好时机。美国航空在向私人投资者披露信息时可以更有选择性，至少可以不让合同细节出现在美国政府的网站上。克尔承认，这笔交易有一定的逻辑。

但就在几周前，美国航空还被迫支付 11.75% 的利息以获得债券投资者对其知识产权的贷款。财政部提出以高于基准利率 3.75 个百分点的利率为信用卡项目提供贷款，克尔知道这是一笔很好的金融交易。“请原谅我没有沐浴在高盛温暖的光芒中，”他问李，“但我要付出什么代价呢？”银行家笑了。“多很多”，他说，并指出投资者可能会要求 10% 或 11%。

财政部的交易获胜。（高盛很快就向美国联合航空提出同样的提议，该公司成为第一家向市场出售由其忠诚度计划支持的债券的航空公司。达美航空将在秋季跟进。美国航空最终也会在 2021 年 3 月这样做，那时它已偿还财政部的债务并收回其项目的权利。这些债券的利率约为 5%，大约是 10 个月前高盛给克尔报价的一半。）

当财务状况要好得多的美国西南航空决定不接受这笔钱时，它又获得了 7 亿美元。秋天有一个日期，航空公司必须在这个日期之前说明是否真的要借钱，但达美航空没有这么做。于是，美国航空得到了达美航空的钱，又借了 20 亿美元，使其政府借款总额达到 75 亿美元。（美国航空的高管们感到很困惑，即使达美航空不需要这笔钱，他们也认为达美航空会接受这笔钱，以免它流向竞争对手。）

航空公司对新开航线大肆宣传，但关闭航线却悄无声息。这就是美国航空 8 月 20 日发布的新闻稿的不同寻常之处。该新闻稿列出了将从 10 月开始削减服务的 15 个小城市，如艾奥

瓦州的苏城和密歇根州的卡拉马祖。这纯粹是政治行为，意在激怒那些由这些机场服务的选区的国会议员。美国航空表示："由于（联邦援助的）延期仍在审议之中，美国航空将继续重新评估这些市场和其他市场的计划。"

帕克又回到华盛顿，重新扮演起他在3月扮演的角色，成为航空业的首席交易人，当时航空业已经获得数十亿美元的政府援助，现在还需要数十亿美元。他离开位于阴森荒凉的市中心的威拉德洲际酒店，来到乔治敦的四季酒店，那里至少有几家餐厅在营业，他几乎每天都在华盛顿闷热的天气里走到水边，而且常常把手机贴在耳边。他成了这家基本上空无一人的酒店的知名人物，经常向经理询问入住率。大多数时候，入住率都是个位数。帕克说："我感觉到了。"

9月10日，他拨通了南希·佩洛西的电话。这位议长的电话一直很难接通，这种谨慎反映出她在政治上已经陷入困境。总统大选迫在眉睫，政治智慧也在不断强化这样一种观点：如果另一个大型援助计划获得通过，特朗普连任的机会就会增加，也有助于共和党人夺取众议院的控制权，这将使佩洛西失去议长的职位。

更重要的是，在3月帮助民主党获得第一轮援助选票的劳工组织的统一战线如今已出现裂痕。美国教师联盟要求预留资金帮助学校安全复课，而其主席兰迪·温加滕毫不掩饰她对另一项针对航空公司员工的援助计划的不满。这有助于佩洛西的党团在向州政府和地方政府提供额外援助方面保持坚定的立场，而这已成为谈判的一个关键症结。（这种援助还将帮助因疫情而遭受重创的公立医院。）

在佩洛西的要求下，众议院交通委员会主席彼得·德法齐奥也加入通话，他在航空援助谈判中担任了主题专家的角色。他当时心情很糟（野火在俄勒冈州西部肆虐，他和数千名选民已经从家中撤离），他迅速劫持了谈话。

“南希，你打错了仗。”德法齐奥说。民主党人坚持为州和地方政府争取更多资金的初衷是好的，却是短视的。美国航空和美国联合航空的首席执行官曾警告说，如果不延长联邦援助，他们将解雇3万多名员工。“让我们去争取我们能争取到的，然后我们将利用这些资金赢得大选，之后我们再去争取更多的资金。如果赢不了选举，我们就会有更大的麻烦。”这位国会议员一反常态继续对其政党的领导人进行指责，似乎忘记了帕克的存在。帕克哑口无言，转向他的首席游说者加滕。“让他离开吧，”加滕说，“他在和你打架。”

德法齐奥继续敦促佩洛西软化立场。他说，到9月30日，数以万计的航空公司员工将失业。“南希，他们不是在虚张声势。我们必须完成这项工作。”他说。然后，电话变得低沉起来，就像有人用手捂着听筒在后台说话。德法齐奥又接通了电话。“我得走了，”他说，“我被疏散了。”

第 21 章

YOLO 经济

看起来就像上帝拾起了这个世界，把所有的人都摇了出来，又把它放了回去。詹姆斯·戈尔曼正穿过空荡荡的时代广场，前往办公室。那是 2020 年 10 月 8 日。他已经在自己的公寓里独自度过了近 3 个月。对一个自 10 年前成为摩根士丹利首席执行官以来几乎没有在纽约连续待过一周的人来说，这是一个突如其来的打击。他在晚上长时间散步思考，漫步经过漆黑的餐馆和门窗紧闭的商店，因为在 5 月，黑人乔治·弗洛伊德死于明尼阿波利斯警察之手后，种族正义抗议活动席卷了纽约市乃至全美大部分地区。

戈尔曼是摩根士丹利第 13 名感染新冠病毒的员工。当时，死亡人数近 20 人，其中包括一名在银行行政楼层首席执行官办公室外工作的保安。戈尔曼花了 10 周时间才恢复正常。深呼吸会让他的肺部发出嗞嗞声，胸口发闷。每天，他都会把鼻子伸进一罐维吉麦中试试自己的嗅觉是否恢复了。维吉麦是一种用酿酒酵母制成的黑色美味酱，在他的祖国澳大利亚很受欢迎，世界其他地方都很难把它当成食物。那天早上，他把手指伸进罐子里拿出来舔了舔，还是没什么感觉。

2020 年伊始，他进行了一项重大收购，即收购亿创理财。他正要宣布另一个消息。

事情始于 6 月。摩根士丹利的资金管理部门在华尔街是个“小虾米”，但多年来一直觊觎伊顿万斯。摩根士丹利是伊顿万斯通过其零售经纪公司销售共同基金和其他产品的主要零售商。戈尔曼曾向伊顿万斯的首席执行官汤姆·福斯特提出希望收购伊顿万斯。两人通过 Zoom 进行了交谈，戈尔曼在他曼哈顿的公寓里，而福斯特在他缅因州的周末度假屋里。戈尔曼的团队给了福斯特一套照明设备，但它总是立不住，几周前福斯特就把它塞进了壁橱里。

他知道，时机不对。2020 年夏天，第二轮新冠病毒感染疫情席卷市场，并引发了可能在数年内阻碍经济发展的停工潮。但他并不在乎，2012 年摩根士丹利收购零售业巨头美邦时，他对反对者置若罔闻。当时，他觉得自己就像《极地特快》中的那个男孩，听到了别人听不到的钟声。（2017 年，一位副手送给他一个银色雪橇铃，他一直把它放在办公桌上。）他知道这代价不菲，他也知道自己将面临打击。所有的兼并都是艰难的，但金融公司之间的兼并往往是文化内讧的牺牲品，而文化内讧可能是致命的。银行家自私自利、变化无常，交易人好斗，投资组合经理则爱出风头、神秘莫测。把这些来自不同公司不同阵营的人放在一起可能会酿成大祸。摩根士丹利经历过一次这样的灾难，1997 年与迪恩威特公司的合并，引发了困扰该公司 10 年之久的相互攻击和管理层政变。

在讨论和伊顿万斯做一笔巨额交易是否明智时，戈尔曼对他的副手们说：“这个世界上有很多高管坐在一起，试图以低廉的价格购买优质房产。他们围坐在一起，互相提醒自己是多么聪明，避免了付出过高的代价。当一扇门被打开时，你必须走进去。”

现在，他正穿过时代广场，参加早上 7 点与他的高级副手的电话会议，向他们简要介绍将在股市开盘前被宣布的这笔交易。这是他几个月来第一次回到办公室。在任何一天，只有大约 5% 的员工在银行的时代广场总部工作。

虽然曼哈顿仍有一半空无一人，但股票市场却在飙升。

美国股市从谷底猛烈反弹。8 月 19 日，3 月中旬开始的熊市正式结束，股市收盘创下历史新高。这是历史上持续时间最短的熊市。[1] 到年底，将有十几只股票创下收盘新高。就在几个月前，股市还遭遇了几十年来最严重的亏损。这次反弹夸张得令人惊叹，甚至到了近乎荒谬的程度。

硅谷引领了这一潮流。在一场让人联想起 20 年前互联网泡沫的狂热中，科技股一路飙升，甚至远远超出了看似不受疫情影响的企业利润所能支撑的水平。2018 年，苹果成为全球首家市值达到 1 万亿美元的公司 [2]，为科技皇室城堡建起了新的侧翼；8 月 19 日 [3]，当股市创下自 2 月以来的历史新高时，苹果成为一家市值 2 万亿美元的公司。如果数千亿美元可以算作微不足道，那么亚马逊和微软也不甘落后。

当然，反弹带来的财富并没有被平均分配。全美只有大约一半的人[4]拥有股票，近 90% 的股票掌握在最富有的 10% 的美国人手中。可以肯定的是，他们在下跌过程中也遭受了损失，但现在，随着市场创下一个又一个纪录，他们完全弥补了损失。（有创造力的会计师也可以通过有选择地收割投资损失来获得税收减免。）

夏去秋来，各行各业的公司都发现，融资几乎太容易了。华尔街有一种乐于助人的心情，于是德里克·克尔去了那里。在过去的 8 个月里，这位美国航空的首席财务官一直在向银行、债券持有人、财政部、国会乞讨现金，然后向银行乞讨现金。美国航空抵押了自己的常旅客计划、950 多架飞机尾部上的标志性红蓝标志，简言之，就是所有没有被固定下来的东西。（它在一件大事上划清了界限——必须将其总部作为政府贷款的抵押品。）

11 月 9 日，投资者得到了他们从 3 月就开始等待的消息[5]：辉瑞公司在早上 6：45 宣布，它与生物技术公司 BioNTech 合作开发的疫苗对保护早期研究参与者免受病毒感染的有效性为 90%。他们在开盘时开始买入，到当天收盘时，标准普尔 500 指数创下了历史第二高的水平。当天的赢家和输家都证明了投资者的信心，即随着有效疫苗的问世，疫情即将结束。网飞、高乐氏公司、Zoom 和 Peloton（美国互动健身平台）都是疫情时期的宠儿，它们的市值共损失了 550 亿美元。当天最大的赢家是疫情期间的输家，Kohl's、嘉年华游轮公司和美国航空，它们的股价上涨 15%。德里克·克尔坐在沃思堡的办公室里——实际上只是美国航空总部露天行政楼层的一个隔间，他知道如何用这笔钱。他给美国银行的联系人打了电话。他说，美国航空希望出售 5 亿美元的股票，作为其对 3 月参与 10 亿美元贷款的答谢，公司希望聘请美国银行代理这次出售。

这就是华尔街所谓的大宗交易，即一家银行同意直接购买一家公司的股票，并承担将其出售给其他投资者的风险。由于存在风险——银行可能会对需求判断失误，被套在无法脱手的股票上，银行通常会收取 4% 或 5% 的费用。但现在，有迹象表明，市场的胃口在迅速转好，美国银行非常确信，它能迅速出售股票并从中获利，因此它向美国航空收取了不到 2% 的费用。到上午 8 点，美国银行已将股票卖给投资者，在当时行情暴涨的市场上，一天就赚了近 100 万美元。

这是 YOLO 经济的曙光。这个词是“你只能活一次”（you only live once）的首字母缩略词，至少在 20 世纪 90 年代就已出现，并在 21 世纪第二个 10 年初因说唱歌手德雷克而流行起来，后来他为此道歉。在 2012 年，被“GIF”（动态图片）击败，并在《周六夜现场》上遭到大肆嘲讽后，这个词似乎已经淡出人们的视线。但在疫情暴发一年后，它成了一群决定放弃

一切的美国人的座右铭。他们辞掉工作，搬到全美各地，把毕生积蓄投到登月计划的投资中。他们会在推特或红迪网上发布“YOLO！”的帖子。在死亡频发的这一年，这种风潮像是一面不和谐的旗帜。

数以百万计的普通美国人在无聊的驱使下冲向股市，在社交媒体持续炒作的推动下，他们从一年的紧缩开支和政府慷慨的刺激政策中获得了大量现金，他们在红迪网等互联网留言板上亲切地称这为“刺激”，在那里，他们交流想法，互相鼓励。他们纷纷涌向罗宾汉在线交易平台（Robinhood）这样的初创公司，这些公司提供免费在线交易服务，把市场当作一场可以取胜的游戏。

雷鸣般的牛群回来了。牛群掀起的尘土扬起了一家逝去时代的企业：游戏驿站（GameStop）。游戏驿站是一家陷入困境的视频游戏零售商，曾经是郊区购物中心的常客，而最初的智能手机制造商黑莓在自己的游戏中被苹果和谷歌击败。AMC是一家连锁影院，其业务和股票都受到疫情的冲击，在2020年最初的几个月里，AMC曾警告说它可能会倒闭。

人们对传统投资智慧的蔑视是前几年震撼政治格局的民粹主义在金融领域的写照。两者都受到了伤害和拒绝，那是一种华盛顿和华尔街的统治阶级出卖了普通美国人的感受。对推动特朗普上台的共和党基础选民来说，是政治精英。对将濒临破产的公司股票推上云霄的红迪网人群来说，是被对冲基金和银行的阴谋集团踩在脚下的散户投资者。

这些业余交易者中的大多数可能都无法清楚地说明是什么

经济力量在推动他们进行这种客观上非理性的投资。但科学是有道理的，在一个超低利率的世界里，致富之路并不是将每笔薪水的一部分存入一个保守的长期投资组合，寄希望于一分钱的长期复利。它在于把所有赌注都押在一次轮盘赌上，这是一个低概率但高回报的赌注——这与2016年许多选民投票支持唐纳德·特朗普的计算方法类似。

这些散户投资者把专业基金经理也拉了进来。在这一过程中，他们颠覆了一种权力平衡。在2008年之后的10年里，个人选股者和网络日间交易者退居幕后，资产管理巨头崛起，他们管理着数万亿美元的基金，这些基金只是拥有整个市场的一部分，与市场的财务回报相匹配，不能指望它们会战胜市场。这些公司（其中最大的是拉里·芬克的贝莱德集团，拥有近10万亿美元的资产）提供低成本、稳健的投资产品，这是一种旨在随着时间的推移积累财富的“先设定后忘记”的方法。红迪网散户大军的集结号十分独特：登月。

推动这一激增的还有华尔街正在推出的一种新产品：空白支票公司，基金经理会向公众出售股票，并用这些资金收购一家私人公司，然后该公司通过与空壳公司合并成为上市公司。被称为SPAC的特殊目的收购工具[6]在2020年几乎凭空筹集了830亿美元，在2021年又筹集1 000亿美元。特殊目的收购工具和僵尸企业股票体现了YOLO经济，这种经济的前提是人们相信市场只会上涨，而与此相反的客观教训就发生在几个月前。

布莱恩·切斯基哑口无言。12 月 10 日上午，在美国彭博财经电视的一次节目中，记者刚刚告诉他，爱彼迎的股票将于当天上午在纳斯达克证券交易所开始交易，开盘价为每股 139 美元。切斯基说："这是我第一次听到这个数字。"切斯基黝黑浓密的眉毛一下子竖了起来，停在那里，他在脑子里计算着，眼睛快速地眨动着。早在 2020 年春天，他就从私募股权公司那里筹集到一笔紧急融资，这笔融资让爱彼迎得以继续运营，当时公司的估值约为 180 亿美元。而现在，公司的市值随时可能超过 900 亿美元。切斯基结结巴巴地说："我——我不知道还能说什么。"他现在的账面价值是 150 亿美元，却连一句完整的话都说不出来。"我对此感到谦卑。"实际上，爱彼迎的股价表现更好一些，开盘价为每股 146 美元，公司估值略高于 1 000 亿美元。虽然这并没有改变爱彼迎向特定投资者发放首次公开募股股票时所获得的 35 亿美元，但这已经是一个惊人的估值了，尤其是对一家早在春季就不被除少数精明投资者外的所有投资者看好的公司来说。

在硅谷，"独角兽"是指估值达到 10 亿美元的初创企业。由于独角兽数量太多，投资者和记者都停止了统计。Axios（美国数字新闻网站）专栏作家丹·普里马克建议，为估值超过 100 亿美元的公司设立一个更高的层级，即"龙"。爱彼迎在 9 个月前刚刚被抛弃，后被两家华尔街公司以相当于硅谷大甩卖的方式拯救，现在价值 1 000 亿美元。

这家公司不仅存活下来，而且蓬勃发展。它的首次公开募股是历史上规模最大的一次，讲述了消费者（至少是那些幸运地保住了工作的人）在整个疫情封控期间如何以令人吃惊的方式花钱的故事。城市居民纷纷上山度假，在狭小公寓里被逼疯的父母们则在乡村庄园里挥金如土。Peloton 平台销量激增，食品配送订单也是如此。到了夏末，希尔顿酒店的预订量开始回升，但不是国际旅行或商务旅行，而是那些想找一个周末可以开车去度假的地方的家庭。

消费资本主义即使在疫情中也能找到出路。

第 22 章

赌博

道格·帕克不想成为毁掉圣诞节的那个人。

他曾承诺，要在圣诞节前为 10 月政府援助用完后被停工的 1.2 万名工人发工资，他非常想兑现这个承诺。美国航空的工人经历了地狱般的痛苦——被政客拽来拽去，被他们信任的公司解雇，他们中的许多人经济拮据。超过 1.9 万名员工动用了他们的 401（k）计划账户来帮助自己渡过难关，平均每人提取了 3 万美元。还有 8 000 名员工用他们的退休储蓄进行了借贷。人数最多的群体是公司的机队服务人员：他们负责搬运行李、将飞机引导到登机口，或者在乘客离开后打扫卫生。大多数人在被解雇前每小时的工资不到 20 美元。他们正在动用自己没有的应急基金。

于是，12 月 21 日，美国航空的高管们齐聚沃思堡的公司会议室。帕克在几周前做出了这一承诺，当时政府第二轮援助的前景看起来更有可能实现。但是，这次 9 000 亿美元的法案（其中包括延长 250 亿美元用于支付航空公司工资的拨款）在总统大选前陷入停滞，华盛顿一片混乱，共和党人试图阻止即将接任总统的民主党多数派可能会取得的任何进展。帕克意识到，他可能无法兑现自己许下的数十亿美元的承诺。

航空公司内部的顶级说客加滕从华盛顿打来电话，提供了一个预测。该法案已在众议院获得通过，看起来在参议院也会轻松获得通过，但最大的问题是，总统是否会签署该法案。白宫官方账户曾在推特上表示支持该法案，但华盛顿的传言是，在输给乔·拜登后逃到海湖庄园的特朗普不会签署该法案。加滕说，他认为总统会签署该法案，美国航空可以开始着手支付成千上万张工资支票。

“等一下。”帕克说。他走出会议室，拨通了史蒂文·姆努钦的电话，电话一响，姆努钦就接了起来。帕克说：“我现在就得决定是否要支付这些支票。如果你是我，你会怎么做？”

这是一个冒险的决定，财政部长当然没有义务向美国航空抛出橄榄枝。事实上，该法案被写入法律的消息几乎肯定会影响金融市场，这意味着姆努钦需要谨慎行事。但在过去的 9 个月里，两人建立了坦诚而富有成效的关系，考虑到数十亿美元即将到位，这值得一试。

帕克从守口如瓶的姆努钦那里一无所获，他认为这是一个信号，表明总统在佛罗里达州的选举后情绪低落，很有可能对该法案置之不理。这意味着美国航空将花费数十亿美元，而这是它没有的。帕克回到会议室，把自己的担忧藏在心里。他说：“去他的。”然后告诉他的团队用掉支票。美国航空的员工已经牺牲得够多了。在经历了一年的休假、提前退休、疾病和死亡之后，他至少可以在圣诞节前给他们发工资。

第二天，帕克的电话响了。是姆努钦，他带着紧张的笑声开场："你看到发生了什么吗？"特朗普刚刚发布了一段视频，表示他不会签署该法案。"他们现在打算发回我办公桌上的法案与预期的有很大不同，这真是一种耻辱。"特朗普对着镜头说。他的不满包括：为无证移民的家庭成员提供经济刺激支票，向柬埔寨提供 8 600 万美元的外国援助，2 500 万美元用于对抗亚洲鲤鱼等入侵物种，10 亿美元用于史密苏尼博物馆。他还希望将原来支付给家庭的 600 美元支票（他称为"低得离谱"）提高到 2 000 美元，并为小企业增加更多资金。

姆努钦告诉帕克，他没有预料会发生这种情况，但他一直心存疑虑，所以前一天才会小心翼翼。他对这位首席执行官说："坚持住。"他刚刚花了数十亿美元，而他的公司并没有多余的资金。

---

6 天后，帕克在科罗拉多州特柳赖德的车里，等着妻子从杂货店出来。这对夫妻去滑雪过新年了，不过帕克在旅途中的大部分时间都在和他的团队打电话，继续为美国航空的财务状况发愁。秋季早些时候，公司支付了数千名被迫休假的员工的工资支票，他一直期待着国会通过新一轮的新冠病毒救援计划，并期待着总统签署该计划。但这并未发生，这就意味着没有政府资金来代替数百万美元的员工工资。

航空业仍在流血。公共卫生官员曾尖锐地批评假日旅行的增加，并很快将其归结为导致新冠病毒感染病例激增的原因。尽管如此，假日旅行的增加并未将航空公司从疫情造成的财务困境中拯救出来。特朗普总统也没有签署9 000亿美元的新冠病毒感染救援法案，这是国会为应对新冠病毒的经济影响而通过的第二项巨额刺激法案。帕克一直在向他能想到的所有人寻求保证；特朗普的幕僚长马克·梅多斯向他保证，他所做的一切都是正确的，总统确实会签署该法案，该法案将向航空公司提供数十亿美元的工资援助，以补偿公司刚刚付出的支票。

情急之下，帕克用手机拨通了密苏里州共和党参议员罗伊·布伦特的电话，询问情况。布伦特告诉帕克，他不知道拖延的原因；特朗普总统改变了主意，表示他将签署该法案，布伦特亲自护送法案到华盛顿机场，姆努钦和众议院议长凯文·麦卡锡将法案空运到海湖庄园供总统审阅和签署。

最终，在12月27日星期日晚上7：10，帕克的手机响了，是麦卡锡发来的短信。"我让总统签了字。"后续内容是，"这是我工作以来最艰难的一次。姆努钦和我从未放弃。"9分钟后，《华尔街日报》发布了一则突发新闻[1]，证实这项在国会被搁置数月之久的9 000亿美元法案现已成为法律。帕克发出了一条近乎献媚的感谢信息："数以千万计的美国航空人因此过上了更好的生活。"

这当然是事实，但它低估了许多人在整个夏末秋初国家领导人的政治斗争中所承受的痛苦。两党都想在11月的大选中占得先机，这场博弈代价高昂。虽然从5月到11月经济每个月都在增加就业岗位，但随着雇主对政府的行动失去信心，这种增长在逐步减少。累积起来，这些增加的工作岗位约占疫情暴发的前两个月失去的 3 000 万个工作岗位的一半。仅仅一周后[2]，12 月的数据就会显示，当月经济损失了 14 万个工作岗位。经济学家丹尼尔·赵告诉美国消费者新闻与商业频道，这份报告表明，经济“不仅仅是踩了刹车，实际上已经开始倒退”。

人们曾经预计或至少希望经济会迅速回暖，但现在这种希望（如果它曾经存在）正在逐渐破灭。

第 23 章

供需

公鸡是个惊喜。

那是 2022 年 2 月，新冠病毒感染疫情暴发两年后，布莱恩・切斯基在几周前决定对远程工作的未来进行一次实验，并从自己做起。在危机最黑暗的日子里拯救了爱彼迎的趋势——从短期住宿到长期租房的转变，现在似乎成了人们生活和旅行方式的一场永久性革命。这种趋势也能彻底改变人们的工作方式吗？到 2021 年秋天，在爱彼迎上预订的住宿有近一半至少为一周。在前一年，超过 10 万名游客预订了 3 个月或更长时间的住宿。当爱彼迎自己开放 12 个名额供人们在其任何一处托管房产中免费居住一年时，超过 30 万人提出了申请。

于是，切斯基想弄清楚：他自己能做到吗？他的第一站是亚特兰大[1]，然后是纳什维尔，然后是查尔斯顿，然后是迈阿密的一栋别墅（“因为这看起来就像你在迈阿密做的那种事情。”他后来对记者说）以及马里布的一间俯瞰太平洋的小屋。他发现，近两年的大部分时间他都是一个人在旧金山的家里度过的，中间有一只名叫索菲的金毛猎犬加入，他感到孤独和窒息。

这就是他在洛杉矶郊外的原因，他迅速点击了“童话梦幻小屋”的房源信息，这是一处建于20世纪20年代、占地5 000平方英尺的房产，后院有瀑布和一个树屋，这正是他一直希望体验的奇特度假。但他没有仔细阅读介绍，忽略了在围栏牧场漫步的鸡群和迷你猪的内容。每天清晨，两只公鸡都会高声啼鸣，如果仔细阅读房源信息，他就会注意到这一点。当时办公室正在装修，因此他只能在后院树屋的临时办公室里接听会议电话。退房时，他确信两件事：今后应该仔细阅读细则；这就是未来的道路。

2022年4月，爱彼迎宣布其6 000名员工[2]几乎可以在世界任何地方工作。这并非微不足道：此举需要公司投入资金，帮助员工在100多个国家办理签证、纳税、工资和其他生活调整事宜。但是，切斯基后来称其为“庞杂的文书工作”，他相信，能够利用全球人才库的好处远远抵消了这一点，无论疫情带来了怎样的悲伤和焦虑，一个越来越与自由紧密相连的人才库显然都是发展的一线希望。巴西、捷克共和国、巴巴多斯和冰岛等数十个国家已经宣布为远程办公人士提供新的快速签证，希望吸引那些可能会在走出危机后提振本国经济的向上流动的消费者。

全美各地的首席执行官们都在努力解决新近被赋权的白领员工的问题，他们在两年内摆脱了每周5天通勤和办公室工作的束缚，不愿再回到办公室。根据100多个城市的刷卡数据，到 2022 年 2 月，只有 1/3 的美国员工[3]返回了办公室。与此同时，机场安检点的客流量约为疫情前的 80%。NBA 比赛看台的满座率是 2019 年的 95%。美国人回到了自己的生活中，只是没有回到办公室里。

一些老板选择与之抗争。他们警告说，未来将是一个乌托邦式的世界，在那里，屏幕上的网格方块将取代只有在人声鼎沸的工作场所中才有的那种自发的创造力。而对一些员工来说，这种看法高估了办公室生活的魔力，低估了为开会而开会的繁重工作，以及随着城市基础设施的衰退而时间变得越来越长、越来越不愉快的通勤。

华尔街是一个学徒行业，疫情加大了培训和合规监督的难度，因此华尔街的高管们尤其希望员工能回到总部。2021 年春天，摩根士丹利的詹姆斯·戈尔曼告诉员工[4]，在劳动节前回到办公桌前，否则可能面临减薪。他对员工说："如果你能走进纽约市的一家餐馆，你就能走进办公室。"

但这并没有奏效。急躁的首席执行官们低估了员工的抵触情绪。2021 年末，奥密克戎变异株席卷全美，当它消退时，美国一半以上的人都被认为感染了某种变异的新冠病毒，这给了不情愿的员工一个很好的理由。到了 12 月，摩根士丹利的时代广场总部通常只有一半的员工。戈尔曼在接受采访时说："我错了。"他承认自己错误地估计了员工对恢复疫情前的通勤和日程安排的热情有多低。全美各地的公司都在之前推出的时间表上打了退堂鼓。打车应用来福车表示，在 2023 年之前它不会要求员工返回办公室。福特预计有 3 万名员工重返公司工作岗位——工厂工人早在近一年半前就已重返工作岗位，但现在他们被告知至少在3月之前可以继续居家办公。谷歌和优步无限期延长了可选择的居家工作时间。

在疫情暴发之前的几年里，技术布道者一直在预言实体办公室的消亡和随之而来的繁重工作，他们承诺，从超高速互联网到虚拟现实耳机，不断改进的软硬件将让人们在任何地方都能无缝工作，夺回曾经花在通勤上的时间，重塑职业生活。但这从未实现过，过去的实验也完全失败了。2013年，当雅虎聘请[5]玛丽莎·梅耶尔担任其天才首席执行官时，她的第一项举措就是收紧在其前任领导任期中放松的居家办公政策。

IBM一直是远程办公的先驱[6]，1979年，IBM让硅谷Santa Teresa实验室的5名员工回到家中，并配备了箱式计算机终端，希望以此缓解办公室服务器的拥堵状况。在2009年的一份报告中，该公司吹嘘其38.6万名员工中有40%从事远程工作，该报告后来被从其网站上删除。2017年，IBM给员工下了最后通牒：要么回到办公室，要么另谋高就。这种逆转在公司管理层中引起了反响[7]，因为用IBM自己的话说，它一直是“一家以让其他企业如何开展业务为己任的企业”。如果他们不能让未来的，更不用说低成本的去中心化劳动力的愿景变得可行，那就没人能做到了。

在21世纪第二个10年的风险投资热潮中，各家公司都在进行各种创新，以实现未来真正的远程办公，但在某种程度上却适得其反，它们在旧金山以南20英里的半径范围内划定了职业界限。他们可能会向客户宣传聊天软件、工作流程软件和视频连接，可以让他们的客户在任何地方工作，但他们的企业园区却配备了小睡舱、按摩室和免费餐食，这些只传递出一个信息：我们希望你在办公室工作。

但疫情改变了这一切。技术让保持联系变得更加容易——苹果为 iPhone 和 Mac（个人计算机）定制的视频通话自 2011 年以来就一直存在，而微软、谷歌以及后来的 Zoom 等类似的视频会议软件也大量涌现，但从未在现实世界中对其技术能力或情感共鸣进行过测试。这次疫情为我们提供了这两方面的测试。

爱彼迎将成为这个新世界的领导者和受益者，从与实体办公室联系较少的未来工作中获利。远程工作人员将充斥其房产，带来数百万美元的收入。爱彼迎的内部研究表明，大多数人不喜欢在酒店住超过一周的时间。如果美国的专业人士要旅行办公，他们就需要找个地方住。

供给和需求是经济中起作用的两种基本力量。物品的价格、一天的工作收入、创新的速度——这些都取决于现有物品的数量与人们对它的渴望或需求之间的平衡，这是一个小学生都能掌握的定律。大多数经济体都能自然而然地找到这种平衡，尽管并不总是一帆风顺。电价会在天气很热时上涨。当卖方的供应量与买方的需求量相匹配时，股票价格就会稳定下来。消费者想要更小、更快的电子产品，因此，20 世纪 90 年代的“大哥大”在不到 10 年的时间里就变成了时尚的智能

手机。

这次疫情两次打破了这种平衡，它带来的几乎所有经济痛苦都可以用疫情的破坏性进行解释，这些痛苦在未来几年内会持续产生影响。在疫情暴发初期，航班、酒店预订、汽车、音乐会门票、餐厅餐桌，甚至劳动力等几乎所有方面都供不应求。2 200 万美国人失去了工作，这种大规模裁员[8]可以从学术上无情地解释为，在一个对劳动力技能没有需求的世界里，劳动力的供给大于需求。

在走出疫情的过程中，这些力量发生了逆转。由于两年的政府援助以及长期"冬眠"带来的储蓄。人们走出家门，渴望获得他们渴望的体验，在大多数情况下，他们变得更富有。这种爆炸性的需求增长直接导致了严重的供应短缺。被关闭的工厂迟迟无法恢复到疫情前的产量。世界各地的工厂纷纷停工，扰乱了全球供应链，导致零部件和原材料出现历史性短缺。数百万自愿或因疫情裁员而离开劳动力队伍的人，大多选择不再返回。

结果，正如任何经济学家都能预料到的（许多人也确实预料到了），物价飞涨。美国的通胀率是以一篮子常用商品的成本来衡量的，从月租金到柑橘，再到一套新的刹车系统和机械师的服务费，在疫情之前 10 年左右的时间里，美国的通胀率一直徘徊在每年 2% 以下，这意味着 2013 年 3 美元 1 加仑①的牛奶在 2014 年要多花大约 5 美分。美联储和其他大多数央行

① 1 美制加仑 ≈ 3.785 升。——编者注

的目标是 2% 的通胀率，这个数字低到足以让人们和企业在做出财务决策时不会考虑太多，但又高到足以让央行行长们在经济增速放缓时可以降低利率，而不会降到零以下。低而稳定的通胀率是美联储的目标，因为它能让经济参与者有信心进行买房或建厂等投资，从而保持经济增长和低失业率——这是美联储的两大目标。

2021 年秋天，这一切都成了泡影。比尔·阿克曼在等待。

阿克曼在疫情暴发初期做空债券市场赚了 26 亿美元，这是华尔街历史上最大的单笔交易之一。在大约 3 周的时间里，按照基金经理的评判标准，他的年化回报率达到了 300 000%。在一个年回报率达到两位数就被认为是顶级投资者的世界里，这几乎是一个滑稽的数字。任何投资都由三个主要部分组成：主题、表达和时机。阿克曼做到了这三点：事实上，金融市场大大低估了疫情的风险；短期投资债券是表达这种观点的正确方式；2020 年 2 月是出手的最佳时机。

差不多一年后，世界在这位亿万富翁眼中已大不相同了。人们已经接种第一批疫苗。人们厌倦了封控，准备花掉被困一年积攒下来的钱。

阿克曼认为美联储落后于形势。自疫情开始以来，美国央行一直将利率保持在接近零的水平，以保护经济并保持信贷流动。但是，就业正在回升，企业正在重新开张，消费者正在重新消费，所有这些迹象都表明，经济正在迅速复苏，这很可能要求美联储把手从天平上移开。重新开放将释放大量消费支出，引发数十年未见的通货膨胀，并迫使美联储通过加息进行干预。

因此，在2020年底，阿克曼开始进行另一笔巨额交易，这一次他拿出1.77亿美元购买与美国国债挂钩的期权，如果利率上升，期权就会得到回报。就像一年前的信贷赌注一样，阿克曼的赌注并不一定要等到央行提高基准利率这一事件发生才能在账面上获得回报。投资者只需开始相信这种情况会发生。就像2020年初一样，市场很快就会醒悟过来。到3月底，阿克曼的投资价值已经增长了两倍多。到了秋天，对通货膨胀的担忧笼罩了华尔街，利润却在持续增长。

10月，他参加了美联储投资者咨询委员会的Zoom会议。该委员会由十几位华尔街投资者和高管组成，成立于2008年金融危机之后，是央行的“厨房内阁”，负责提供对市场的洞察，并为政策调整和监管干预提供建议，委员会成员偶尔也会就自己关心的问题发表主题演讲。全球最大对冲基金美国桥水基金创始人瑞·达利欧、资产管理公司古根海姆合伙公司的斯科特·米内德对债券市场缺乏流动性表示遗憾。

如今，麦克风是阿克曼的。他立即批评了他的东道主——纽约联邦储备银行。他认为“观望”的加息方式是错误的，他说疫苗期间失去的工作岗位近80%已经得到恢复，现在的就业人数只比2020年2月减少了500万，其中许多人可能是出于自愿。已经有超过4亿剂疫苗被注射到人们的身体里。就在

4天前，英国央行行长——杰罗姆·鲍威尔在英国的同行——在物价上涨是暂时的还是长期的问题上改口说，央行“必须采取行动”提高利率。美联储为何一拖再拖？回到曼哈顿顶层公寓的家中，阿克曼在推特上公开、更尖锐地指出了这一点。他写道：“在音乐响起的时候，我们还会继续跳舞，是时候把音乐关小，安静下来了。”他写道，美联储“应该尽快开始加息”。

他将从中获利并不是什么秘密——早在3月，潘兴广场就披露了这一赌注，他还在推特上发布了这一消息，并附上了他向美联储所做演讲的链接。他写道：“我们已经说到做到了。”这是他在整个职业生涯中使用的相同战术，他既是在为自己的投资组合辩护，也是自封为救世主，在山顶上布道。

又过了3个月，阿克曼如愿以偿。1月下旬，越来越多的证据表明，通胀并非鲍威尔反复强调的是“暂时的”，而是会持续下去，需要加以应对，美联储表示将在3月的下一次会议上开始加息。“我们将逐步摆脱高度宽松的货币政策，我们实施这种政策是为了应对疫情对经济的影响。”他在一次措辞严厉的新闻发布会上说，这凸显了他所传达的信息的分量。十多年来，美联储一直在向经济注入廉价资金，起初是为了保护美国经济从2008年的危机中缓慢复苏，后来又为了让美国经济在现代史上最严重的经济停滞期维持下去，如今，美联储终于关闭了这一水龙头。金钱将不再是免费的。

但阿克曼已经赚到了钱。潘兴广场在前几天就开始抛售其头寸，当鲍威尔在华盛顿发表演讲时已经卖出去了。该公司从这笔交易中获利12.5亿美元。

阿克曼因与失策的董事会和误入歧途的首席执行官们开战而闻名，他认为历史上最大的宏观经济事件即将到来，也即将离去。他提出了两种观点：第一，新冠病毒将是一场经济大灾难；第二，国家的经济复苏将比任何人预期的都更快、更艰难。他将这两种观点转化为40亿美元的利润。在这两笔交易中，阿克曼都将赌注押在了市场认为机会渺茫的事情上。2020年初，投资者对新冠病毒在亚洲的蔓延仍无动于衷，因此他们愿意廉价出售相当于火灾保险的东西。一年后，在经济实力出现矛盾迹象的情况下，交易员们认为美联储将继续维持低利率，因此他们为任何愿意赌一把的人开出高赔率。

阿克曼的黑天鹅变绿了。

第 24 章

大辞职

韩恺特和比尔·福特于 2020 年 1 月在这位汽车制造商后裔位于棕榈泉的牧场制订的接班计划出发点是好的。他们选择了福特的下一任首席执行官——吉姆·法利，这位汽车狂人曾战胜过竞争对手，赢得了蓝领工人的忠诚——并制订了韩恺特在年底宣布退休并在福特 2021 年春季年会上留任的计划。两人打算在那年夏天的正式投票中向董事会公布这一消息的具体时间。在宣布法利升职的当天，韩恺特对美国消费者新闻与商业频道说："我打算继续留任。"

按照现代企业的标准，这是一个非常周密的计划，因为现代企业已经不再把首席执行官的继任视为管理者的接力棒传递，而更多地视为一场加冕礼。福特在 7 年内任命了 3 位首席执行官，并引发了一场宫廷阴谋，这种阴谋在华尔街比在工业中心地带更常见。

但是，就像福特以及世界各地的公司几乎所有的其他事情一样，疫情颠覆了这一计划。首先，韩恺特累了。他带领公司度过了一场生存危机。他避免了财务破产，重新开放了工厂，并奇迹般地保证了电动皮卡 F-150 等新车型的生产进度。事实上，生产成功大部分归于法利，自 2 月被晋升为首席运营官和接班人以来，他已经证明了自己是一名能干的经营者。在经济低迷时期，他为整个公司节省了约 60 亿美元，收回了广告费用和供应商付款，并简化了工厂的工作流程。他是一位熟练的市场营销人员，既能与螺丝供应商打得火热，也能与汽车经销商打得火热。

更广泛地说，2020 年夏季新冠病毒感染病例减少，在新的变种带来第二、第三和第四波感染浪潮之前有一个短暂的平静期，韩恺特感觉到了一个篇章的结束。他知道，疫情一旦结束，一名优秀的首席执行官就必须弥补两年来有限的出差时间，走访公司在世界各地的工厂、供应商和经销商。他可不想在接下来的一年都在飞机上度过。

6 月中旬，他与公用事业行业资深首席执行官、福特任职时间最长的董事会成员之一托尼·厄利的一次谈话证实了他的判断。“如果吉姆在 10 月而不是 5 月接任，你会有何感想？”厄利问。厄利对韩恺特的评价很高，他打了个比方，既要奉承也要说服。“迈克尔·乔丹、汤姆·布雷迪，”厄利说，“那些伟大的球员总是告诉自己，他们还有一个好年头，而且他们通常会停留得很久。”

这就是韩恺特想听到的。在底特律一个闷热的午后他给比尔·福特打了电话，他说：“我觉得应该重新考虑我们制定的时间表。”法利将会拥有福特的下一个篇章，一个没有死亡、没有政府救援、没有噩梦般的政治的篇章。韩恺特对亨利·福特仅存的孙子说，“法利应该现在就开始。”

8 月 4 日，福特宣布韩恺特退休，法利上任，这是一次公司战场上的晋升。这一举动让华尔街大吃一惊——尽管这是一个令人愉快的举动：当天上午，福特的股价上涨了 3%。比尔·福特对即将离任的首席执行官说：“不要把这件事放在心上。”这让他想起韩恺特几年前被任命为首席执行官时的评论——华尔街不会喜欢他。

公平地说，韩恺特的任期可谓喜忧参半。正如他所承诺的那样，他剔除了福特生产线中亏损的车型，并精简了业务。他推出了 F–150 皮卡和野马等标志性车型的新版本，并投资于自动驾驶汽车和电动汽车等技术，他坚信，这些技术将确保这家成立了一个多世纪的公司在下一个世纪能生存下去。但是业绩不容乐观[1]：在他的领导下，福特的股价下跌了 40% 以上，他对福特海外业务进行的 110 亿美元重组，迄今为止几乎没有任何成果。

韩恺特的突然退休是后来被称为“大辞职潮”的无数辞职潮中的一个，这场员工大逃亡几乎波及了所有行业。从 2020 年 9 月到 2021 年底，超过 2 700 万美国人辞职。[2] 他们辞去了快餐店和教师的工作，离开了机场跑道和商场。许多人辞去了低薪工作，或者那些工作时间不固定、通勤时间长的工作。原因并不单一。疫情初期的经济不确定性推迟了长期计划的退休时间。2020 年 4 月，仅有 200 万美国人自愿离职，创下 8 年来的新低。长期处于疫情中的工作状态[3] 迫使许多人重新思考他们的优先事项，得克萨斯农工大学教授称其为“疫情启示”。蓝领工人担心自己的人身安全。教师们在经历了两年的远程教育后放弃了，因为总体而言，远程教育对他们和学生都不起作用。白领们在疫情期间摆脱了办公室的束缚，他们更向往在居家办公或旅行办公过程中体会到的自由。托儿服务缺乏和成本飙升的问题因成千上万低薪育儿师的离职而加剧，这扰乱了家庭经济，在某些情况下，继续工作变得不值得。

无论是政府过于慷慨的福利导致人们不想工作，还是大规模创伤事件迫使人们重新考虑什么才是真正重要的，结果都是几十年来从未见过的劳动力短缺，以及企业早该采取的提高薪酬和福利的行动。到 2021 年底，那些在疫情初期裁员数千人的公司面临着一个相反的问题：他们无法雇到足够的员工。梅西百货公司在 2020 年 3 月解雇了 12.5 万名百货公司员工中的大部分。一年半后，梅西百货将起薪提高到每小时 15 美元，并推出大学学费补助计划，以吸引求职者应聘约 7.6 万个空缺职位，因为 2020 年夏天和初秋有 200 多万零售业员工辞职。在“黑色星期五”前夕，该公司仍处于绝望之中[4]，不得不从办公室岗位抽调员工担任衬衫折叠员和货架理货员，并恳求人力资源部主管和会计师参与一项名为“体验提升精灵”的项目。

就像疫情对全球经济和社会的影响一样，它的逆转之快几乎令人难以置信。2020 年 4 月，美国失业率接近 15%。到 2021 年底，失业率已低于 4%，接近历史最低点，而雇主们正在努力填补 1 000 万个空缺职位。这种不平衡为新生的劳工运动提供了新的力量。2022 年 3 月，美国公司支付给员工的工资比一年前高出近 5%。塔吉特、亚马逊和开市客陷入了工资争夺战，时薪从 15 美元涨到 16 美元，再涨到 20 多美元。

劳工在其他方面的地位也有所上升。在 2021 年 10 月 1 日至 2022 年 3 月 31 日期间，工人们向美国国家劳工关系委员会提交了 1 174 份成立工会的申请[5]，与前一年同期相比增长了 57%。他们代表了数百家星巴克分店和位于斯塔滕岛的亚马逊仓库，该仓库赢得了现代史上最受关注、竞争最激烈的组织运动之一。在过去的 50 多年里，这些努力还远远不足以对劳动力市场的侵蚀产生有意义的影响。在这 50 多年里，工会会员人数从 1960 年的 25% 以上下降到 2018 年的仅 10%。但是，工会活动的增加，加上大公司在多年抵制后增加工资的事实，表明管理层与员工之间的权力平衡可能正在发生变化。有朝一日，新冠病毒感染疫情可能会被视为一次重置，钟摆不仅会自然摆动，而且会摆向另一个方向。

结 论

历史上，大流行病除了造成人员伤亡，还会引发当时经济的剧变。据估计，14 世纪中期肆虐欧洲的黑死病至少夺走了欧洲大陆 1/3 人口的生命。但黑死病催生了基于市场力量而非赞助人的资本主义经济。在瘟疫发生前，大多数欧洲工人都是农奴，被地主奴役，他们耕种地主的田地以换取保护，维持生计。与新冠病毒感染疫情一样，腺鼠疫对底层人民的打击最大。但那些幸存下来的人发现，经济已经发生了变化：没有足够的人耕种土地了。尽管时间不长，农奴却产生了议价能力。许多人不再是农奴，而是把自己卖给出价最高的人。这就是西方第一个真正的工资制经济的开端。1348 年至 1351 年[1]，英格兰的人口减少了近一半，工资却上涨了 2/3。瘟疫结束 50 年后，英格兰农民的收入是瘟疫开始前的两倍。

1918 年的流感大流行同样颠覆了与之抗衡的经济。3 年的死亡和政治动荡（事实证明，口罩强制令在一个世纪后同样具有分裂性），再加上第一次世界大战的损失，造就了迷失方向的一代人，在经历了多年的大规模死亡后，他们重新评估自己的生活。他们接受了沃伦·哈丁总统“回归正常”的号召[2]——

他在1920年的一次竞选演说中误读了“normality”（“正常”）一词，从而使这个词广为流传。随之而来的是“咆哮的20年代”，这是一个社会和经济创新的时期，摆脱了多年来的沉寂和萎靡。

在从新冠病毒感染疫情中复苏的初期，我们可以看到之前两次大流行病的影子。劳工的地位正在上升，虽然今天的工人不像中世纪的农民那样任重而道远，但他们为争取更高的工资和更好的工作条件而进行的斗争比第二次世界大战（最后一次一线工人成为稀缺商品）以来的任何时候都更具吸引力。

20世纪20年代的狂热也随处可见。到2022年初，美国股市比两年前疫情开始前的峰值高出40%，模因金融的狂热虽已平息，但从未完全消失。至于它是否会像咆哮的20年代那样以崩溃告终，目前尚不清楚，但那些对市场有基本了解和历史感的人很容易想象得到。

显而易见的是，从疫情中走出来的经济已不再是那个一头栽进疫情中的经济了。飙升的通胀率让消费者40年来首次对钱包里的美元产生了怀疑。在远程医疗、专业协作和物流方面，早该实现的数字化进步已经到来。劳动力市场需要数年时间才能找到平衡，而这段时间将考验美国对护士、公共工程雇员、送货司机等基础工人的债务是否能以提高薪酬和增加投资的形式得到偿还。（一项早期测试表明并非如此：拜登政府曾提议投入4 000亿美元的新开支，旨在提高家庭健康护理人员的工资，但这一提议在最终法案中被删除了。）

利率的迅猛上升预示着自由货币时代的终结。在2008年金融危机后的几年里，金融市场开始依赖于央行行长的仁慈，他们的政策带来了廉价且随时可用的债务和不断上涨的股票价格——这两种背景往往会让每个投资者看起来都像天才。如果没有政府的支持，市场可能会更加危险，但风险也会得到更好的认识。

企业领导力也经受住了疫情的考验和重新定义。可以理解的是，由于对政府的信心受到侵蚀，员工向老板寻求指导，而美国的首席执行官们也很高兴挺身而出——这主要是出于想让公司渡过难关的真诚愿望，当然也有自负的成分。他们变得更善于沟通、更透明，在政策问题上找到了自己的声音，并重新建立了与员工的联系，而这种联系是他们在 10 年良性发展时期失去的，因为这 10 年赋予了他们疏远员工的权利。

对这一角色的重新定位带来了挑战，而这些挑战现在才刚刚开始显现。参与度出现滑坡。在疫情初期的团结一致中，最初的立场并不复杂，但随着疫情及其引发的社会动荡造成的国家分裂，原本不复杂的立场变得复杂。有关口罩和疫苗的强制规定使员工和客户在意识形态上产生分歧。重返工作岗位的规定在代际上也是如此。在急于拯救公司和安抚员工的过程中，企业领导者也卷入了政治纷争，他们发现，再想退出已经很难了。搅乱美国政治和新闻领域的文化战争正在向商业领域袭来，迪士尼和达美航空对其分别所在的佛罗里达州和佐治亚州政治发展的反应引发了争议。这些争议很可能最终会爆发，但疫情激化并加速了它们的爆发。

如果没有华盛顿官员的迅速行动，疫情造成的经济后果可能会更糟，这一点几乎可以肯定。人们可以争论刺激经济的支票是否过大或邮寄时间是否过长，航空公司的援助是否只是为多年计划不周的高管们提供了救助，更严格的监督或更有针对性的标准是否会让资金只流向最需要的企业或家庭，美联储向美国经济注入的6万亿美元是不是迄今为止经济坎坷复苏的罪魁祸首。但是任何政府的应对措施都需要在速度和准确性之间做出权衡，而金融监管机构和国会民选官员2020年的政策避免了经济崩溃，并确保当病毒最终得到控制，美国人准备好再次外出就餐、搭乘飞机和返回工作岗位时，那些餐馆、飞机和办公室仍然在那里。

致 谢

如果没有在一年多的时间里与我交谈的这些人，就不会有这本书。尽管这些人帮助经营或监管的公司，甚至整个经济的命运都岌岌可危，但他们依然与我广泛合作。现在回过头来看，很容易发现经济没有崩溃，2008 年的危机没有重演。但当许多人开始向我讲述他们的故事时，这一切都还不清楚。经历了第二波和第三波病毒感染，经历了疫苗和变种，经历了疫情引发的社会和政治动荡，这些都对他们的时间和注意力提出了更高的要求，但他们仍然坚持接听电话。我很感激他们。

皇冠出版社的保罗·惠特拉奇是一位不折不扣的支持型编辑，他以幽默和人性化的方式应对一个初次写书的作者的神经质，一次又一次地让我关注大局，这提升了我的写作水平。还要感谢皇冠出版社的凯蒂·贝里。我的经纪人戴维·麦考密克从一开始就肯定了本书的想法，在整个过程中都是我的决策咨询人，对书稿进行了尖锐的批评。查理·麦吉提供了至关重要的研究，朱莉·泰特一次又一次地发挥了宝贵的作用。

《华尔街日报》是一个令人难以置信的新闻之家。感谢马特·默里，他为我加油打气，而且很仁慈地没有催问我什么时候休完写书的假期；感谢马塞洛·普林斯，他在2020年4月4日凌晨发表了我的那篇8 000字的文章，让我相信这篇文章的内容可以写成一本书；感谢查尔斯·福雷尔、杰米·赫勒、达娜·西米卢卡、埃琳娜·切尔尼和卡伦·彭谢罗的支持，让我学会了如何做这份工作，如何用他们的钱讲故事。这是我的荣幸。

在此，我要特别感谢《华尔街日报》的编辑玛丽·博德特。她的自信促使我从一开始就接手这个项目，而她的耐心是我完成这个项目的关键。在我们一起工作的8年里，她担任过不同的职务，她相信我的直觉，责备我对截止日期的随意更改，鼓励我用最权威的方式讲故事——这些都是写书的坚实训练。

这项工作面临的一个挑战是，我该如何深入了解从未涉足的行业。多年来，我一直在撰写关于华尔街的文章，但往往在坐在计算机前将采访内容变成稿件的那一刻我才发现，我对航空公司、零售商或汽车制造商几乎一无所知。《华尔街日报》的同事们慷慨地奉献了他们的时间和专业知识，其中包括艾莉森·西德、克雷格·卡明、安德鲁·阿克曼和已经退休的传奇人物苏·凯里。

罗布·科普兰为我提供了如何处理谨慎的消息来源的建议，并在我无话可说的时候给予我安慰。布拉德利·霍普一直是我的灵感之源，本书的出版至少有他的部分功劳：2019年，他把我介绍给皇冠出版社的责任编辑保罗，告诉我有一天应该写一本书，并告诉保罗应该由他来出版。对布拉德利来说，这本书的内容似乎根本不重要，他能轻松地找到令人羡慕的史诗般的故事。

萨拉·克劳斯在我完成了本书的提议后，在我的门廊上放了医用外科手术口罩和香槟，那时纽约是孤独而可怕的。后来，她用挑剔的眼光和对副词的谨慎审视阅读了关键章节。彼得·鲁德盖尔在我休假期间承担了我的工作，在整个过程中，他都是我的忠实听众。查尔斯·福雷尔在更多场合、更详细地解释了货币政策的复杂性。我将永远感激他似乎无穷无尽的知识和对好故事的热爱。埃里希·施瓦泽尔、莫琳·法雷尔、特里普·米克尔、埃利奥特·布朗、贾斯廷·舍克、柯尔斯滕·格林德和玛丽·蔡尔兹等好朋友向我分享了他们的智慧。

我要特别感谢本·史密斯当我离开《华尔街日报》的保护伞加入媒体初创公司 Semafor 时，他对这个项目的热情。我也要感谢皇冠团队，是他们成就了本书：大卫·德雷克、吉莲·布莱克、安斯利·罗斯纳、朱莉·塞普勒、斯泰西·斯坦、谢拉·穆恩、阿莉森·福克斯和萨莉·富兰克林。还要感谢梅雷迪思、伊莱亚娜、莉兹和科里，是他们让我一直保持清醒。

感谢我的家人：我的哥哥本，他是我认识的最好的作家；我的姐姐黛安娜，她的勇气和表情符号让我每天都能坚持下去；艾丽，我们的黏合剂，我的妹妹；我的妈妈雪莉，当分开一年后，我们由于疫苗接种情况和旅行报道等原因无法自由探访时，她默默地给予了我们宽容。还要感谢戴维和卡拉，他们在加利福尼亚阳光明媚的家中为我提供了写作场所；感谢玛丽·埃伦和科温，感谢他们为我做的一切。

这本书献给我的父亲鲍勃·霍夫曼。他可以说是我的第一位“编辑”，他以一位伟大父亲的善意和一位伟大律师的略带恼人的态度影响着我。他于 2017 年去世，我在写作本书的大部分内容时，甚至在疫情的大部分时间里，都穿着他的那条旧园艺运动裤。我希望他能读到这本书，他一定会一边读一边记笔记。

注　释

本书通过对 100 多位直接或间接参与本书所记录事件的人进行访谈，获得了大量信息。本书参考了个人回忆、当时的笔记、日历、会议议程以及包括电子邮件和短信在内的私人通信。这些对话是根据当时在场或听取简报的人的回忆编写的。

前　言

1. Miriam Jordan and Julie Bosman, "Hundreds of Americans Were Evacuated from the Coronavirus Epicenter. Now Comes the Wait," *The New York Times,* February 12, 2020.
2. "1918 Pandemic (H1N1 Virus)," Centers for Disease Control and Prevention, March 20, 2019.

第 1 章　借来的时间

1. Lawrence Wright, "The Plague Year," *The New Yorker,* December 28, 2020.
2. Data from Bureau of Economic Analysis, Table 6.19B, Corporate Profits After Tax by Industry, July 30, 2021.
3. James Manyika, Jan Mischke, Jacques Bughin, Jonathan Woetzel, Mekala Krishnan, and Samuel Cudre, "A New Look at the Declining Labor Share of Income in the United States," McKinsey Global Institute, May 22, 2019.
4. Nonfinancial Corporate Business; Debt Securities and Loans; Liability, Level, FRED Economic Data.

5. Data from Nasdaq, Shiller PE Ratio per Month, August 6, 2022.
6. Arne Alsin, "Stock Buybacks Made Corporations Vulnerable. Then the Coronavirus Struck," *Forbes,* April 24, 2020.

第2章 香槟10年

1. Hilton Worldwide Holdings Form 10-K, United States Securities and Exchange Commission, December 31, 2019.
2. "CHP Closely Monitors Cluster of Pneumonia Cases on Mainland," Government of the Hong Kong Special Administrative Region, December 31, 2019.
3. Liz Hoffman, "Morgan Stanley Is Buying E*Trade, Betting on Smaller Customers," *The Wall Street Journal,* February 20, 2020.
4. Bryce G. Hoffman, *American Icon: Alan Mulally and the Fight to Save Ford Motor Company* (New York: Crown, 2012).
5. Stephen J. Dubner, "Can an Industrial Giant Become a Tech Darling?," November 7, 2018, in Freaknomics, produced by Greg Rosalsky, podcast, MP3 audio, 56:41.
6. Christina Rogers, "Ford's New CEO Has a Cerebral Style—and to Many, It's Baffling," *The Wall Street Journal,* August 14, 2018.
7. Joann Muller, "Ford CEO James Hackett, Under Fire from Wall Street, Shows Forbes the Early Fruits of His Turnaround Plan," *Forbes,* September 6, 2018.
8. Stephen Edelstein, "Ford's New CEO Races a 1966 Ford GT40 as His Form of Yoga," Motor Authority, October 16, 2020.
9. Clare Foges, "This Has Been the Decade of Disconnection," *The Times,* December 30, 2019.
10. Eric J. Savitz, "Delta Is Using CES to Talk About Better Baggage Handling, Shorter Lines, and More Wi-Fi," *Barron's,* January 7, 2020.
11. "IATA Annual Review 2019," International Air Transport Association, June 2019.
12. Mike Baker and Sheri Fink, "Covid-19 Arrived in Seattle. Where It Went from There Stunned the Scientists," *The New York Times,* April 22, 2020.

第3章　大事件

1. Shu Yang, Peihua Cao, Peipei Du, ZitingWu, Zian Zhuang, Lin Yang, Xuan Yu, Qi Zhou, Xixi Feng, Xiaohui Wang, Weiguo Li, Enmei Liu, Ju Chen, Yaolong Chen, and Daihai He, "Early Estimation of the Case Fatality Rate of COVID-19 in Mainland China: A Data-Driven Analysis," *Annals of Translational Medicine* 8, no. 4 (2020).
2. "Airlines May See $10-Billion Loss as SARS Takes Its Toll," *Los Angeles Times,* May 6, 2003.
3. Mike Colias, "Ford Increasing Electric Vehicle Investment to $11 Billion by 2022," *The Wall Street Journal,* January 14, 2018.

第4章　股市泡沫

1. Claire Moses, "Bill Ackman and Friends Just Dropped $91.5 Million on NYC's Second-Most Expensive Apartment Sale Ever," *Insider,* April 10, 2015.
2. "A Young Bill Ackman Asks Warren Buffett and Charlie Munger a Question in 1994," YouTube, May 27, 2020, video, 5:12, available at https://youtu.be/Mp4Je5OCIZ0.
3. "Investment Manager's Report," Pershing Square Holdings, July 2019.
4. Tim Reason, "Who's Holding the Bag? Everyone Knows Banks Are Shedding More Risk These Days. So Where Does It Go?," *CFO Magazine,* October 27, 2005.
5. Iñaki Aldasoro and Torsten Ehlers, "The Credit Default Swap Market: What a Difference a Decade Makes," *BIS Quarterly Review,* June 5, 2018.
6. Federal Reserve Bank of St. Louis, ICE BofA US High Yield Index Option-Adjusted Spread, available at https://fred.stlouis fed.org/series/BAMLH0A0HYM2.
7. "CDC Confirms Possible First Instance of Covid-19 Community Transmission in California," California Department of Public Health, February 26, 2020.
8. Yun Li, "It Took Stocks Only Six Days to Fall into Correction, the Fastest Drop in History," CNBC, February 27, 2020.
9. Julia-Ambra Verlaine and Akane Otani, "Wall Street Prepares for Another

Unruly Week," *The Wall Street Journal,* March 1, 2020.

第5章　你们需要帮助吗

1. Eileen Shanahan, "Antitrust Bill Stopped by a Business Lobby," *The New York Times,* November 16, 1975.
2. Sam Mintz, "Trump Seeks to Stamp Out Airline Bailout Talk," Politico, March 4, 2020.
3. Lauren Hirsch and Kevin Breuninger, "Trump Signs $8.3 Billion Emergency Coronavirus Spending Package," CNBC, March 6, 2020.
4. Andy Thomason, "U. of Washington Cancels In-Person Classes, Becoming First Major U.S. Institution to Do So amid Coronavirus Fears," *The Chronicle of Higher Education,* March 6, 2020.

第6章　牛市终结

1. Noah Higgins-Dunn, "Bill Gates: Coronavirus May Be 'Once-in-a-Century Pathogen We've Been Worried About,' " CNBC, February 28, 2020.
2. Richard Dewey, "The Crash of '87, from the Wall Street Players Who Lived It," Bloomberg, October 16, 2017.
3. Avie Schneider and Scott Horsley, "How Stock Market Circuit Breakers Work," NPR, March 9, 2020.
4. Paul Vigna, Avantika Chilkoti, and David Winning, "Stocks Fall More Than 7% in Dow's Worst Day Since 2008," *The Wall Street Journal,* March 9, 2020.
5. S. P. Kothari, Dalia Blass, Alan Cohen, and Sumit Rajpal, "U.S. Credit Markets: Interconnectedness and the Effects of the COVID-19 Economic Shock," U.S. Securities and Exchange Commission Division of Economic and Risk Analysis, October 2020.
6. Lucia Mutikani, "U.S. Weekly Jobless Claims Unexpectedly Fall," Reuters, March 12, 2020.
7. David Goldman, "Your $3 Trillion Bailout," CNN Money, November 5, 2008.

第7章　挤兑现金

1. William Lazonick, Mustafa Erdem Sakinç, and Matt Hopkins, "Why Stock Buybacks Are Dangerous for the Economy," *Harvard Business Review,* January 7, 2020; Mark Jewell, "Stock Buybacks Finally Decline in 4Q," *The Seattle Times,* March 28, 2012.
2. Gillian Tan, "Hilton Draws Down $1.75 Billion Credit Line to Ease Virus Hit," Bloomberg, March 11, 2020.

第8章　世界停摆之日

1. Sridhar Natarajan and Heather Perlberg, "Blackstone, Carlyle Urge Portfolio Companies to Tap Credit," Bloomberg, March 11, 2020.

第9章　压力测试

1. "Form 10-K Goldman Sachs Bdc, Inc.," U.S. Securities and Exchange Commission, February 20, 2020.
2. Michael Wayland, "UAW Strike Cost GM up to $4 Billion for 2019, Substantially Higher Than Estimated," CNBC, October 29, 2019.

第10章　停飞

1. Jamie Freed and Tracy Rucinski, "Governments Scramble to Prop Up Airlines as Virus Forces More Flight, Job Cuts," Reuters, March 17, 2020.
2. "American Airlines Group Reports Fourth-Quarter and Full-Year 2019 Profit," American Airlines Newsroom, January 23, 2020.
3. Data provided to author by Association of Flight Attendants.

第11章　骑兵队

1. Philip Rucker, Josh Dawsey, and Damian Paletta, "Trump Slams Fed Chair, Questions Climate Change and Threatens to Cancel Putin Meeting in Wide-Ranging Interview with The Post," *The Washington Post,* November 27, 2018.
2. Nick Timiraos and Julia-Ambra Verlaine, "Federal Reserve Accelerates Treasury Purchases to Address Market Strains," *The Wall Street Journal,*

March 13, 2020.

第12章　也许够了

1. Erica Werner, Mike DeBonis, and Paul Kane, "Senate Approves $2.2 Trillion Coronavirus Bill Aimed at Slowing Economic Free Fall," *The Washington Post,* March 25, 2020.
2. Kenneth P. Vogel, Catie Edmondson, and Jesse Drucker, "Coronavirus Stimulus Package Spurs a Lobbying Gold Rush," *The New York Times,* March 20, 2020.
3. Sebastian Pellejero and Liz Hoffman, "Bond Market Cracks Open for Blue-Chip Companies—Then Slams Shut," *The Wall Street Journal,* March 18, 2020.

第14章　地狱即将来临

1. Joe Nocera, "Investor Exits and Leaves Puzzlement," *The New York Times,* May 29, 2009.
2. John McCrank, "Nasdaq Keeps Philadelphia Trading Floor Closed Due to Protests," Reuters, June 1, 2020.
3. Justin Baer and Alexander Osipovich, "Some Asset Managers Argue Markets Should Close, NYSE Urged to Close Trading Floor," *The Wall Street Journal,* March 17, 2020.
4. Sebastian Pellejero and Liz Hoffman, "Bond Market Cracks Open for Blue-Chip Companies—Then Slams Shut," *The Wall Street Journal,* March 18, 2020.

第15章　摆脱困境

1. "TSA Checkpoint Travel Numbers (Current Year Versus Prior Year(s)/Same Weekday," Transportation Security Administration.
2. Maegan Vazquez, "Trump Invokes Defense Production Act for Ventilator Equipment and N95 Masks," CNN, April 2, 2020.
3. Kate Davidson and Bob Davis, "How Mnuchin Became Washington's Indispensable Crisis Manager," *The Wall Street Journal,* March 31, 2020.

4. Sam Mintz, "Democrats Look to Stave Off 'Blank Check' for Airlines," Politico, March 17, 2020.
5. Ben Casselman, Patricia Cohen, and Tiffany Hsu, "Job Losses Soar; U.S. Virus Cases Top World," *The New York Times,* March 27, 2020.

第16章 大胆试验

1. Reuters Staff, "Trump Says U.S. Will Make 100,000 Ventilators in 100 Days," Reuters, March 27, 2020.
2. David Long, *Henry Ford: Industrialist* (New York: Cavendish Publishing, 2016).
3. Ruth Simon, Peter Rudegeair, and Amara Omeokwe, "The Rush for $350 Billion in Small-Business Loans Starts Friday. Banks Have Questions," *The Wall Street Journal,* April 2, 2020.
4. Ruth Simon, Peter Rudegeair, and Amara Omeokwe, "The Rush for $350 Billion in Small-Business Loans Starts Friday. Banks Have Questions," *The Wall Street Journal,* April 2, 2020.
5. Bob Davis, Ruth Simon, and Peter Rudegeair, "Small Firms See Hiccups Applying for New Loans," *The Wall Street Journal,* April 4, 2020.
6. Scott Horsley, "Did Emergency PPP Loans Work? Nearly $800 Billion Later, We Still Don't Know," NPR, April 27, 2021.
7. Michael Faulkender and Stephen Miran, "Time for a Second Round of PPP," *The Wall Street Journal,* December 17, 2020.

第18章 乞、借、偷

1. Reuters staff, "NBA, Knicks, Nets Help Donate One Million Masks," Reuters, April 4, 2020.

第20章 去开飞机

1. Alison Sider, "Airlines Add Flights as Travel Slowed by the Coronavirus Starts to Pick Up," *The Wall Street Journal,* June 4, 2020.
2. "Gross Domestic Product (Second Estimate), Corporate Profits (Preliminary Estimate), Second Quarter 2022," Bureau of Economic Analysis, August 25, 2022.
3. Andrew Ross Sorkin, "Were the Airline Bailouts Really Needed?," *The New*

York Times, March 16, 2021.

第21章 YOLO经济

1. Saqib Iqbal Ahmed and Noel Randewich, "Say Goodbye to the Shortest Bear Market in S&P History," Reuters, August 18, 2020.
2. Rob Davies, "Apple Becomes World's First Trillion-Dollar Company," *The Guardian,* August 2, 2018.
3. Jessica Bursztynsky, "Apple Becomes First U.S. Company to Reach a $2 Trillion Market Cap," CNBC, August 19, 2020.
4. "Share of Corporate Equities and Mutual Fund Shares Held by the Top 1%," Federal Reserve Bank of St. Louis, June 29, 2022; "Share of Corporate Equities and Mutual Fund Shares Held by the 90th to 99th Wealth Percentiles," Federal Reserve Bank of St. Louis, June 22, 2022; Lydia Saad and Jeffrey M. Jones, "What Percentage of Americans Owns Stock?," Gallup, May 12, 2022.
5. "Pfizer and BioNTech Announce Vaccine Candidate Against COVID-19 Achieved Success in First Interim Analysis from Phase 3 Study," Pfizer, November 9, 2020.
6. Ken Shimokawa, "SPAC and Equity Issuance Finish 2021 with Strong Momentum," *S&P Global Market Intelligence,* February 3, 2022.

第22章 赌博

1. "What's in the $900 Billion Covid-19 Relief Bill," *The Wall Street Journal,* December 27, 2020.
2. Jeff Cox, "Economy Sees Job Loss in December for the First Time in Eight Months as Surging Virus Takes Toll," CNBC, January 8, 2021.

第23章 供需

1. Brian Chesky (@bchesky), "2. This week I'm in Atlanta. I'll becoming back to San Francisco often, but for now my home will be an Airbnb somewhere," Twitter, January 18, 2022.
2. Sara Ashley O'Brien, "Airbnb Says Staffers Can Work Remotely Forever, If They Want," CNN Business, April 28, 2022.

3. Peter Grant, "People Are Going Out Again,but Not to the Office," *The Wall Street Journal,* February 14, 2022.
4. Jack Kelly, "Morgan Stanley CEO James Gorman on His Return-to-Work Plan: 'If You Can Go to a Restaurant in New York City, You Can Come into the Office,' " *Forbes,* June 15, 2021.
5. Jenna Goudreau, "Back to the Stone Age? New Yahoo CEO Marissa Mayer Bans Working from Home," *Forbes,* February 25, 2013.
6. Jerry Useem, "When Working from Home Doesn't Work," *The Atlantic,* November 15, 2017.
7. John Harwood, *The Interface: IBM and the Transformation of Corporate Design, 1945–1976* (Minneapolis: Quadrant, 2011).
8. Heather Long, "U.S. Now Has 22 Million Unemployed, Wiping Out a Decade of Job Gains," *The Washington Post*, April 16, 2020.

第24章　大辞职

1. Mike Colias, "Ford Swings to a Loss, Misses Analysts' Profit Estimates," *The Wall Street Journal,* January 23, 2019.
2. "Table 10. Quits Levels and Rates by Industry and Region, Not Seasonally Adjusted," U.S. Bureau of Labor Statistics, August 30, 2022.
3. Alex Miller, "A&M Professor Who Predicted 'Great Resigna-tion' Explains Potential Factors of Why Theory Came True," *The Eagle,* January 8, 2022.
4. Abha Bhattarai, "Macy's Offers Corporate Workers a 'Valuable Opportunity': In-Store Shifts," *The Washington Post,* November 17, 2021.
5. "Union Election Petitions Increase 57% in First Half of Fiscal Year 2022," National Labor Relations Board, April 6, 2022.

结　论

1. "The Black Death in the Malthusian Economy," The FRED Blog, December 3, 2018.
2. William Deverell, "Warren Harding Tried to Return American to 'Normalcy' After WWI and the 1918 Pandemic. It Failed," *Smithsonian Magazine,* May 19, 2020.